RIMAS Y LEYENDAS

POESÍA

GUSTAVO ADOLFO BÉCQUER

RIMAS Y LEYENDAS

Edición
Francisco López Estrada
M.ª Teresa López García-Berdoy

COLECCIÓN AUSTRAL

Primera edición: 10-VI-1997
Novena edición: 16-X-2000

© *Espasa Calpe, S. A., 1997*

Diseño de cubierta: Tasmanias

Depósito legal: M. 38.590—2000

ISBN 84—239—7403—0

Espasa, en su deseo de mejorar sus publicaciones, agradecerá
cualquier sugerencia que los lectores hagan al departamento
editorial por correo electrónico: sugerencias@espasa.es

Impreso en España/Printed in Spain
Impresión: UNIGRAF, S. L.

ESPASA

Editorial Espasa Calpe, S. A.
Carretera de Irún, km 12,200. 28049 Madrid

ÍNDICE

INTRODUCCIÓN de Francisco López Estrada y M.ª Te-
resa López García-Berdoy 13
 I. Breve biografía de Bécquer 13
 II. La obra de Bécquer 25
 Un acercamiento a las *Rimas* 25
 Variedad de la prosa de Bécquer 33
BREVE BIBLIOGRAFÍA 41

RIMAS

Criterio de esta edición 49

Introducción sinfónica 53
Rima I 59
 II 61
 III 62
 IV 65
 V 67
 VI 71
 VII 73
 VIII 74
 IX 75
 X 76

XI	77
XII	80
XIII	83
XIV	84
XV	85
XVI	87
XVII	89
XVIII	89
XIX	91
XX	92
XXI	92
XXII	93
XXIII	93
XXIV	94
XXV	96
XXVI	98
XXVII	99
XXVIII	102
XXIX	103
XXX	106
XXXI	107
XXXII	108
XXXIII	109
XXXIV	110
XXXV	111
XXXVI	112
XXXVII	112
XXXVIII	114
XXXIX	114
XL	115
XLI	117
XLII	119
XLIII	120
XLIV	121

XLV . 122
XLVI . 123
XLVII . 124
XLVIII . 125
XLIX . 126
L . 126
LI . 127
LII . 129
LIII . 130
LIV . 131
LV . 132
LVI . 133
LVII . 135
LVIII . 136
LIX . 137
LX . 139
LXI . 139
LXII . 141
LXIII . 142
LXIV . 143
LXV . 144
LXVI . 145
LXVII . 146
LXVIII . 147
LXIX . 148
LXX . 149
LXXI . 151
LXXII . 153
LXXIII . 155
LXXIV . 160
LXXV . 161
LXXVI . 162
44 . 166
48 . 166
55 . 167

LEYENDAS

Criterio de esta edición . 171

La Creación (poema indio) . 173
La rosa de pasión (leyenda religiosa [de Toledo]) . . . 185
El beso (leyenda toledana) . 199
El rayo de luna (leyenda soriana) 219
El gnomo (leyenda aragonesa) 235
El *Miserere* (leyenda religiosa [de Navarra]) 255
La cruz del diablo [leyenda catalana] 270
Maese Pérez el organista. Leyenda sevillana 295
¡Es raro! (narración) . 317

APÉNDICE, por F. López Estrada y M.ª T. López
 García-Berdoy:
 Cronología . 335
 Taller de lectura y documentación complementaria 341

ÍNDICE ALFABÉTICO DE LAS *RIMAS* 385

Gustavo Adolfo Bécquer retratado por su hermano Valeriano

INTRODUCCIÓN

I. BREVE BIOGRAFÍA DE BÉCQUER

PRINCIPIO DE LA VIDA

La vida de Bécquer fue breve; tan sólo llegó a los treinta y cuatro años. Sin embargo, la obra literaria en prosa y verso de este escritor es, para muchos, la que más destaca por los méritos propios y la trascendencia que le han asignado los críticos. Y no fue Bécquer escritor abundante en su producción, pero, contando con lo que de él nos queda, se le tiene por el mejor representante de la última época del Romanticismo español, al mismo tiempo que anuncia la modernidad de nuestro siglo.

Bécquer nació en Sevilla el día 17 de febrero de 1836 y murió en Madrid el 22 de diciembre de 1870. El padre procedía de la familia de los Becker, que tuvo ramas nobles en los países germánicos (en especial, en Flandes), y una de ellas vino a Sevilla, ciudad en la que algunos de sus miembros tuvieron relaciones probablemente comerciales, por ser el puerto de América; desde principios del siglo XVII hay testimonios de su presencia en Sevilla. Por una extraña premonición, sus padres lo bautizaron con los nombres de Gustavo Adolfo, de evidentes resonancias nórdicas, y sin que tuviese

apenas relación con Alemania, fue uno de los poetas que se sumó por convicción propia a la tendencia germánica en la literatura española.

A Bécquer pudo quedarle de esta lejana herencia, y por sus gustos artísticos, un cierto aire de índole noble, una descuidada elegancia que se pone de manifiesto en los dibujos, cuadros y fotografías que de él nos quedan. Aunque dicen sus amigos que fue desordenado y a veces indolente, como correspondía al patrón de una bohemia común a los artistas de su época.

En Sevilla vivió hasta los dieciocho años, y en el otoño de 1854 la abandonó para ir a Madrid. Se conjetura si acaso volvió a Sevilla, por poco tiempo, en la primavera de 1861. Pero Bécquer guardó la nostalgia de su ciudad y así lo acusó en su obra, como tendremos ocasión de testimoniar.

LOS AÑOS SEVILLANOS

Los padres de Bécquer tuvieron ocho hijos; el poeta era el quinto de la familia. El padre fue pintor de tipos y costumbres andaluzas, y vendía sus cuadros, sobre todo, a los viajeros románticos; su hermano Valeriano, nacido en 1833, continuó la profesión artística del padre, y el mismo Gustavo Adolfo manejó los lápices con soltura, y en su obra literaria muestra el conocimiento de la pintura, sobre todo a través de su sensibilidad estética.

Por desgracia, cuando el futuro escritor contaba sólo cinco años, en 1841, murió su padre. La viuda del pintor procuró acomodar a sus hijos, y Estanislao, el hijo mayor, y luego Gustavo Adolfo ingresaron en 1846 en el colegio de San Telmo, cuyo fin era educar a los huérfanos de la clase media o noble, de pocos recursos, y prepararlos para pilotos de altura. En 1847 murió su madre, y poco después fue recogido

por unas tías. También entonces se clausuró el colegio. Por este tiempo estuvo con su madrina doña Manuela Monnehay, señora «de claro talento, que poseía bastantes libros y —¡cosa rara en una mujer!— que los había leído todos», como la recordaría Narciso Campillo. Sin la disciplina del colegio, estudiando de una manera un tanto irregular, Gustavo practicó la pintura con su tío Joaquín Domínguez Bécquer, quien, al darse cuenta de la vocación literaria del sobrino, le ayudó para cursar estudios de humanidades, que en aquella época se llamaban de Latinidad. Por entonces tuvo una novia, Julia Cabrera. Pronto, pues, se cruzan las mujeres en su vida.

La afición por la literatura fue dominándole cada vez más; se junta con otros amigos, Narciso Campillo y Julio Nombela, que, como él, sueñan con triunfar en Madrid. Y se lanzan a la aventura. Nombela fue en junio de 1854 a la capital del reino con su familia; los otros le siguen: Gustavo, en el otoño, empeñado en triunfar como escritor, y luego Campillo, que tiene que regresar en seguida por una grave enfermedad.

MADRID: LA SIRENA PERIODÍSTICA

En las apuradas condiciones en que Bécquer fue a Madrid, la vida que le aguardaba había de ser difícil. Los jóvenes como él acudían a la capital para sobresalir sobre todo en la política. Gustavo iba solo e impulsado por su vocación literaria y las ilusiones de la imaginación; de esa manera, si tenía suerte, le esperaba en el mejor caso la sirena de la vida periodística, que atraía a las redacciones de diarios y revistas a estos jóvenes audaces, sueltos de pluma, y que confiaban en la fuerza de la letra impresa, aunque fuese en las planas de los diarios. No le fue tan mal a Gustavo en estas lides. Gran parte de su obra, firmada o anónima, está dispersa en los pe-

riódicos y las revistas. Estos jóvenes periodistas eran, al mismo tiempo, poetas, escritores de cuentos y novelas, de obras teatrales, etc.

La colaboración firmada o anónima en estas publicaciones periódicas, además de ser un medio para vivir, representó la manera como sus versos y su prosa literaria llegaron a la imprenta y se difundieron entre el público. Por este motivo hay una nota de modernidad en su obra que le caracteriza. Ser periodista supuso para él, y para otros que estaban en su caso, manifestarse como escritor por el solo medio que le era accesible y contar con un grupo de lectores y admiradores.

Pero este trabajo, discontinuo y realizado a salto de mata, no resultaba adecuado para la naturaleza física de Bécquer. La salud del escritor era endeble, con altibajos que los azares de la vida harían más violentos. Una predisposición hereditaria y enfermedades graves le hicieron conocer el abandono de la soledad, las horas que caen, a cada vuelta de minutero, en un vacío de pozo mortal. Pero Bécquer no se deja vencer y se rehace, y sigue escribiendo sobre lo que se tercie y sobre lo que a él le gusta: una fuerza lo empujaba, acaso superior a sus mismas preferencias.

En cuanto puede, aprovecha la ocasión para viajar por España, practicando un turismo pintoresquista y decentemente bohemio: monta en las últimas diligencias y en los primeros trenes, y sus artículos pretenden recoger, tomándolo todo de la realidad que lo rodea, los tipos y las costumbres que presiente que se perderán con las máquinas.

OTRAS ACTIVIDADES DE BÉCQUER

Además de la profesión periodística, Bécquer realizó otras actividades más o menos relacionadas con la literatura. Desde su juventud había puesto sus ilusiones en la publica-

ción de una gran obra que él esperaba que le daría fama y dinero, y que era muy de su gusto: una historia de los templos españoles, con las más perfectas ilustraciones en la técnica del grabado, y que contendría una interpretación de lo que la obra arquitectónica representaba como consecuencia de la labor de los arquitectos, escultores, pintores y artesanos que habían reunido sus esfuerzos para crear un monumento en exaltación de la fe cristiana. De 1856 a 1858 trabajó para llevar a cabo esta idea. Bécquer, con un socio, preparó la aparición de la gran obra. Se hizo propaganda y se solicitaron ayudas, y en 1857 salió la primera entrega sobre la catedral de Toledo. Pero *La Historia de los templos de España* no prosiguió adelante, aunque el amor por la arquitectura no dejaría ya a Bécquer en su vida; en donde hubiese una piedra labrada por el arte, Bécquer captaba su vibración poética, y esto lo expresó en la prosa y en el verso.

Otro campo que tentó a Bécquer fue el del teatro. Así ocurrió en 1856 con *Esmeralda,* arreglo teatral de *Notre-Dame de Paris,* de Victor Hugo, que sólo proporcionó deudas al escritor y a sus amigos. Luego con Luis García Luna hizo teatro cómico y zarzuelas en 1859 y 1860; pero esto no era suficiente para sostener su economía doméstica.

CONSIDERACIÓN DE LA IDEOLOGÍA DE BÉCQUER

El sustrato ideológico sobre el que se apoya la obra de Bécquer resulta variado y no es original. Hay que contar con que el escritor hubo de manifestarse sobre todo en sus actividades periodísticas, y esto implicaba encontrarse envuelto en la vida pública de la época, sobre todo en el aspecto político. En algunos rasgos de su obra, Bécquer aparece como conservador, y lo fue más por instinto que por pasión política. Esto pudiera parecer paradójico en quien tan poco tenía que con-

servar en cuanto a los bienes materiales. Sin embargo, Béc-
quer acoge como suya una tradición que intentaba expresar a
través de una emoción religiosa de orden personal. Procla-
maba su creencia en Dios al contemplar las piedras de los
templos, labradas por generaciones de creyentes que, como
él, con humildad, se inclinaban maravillados ante un orden
del Universo, sin echar demasiada cuenta del desorden con
que los hombres lo enturbiaban. Creía en Dios al ver a las
mujeres y considerar cómo ellas participaban en una idea de
belleza que sentía en su alma como un ansia de perfección
conformada en la hermosura humana. Contemplaba la natu-
raleza como obra de Dios, en la que percibía la belleza de su
creador.

Una espiritualidad de esta naturaleza había de acomodarse
a la experiencia diaria, al esfuerzo por vivir, y a veces por so-
brevivir. El escritor también se daba cuenta de la fragilidad
de la condición humana, y entonces no podía evitar desli-
zarse hacia la observación burlesca, incluso satírica y aun
obscena de cuanto le rodeaba.

Bécquer resulta así un escritor abierto a la vida, sincero en
la expresión de su alma, sobre todo en los dominios de la in-
timidad, curioso por lo que le rodea, vecino de la corte y afi-
cionado a los viajes (sobre todo en compañía de su hermano);
y que está al tanto de las aplicaciones de la técnica.

Hay que considerar la actividad política de Bécquer en la
vida pública de la época, con sus ventajas y sus inconvenien-
tes. A través de la amistad de González Bravo, obtuvo algu-
nos beneficios de los turnos de los partidos políticos que de-
tentaban el poder. Durante la primera mitad del año 1865, y
de julio de 1866 a la revolución de 1868, Bécquer fue «cen-
sor de novelas», aunque no tuviese para ello ningún título
universitario. También consiguió para Valeriano una pensión
para que pintase cuadros de costumbres. Esto supuso un res-

piro para la economía familiar de los hermanos, que se perdió cuando cayeron los gobiernos moderados.

Otro aspecto de la compleja personalidad de los hermanos ha salido a la luz en estos últimos años. Después de la revolución de 1868, Valeriano y Gustavo compusieron un grupo de acuarelas caricaturescas sobre los últimos tiempos de la corte de Isabel II, de una gran audacia en el dibujo y la letra que lo acompaña, firmadas SEM; son ochenta y nueve las conservadas en la Biblioteca Nacional de Madrid (G. A. Bécquer, *SEM. Los Borbones en pelota,* Madrid. El Museo Universal, 1991). Cabe suponer que esta obra proceda de influencia francesa, aunque la caricatura es abundante en los tiempos de los hermanos Bécquer. Escribe R. Pageard en el prólogo que «La originalidad estriba en la combinación del elemento satírico-político con el erótico» *(SEM..., pág. 18).*

BÉCQUER Y EL AMOR

Bécquer estuvo rodeado desde su adolescencia de un ambiente social que había asimilado la doctrina y la creación artística del Romanticismo. Por tanto, recoge, de lo que empieza ya a ser una cercana tradición, muchos elementos literarios que hace suyos, incluso sin darse cuenta. Su condición personal y cierto aire bohemio que convenía con su manera de ser, hicieron de él un escritor que reconocía en el Romanticismo la más importante aportación artística del mundo para él contemporáneo. Y una de las manifestaciones más comunes de este Romanticismo era reconocer que el amor era uno de los motivos que más y mejor había de mover y conmover la vida del hombre. No estar enamorado era como ir dormido por la vida; para percibir la belleza del mundo natural y vivir con fuerza y plenitud, había que empeñarse en la

aventura del amor, con los riesgos que esto trajera. Por eso el amor es el tema más importante de su obra poética, sobre todo la de condición lírica, y abunda también en la narrativa. El amor fue para él una experiencia perturbadora e inquietante, pero imprescindible.

Cada época literaria tuvo una manera diferente de manifestar el amor: contando con que hay experiencias muy distintas que se reúnen en esta palabra, Bécquer escribió en las *Cartas literarias a una mujer:* «El amor es un misterio. Todo en él son fenómenos a cual más inexplicable: todo en él es ilógico, todo en él es vaguedad y absurdo» *(Carta I).* ¿Merece *ella* (la de este o del otro amor) que Bécquer suelte en su alma la tempestad del amor? ¿Qué vale más: *ella,* en sí, como tal mujer, con la que es necesaria la relación del amor; o el amor por sí mismo, la tempestad con sus iluminaciones violentas del mundo, el acicate del alma, lanzada a la infinitud de la poesía, lo que pasa en el espíritu del poeta?

Pasan por la vida de Bécquer mujeres casi niñas, damitas de la sociedad, a veces sombras que burlan la erudición, incluso hasta invenciones (¿o sueños?). Una de estas mujeres, Casta Esteban Navarro, de diecinueve años de edad, casó con Bécquer el 19 de mayo de 1861, cuando el poeta tenía veinticinco. La historia del matrimonio fue tormentosa. Tuvo tres hijos: Gregorio, Jorge y Emilio. Las relaciones de la pareja fueron difíciles, y se duda de la fidelidad de Casta en relación con el tercer hijo.

¿Y las otras mujeres? Julia Espín y Colbrandt fue el episodio a la medida romántica. Trajo a la vida de Bécquer la relación con la música, pues era hija de un director de orquesta del Teatro Real, Joaquín Espín, y sobrina, por parte de la madre, de Rossini. Se conocieron en las tertulias literariomusicales que se celebraban en casa del director del Real, y parece que esta pasión fue más literaria y social que íntima. ¿Sería ella, o acaso Josefina Espín, hermana menor de Julia, el objeto de

las preferencias poéticas de Bécquer? De cualquier manera, estos fueron episodios de salón madrileño, con una resonancia de música de ópera al fondo.

Y aún podemos añadir más. Son otras las mujeres que componen el paréntesis inicial y final de Bécquer. Ha sido R. Montesinos, acosador de las intimidades del poeta, quien las ha descubierto. Una de ellas fue la mencionada Julia Cabrera, la novia sevillana de su juventud; y la otra Alejandra, la que lo cuidó y amó en Toledo al fin de su vida, inculta pero eficiente. Y aún puede agregarse el nombre de Elisa Rodríguez Palacio, hija de un violinista, parece que sólo un amor de lejos. Y sólo dos palabras para Elisa Guillén, que tantas le hizo escribir. Montesinos ha dado el adiós a esta amada de Bécquer descubriendo que sólo fue la invención de un admirador del poeta. Pero es importante saber que en los amores de Bécquer existió un nombre femenino que ha sido una hermosa mentira.

De este desfile, incompleto siempre porque nunca sabremos a cuántas mujeres llegó a tratar (más o menos, de cerca o de lejos, sólo un cruce de miradas o sobre el lecho), sólo algunas llegarían a tener representación literaria en su obra. Y en este sentido lo que aparece con más frecuencia es la dificultad de entablar relación con la *otra* persona; el amor requiere confluencia, y en Bécquer domina la divergencia. Es una cuestión que, siendo aparentemente tan sencilla, llega al fondo de la condición humana e implica el tremendo problema de la comunicación.

LOS AMIGOS DE BÉCQUER

Hay un evidente contraste entre las mujeres y los hombres que en vida rodearon a Bécquer. Las mujeres aparecen como objeto deseado que, cuando se logra, defrauda. En cambio,

los amigos del escritor (su hermano Valeriano, el primero)
fueron realidades, con figuras y nombres firmes, como de
piedra. Cuando Bécquer, por su poca salud y por las nieblas
que él derrama sobre la vida confundiendo sueños y razón,
está en peligro, los amigos acuden a su lado. Lo arroparon en
más de una ocasión en el lecho del dolor. Lo rodearon en el
de la muerte, lo comprendieron con el corazón abierto, y cre-
yeron a su modo que era poeta.

Sus nombres han ido saliendo en las precedentes páginas.
Algunos proceden de su época adolescente de Sevilla. Así
Narciso Campillo y Correa (1835-1900), al que conoció en
la escuela de San Telmo y con quien soñó el triunfo en Ma-
drid, de donde regresó en seguida; en 1869 volvieron a tra-
tarse en Madrid, adonde Campillo había ido como catedrá-
tico de Retórica y de Poética. Su nombre rueda con el de los
otros amigos de Bécquer, pero puede que su criterio poético
hubiese ido alejándose cada vez más de él.

Julio Nombela y Tabares (1836-1919), carlista, metido en
la vida de los periódicos desde que llega a Madrid, al tiempo
que Bécquer; fue su compañero en la profesión periodística.

Ramón Rodríguez Correa (1835-1894), nacido en La Ha-
bana, liberal, periodista también, y político (estuvo en Cuba
intentando un arreglo de una situación que iba irremedia-
blemente hacia la independencia de las islas de Ultramar).
Conoció muy de cerca la obra de Bécquer, prologó con pala-
bras vibrantes de emoción, transidas por el dolor del amigo
muerto en la flor de la vida, las *Obras* que los amigos del
poeta acordaron publicar.

Augusto Ferrán y Forniés (1835-1880) era el mejor poeta
de este círculo de amigos; siendo todos gentes de letras,
Ferrán fue para Bécquer (y Bécquer para Ferrán) el descubri-
miento del alma gemela, el que de verdad conocía esta
corriente germanizante con la que el sevillano se sentía soli-
dario en cuanto a los principios que debían guiar la auténtica

poesía, y también por lo que representaba en la valoración de la poesía popular. Se conocieron tarde, en 1860, por medio de una carta de presentación de Nombela, y en 1861 salía *La soledad,* el libro de versos de Ferrán, del que Bécquer hizo la reseña (véase Apéndice, pág. 348). Ferrán había vivido en Munich cuatro años y trajo de Alemania una gran afición por las corrientes nuevas que eran coincidentes con la poesía que Bécquer estaba escribiendo; de 1860 a 1870 esta amistad fue un beneficio para Bécquer.

En este grupo de los amigos hay que contar también con Luis González Bravo (1811-1871). Político de movido itinerario ideológico, Bécquer lo alcanzó en su fase conservadora, en el último período de su vida. Ministro de la Gobernación con Isabel II, le tocó hacer frente a la difícil situación que acabó en la Revolución de 1868 por la que salió al destierro. Tuvo el buen sentido de adivinar al gran poeta que había en Bécquer y lo favoreció con su trato y en su casa en lo que pudo; el original que le pidió de sus poesías con intención de publicarlo a sus expensas con un prólogo escrito por el propio político, hubiese podido dar a conocer a Bécquer antes de lo que lo hizo la edición póstuma de 1871.

La muerte del escritor

La vida de Bécquer se quemó aprisa y tuvo la luminosidad de un cohete que en la noche asciende derramando luz y que pronto se agota en el esfuerzo por alzarse hasta las alturas, en donde se apaga dejando todo sumido en tinieblas. La suya fue una vida breve; en la danza de sus horas hubo ritmos de toda suerte. Sabía que estaba condenado a trabajar con prisa, pues la muerte está en los oscuros presentimientos del poeta, en los esfuerzos por adivinar su misterio, en la afición por los cementerios y por los paisajes de otoño, tocados de melancolía.

La muerte de su hermano Valeriano, ocurrida el 23 de septiembre de 1870, fue para él un terrible golpe. Poco le sobreviviría; ni siquiera el propósito de dar a conocer las grandes condiciones artísticas de su hermano logró darle ánimos para sobreponerse a su pena.

Casta, que estaba por entonces separada de Gustavo, volvió a la casa. El invierno se presentó muy crudo. En los primeros días de diciembre estuvo enfermo en Toledo, acaso de una pulmonía. Nombela y el poeta se encontraron en la Puerta del Sol, y subieron a la imperial del ómnibus que los condujo al barrio de Salamanca, donde Bécquer vivía, en la calle Jorge Juan. Llegaron arrecidos, tiritando. Aquello fue el principio del fin, que llegó el 22 de diciembre, tres meses después de la muerte de Valeriano. Antes de morir, Bécquer quemó unas cartas y dijo, según Laiglesia: «Acordaos de mis niños.» Y Rodríguez Correa oyó estas palabras: «Llegó por fin el fatal instante y, pronunciando claramente sus labios trémulos las palabras: "Todo mortal...", voló a su Creador aquella alma...» La política agitaba y removía por entonces con violencia la nación, y la muerte de Gustavo Adolfo Bécquer apenas encontró eco en los periódicos.

Sólo vivió treinta y cuatro años. Medido por el rasero común de las estadísticas es poco, y según las apariencias se diría que es un hombre que apenas roza la madurez. La verdad, que cuenta más allá de las cifras, nos informa que Bécquer había pasado por muchas pruebas. Quiso primero triunfar como poeta, pero esta ilusión se le deshizo pronto por las dificultades de ganarse la vida (pero siguió en el empeño, sin que por eso cediese). Las letras le dieron para ir viviendo junto a los periódicos, y en una ocasión propicia, el amigo político lo acercó a la ubre del presupuesto.

Sus amigos dicen que era descuidado en el vestir, pero los retratos que de él nos quedan manifiestan un aire entre indo-

lente y de buen tono. Luego nos hemos de referir a esa condición bohemia, de la que participó, pero sólo en cierto grado.

Su amigo Rodríguez Correa pensó que el mejor elogio al amigo desaparecido era este: «Sí, Gustavo es revolucionario, porque, como los pocos que en las letras se distinguen por su originalidad y verdadero mérito, antes que escritor es artista, y por eso siente lo que dice mucho más de lo que expresa, sabiendo hacerlo sentir a los demás.» Y comienza así esta otra paradoja de su fama: que siendo un intérprete fiel de la tradición, se le llame revolucionario por la autenticidad de su obra.

II. LA OBRA DE BÉCQUER

UN ACERCAMIENTO A LAS *RIMAS*

La poesía de Bécquer

Bécquer, en tanto que poeta o autor en verso, fue escritor de poca pero intensa obra; nos queda de él la suficiente como para darnos una idea de su condición y calidad. Y esto en la medida de lo justo. En vida, Bécquer fue poco conocido como poeta; son escasas (quince) las poesías que aparecieron mientras vivió; las demás fueron póstumas. Todas juntas representan poco más del ocho por ciento de las páginas de las *Obras* publicadas con su nombre. De ahí la importancia de la edición de 1871, hecha por sus amigos, que así aseguraron un texto de estas poesías que se hubieran acaso dispersado, como ocurrió con los dibujos de Valeriano.

Bécquer llamó a las poesías que mejor respondían a su concepción de la lírica con el nombre de *Rimas,* como otros lo habían hecho. Esta elección debe entenderse como una ci-

fra de la condición de la poesía becqueriana: denota sencillez y deja entender que mantiene el valor poético de lo que se entiende como *rima* en la métrica española. Pero Bécquer recoge no sólo la rima, sino también la entidad del verso, en toda su complejidad; por eso se vale de la diversidad de versos propios de la tradición española (con dominio del endecasílabo y del heptasílabo), y con un uso frecuente del pie quebrado, que le permite eficaz agilidad en el ritmo. Prefiere la rima asonante, pero se vale de una gran riqueza de combinaciones estróficas que moldea con portentosa flexibilidad en cada poesía. Su acierto consiste en que da con el aire rítmico exacto que requiere cada composición.

La musicalidad que atribuyen los críticos a Bécquer es la concertada suma de una serie de aciertos; *a)* la correspondencia de los acentos rítmicos del verso con los del sentido de las palabras; *b)* el uso del hipérbaton, que establece un orden psicológico y juega con las tensiones en la sucesión sintáctica; *c)* un encabalgamiento de gran fuerza rítmica al deslizarse de unos versos a otros, o al detener en el curso del verso el sentido en busca de un efecto de suspensión indefinida mediante el uso conveniente de los puntos suspensivos, de los que el Romanticismo había abusado sin tino.

Bécquer alcanza con medios sencillos lo más difícil de conseguir: lograr las apariencias de una poesía confidencial, en tono de conversación íntima entre el lector (y, sobre todo, la lectora) y el poeta, mediante un calculado artificio que no es perceptible, pues se oculta deliberadamente. Sus poesías son breves («un poema cabe en un verso», había escrito), porque lo que quiere decirnos en cada *Rima* son sólo notas aisladas de un poema mayor que nunca escribiría. Por eso, cada *Rima* es una entidad completa en sí misma y, al mismo tiempo, es un fragmento de la obra total, inserta en su propia vida. Su biografía nos es relativamente conocida, pero sigue siendo secreta en cuanto a una intimidad que apenas nos des-

cubre, sólo en el grado suficiente para dar entidad al poema. Por eso a Bécquer le resulta imposible escribir un poema extenso, a la manera del Romanticismo, ya fuera de la moda de su tiempo, con un desarrollo ordenado y riguroso y una elevada y resonante palabrería; por eso desconfía del uso de los recursos de la retórica de escuela y elige unos medios de expresión modestos pero eficientes para su propósito. De su obra trasciende una impresión de timidez que predispone favorablemente; se echa de ver que el poeta está más atento a la autenticidad de lo que expresa que a los efectos de relumbrón ante el público. Pero esto requiere también un difícil arte, y por eso la poética de Bécquer abre el camino de la lírica moderna.

Lo que mejor puede aparecer en las páginas del periódico y de la revista es el poema breve; y ese fue el carácter de las poesías que Bécquer publicó en vida. El tiempo de la poesía extensa, cualquiera que fuese su contenido, había pasado para los que no lograban imprimir su obra en libros. Poesía tiene que ser cifra, clave, obra en intensa concentración.

Hay que decir, sin embargo, que Bécquer no fue el único poeta que se guió por el criterio que acabamos de exponer. Citaremos sólo a dos de estos poetas cercanos a Bécquer. Uno de ellos fue Ángel María Dacarrete (1827-1904), andaluz de El Puerto de Santa María, que comenzó por estos caminos, aunque no progresó en ellos. Otro fue el gaditano Arístides Pongilioni (1835-1882), autor de un único libro en el que recogió sus poesías, titulado *Ráfagas poéticas* (1906), cuyo mismo título indica la proximidad de la manera becqueriana.

La edición y el orden de las «Rimas»

La publicación de las *Rimas* de Bécquer planteó desde su primera edición la cuestión de si el conjunto de las mismas pudiera constituir un libro, o si, por el contrario, se trata de

piezas poéticas sueltas cuya reunión formaría siempre una
obra convencional; y, como consecuencia, si cabe establecer
algún criterio para publicarlas con un orden.

Es indudable que las *Rimas* comenzaron a aparecer como
poesías sueltas desde el 17 de diciembre de 1859, fecha de
publicación de «Imitación de Byron» («Tu pupila es azul, y
cuando ríes...») en la revista *El Nene*. Sabemos que en 1867,
y en parte de 1868, Bécquer había preparado una colección
de las *Rimas* para el ministro Luis González Bravo, su pro-
tector, pero este manuscrito se perdió en la violencia de los
sucesos políticos de 1868. Poco antes de estos acontecimien-
tos, Bécquer había recibido de manos de un amigo, Francisco
de Laiglesia, un tomo de contabilidad comercial de seiscien-
tas páginas para que escribiese en él sus obras. El poeta puso
al tomo el título de *Libro de los gorriones. Colección de pro-
yectos, argumentos, ideas y planes de cosas diferentes que se
concluirán o no según sople el viento,* fechándolo el 17 de
junio de 1868. El título de *Libro de los gorriones* resulta des-
concertante.

Cuando se convenció de que el manuscrito de las *Rimas*
por él entregado a González Bravo se había perdido, recurrió
al libro de contabilidad de Laiglesia para volver a escribir las
Rimas, indicando *Poesías que recuerdo del libro perdido.* Pa-
rece, pues, que las *Rimas* iban juntándose en el *Libro de los
gorriones* sin un orden premeditado, a medida que las recor-
daba, aunque también es probable que el poeta se ayudase de
otros textos suyos, apuntes y versiones sueltas.

Este manuscrito es, por tanto, la base más fidedigna del
texto de las poesías. Las *Rimas* de Bécquer se han conocido
por medio de la edición que prepararon sus amigos, sobre
todo los escritores Casado del Alisal, el pintor José Nombela,
Campillo, Rodríguez Correa y Ferrán, poco después de la
muerte del poeta. Los amigos hicieron un doble trabajo con

el conjunto de las poesías: las pusieron en un orden determinado y establecieron algunas correcciones en los textos.

Para la cuestión del orden siguieron un criterio que Rodríguez Correa explica en el prólogo que escribió para la edición de 1871. Es muy probable que este criterio fuese compartido por los demás amigos, y de ahí su valor como testimonio para dar un sentido de unidad al conjunto de las *Rimas*. El principio se basa en la comparación de las *Rimas* con el *Intermezzo,* de Heine; dejando de lado el efecto de esta obra sobre Bécquer, los amigos del poeta muerto pudieron haber conocido el *Intermezzo* por diversas vías. El paralelo se hacía con una base suficiente, y Rodríguez Correa no deja de notar que las *Rimas* son un libro «más ancho y más completo que aquel».

Para mostrar la intención de los amigos de Bécquer, hemos situado en esta edición en los lugares convenientes unos fragmentos del mencionado prólogo de las *Obras completas* de 1871; van en letra cursiva, y representan una cifra o resumen de los cuatro grupos del conjunto. El primero *(Rimas I a XI)* está compuesto por poesías que son un comentario y una reflexión sobre la misma poesía y el fenómeno espiritual de la creación literaria. En el segundo grupo *(Rimas XII a XXIX)* el poeta trata del amor y de sus efectos en el alma. El grupo tercero *(Rimas XXX a LI)* se refiere a la decepción y el desengaño, y son las que se relacionan con Heine. El grupo cuarto *(Rimas LII a LXXVI)* es el más variado, y recoge la depuración última de la experiencia vivida por el poeta, realizada sobre todo en la soledad en que queda frente al mundo y a la muerte.

El precioso *Libro de los gorriones* por fortuna fue a parar a la Biblioteca Nacional de Madrid; en 1971 se publicó una edición facsímil, mencionada en la bibliografía. Conocido ya desde 1914, los editores de la poesía de Bécquer han podido escoger entre la versión de los editores amigos del autor y

esta otra, autógrafa, pero con correcciones diversamente interpretadas. Nuestro criterio fue respetar el orden de la edición de 1871, añadir alguna que otra indicación de las ediciones de las *Rimas* en vida de Bécquer, y atenernos al texto del *Libro de los gorriones* indicando en algunos casos estas correcciones y alguna que otra variante de la edición de 1871. De esto ya damos la noticia conveniente.

Sentido poético de las «Rimas»

Bécquer logra que cada *Rima* tenga una unidad poética total en contraste con la brevedad del «argumento» en que se apoya. A veces este argumento es sólo un estado de ánimo, algo apenas asible por la palabra organizada. Con esto, a nuestro juicio, Bécquer marcó el derrotero de la poesía moderna. La unidad interior de un libro de poesía no se constituye de una manera cerrada, con principio y fin, ni tiene que mantenerse en un mismo tono en su extensión.

Los asuntos de las *Rimas* son variados, pero de cerca o de lejos tocan la intimidad poetizable de Bécquer, o, al menos, lo que él eligió como tal, seleccionándola por entre el turbión de excitaciones que había rodeado en vida al poeta. Ocurre también que Bécquer adopta una «postura» reconocible con respecto al mundo exterior: se muestra en algunas *Rimas* como arqueólogo sensible; otras veces se percibe de ellas el murmullo de la vida social, de la que no fue ajeno (de ahí la poesía de álbum que conservamos de él). Con todo, pensemos en la limitación que ofrece su poesía; quedan fuera de ellas grandes grupos de temas, tanto del pasado de la nación como del presente que lo rodeaba. La limitación del asunto poético —voluntaria, por su parte— a su sola experiencia, y aun dentro de ella, a los asuntos del amor y de la muerte, reduce su trascendencia. Bécquer no es un poeta de resonancia patriótica ni social, ni consideraba que estas y otras cuestio-

nes fuesen asunto para la lírica que propugnaba; apenas el apunte de un fondo medievalizante, un esbozo arquitectónico, el leve apoyo en una nota natural —flor, jardín, etc.— bastan para completar la exposición del caso poético.

Pero si la tradición cultural no aparece en las manifestaciones temáticas de la poesía, se halla, sin embargo, en la entraña de la lengua literaria que usa, decantación apuradísima de la literatura española. Los críticos literarios, ya en vida de Bécquer, percibieron sus preferencias por la corriente de la moda germánica que se extendió de 1850 a 1880. Heine pasó a ser el maestro admirado a través del posible acercamiento que podía alcanzarse por medio de las traducciones francesas (como las de Gérard de Nerval) o españolas (Eulogio Florentino Sanz, Ángel María Dacarrete y Augusto Ferrán); o puede que, con gran esfuerzo, se acercase a los originales alemanes. Lo mismo le ocurrió, entre otros, con Bürger, Uhland, Schlegel, Goethe, Schiller, Grün, Novalis y Rückert. Se impuso la moda del poema breve y seco, que, en ocasiones, contiene un trallazo, y, otras, sabe ser humanamente tierno. Y Bécquer supo recoger la gran lección de la poesía popular, que venía a coincidir en ciertos aspectos con sus gustos poéticos.

Bécquer, por otra parte, había pasado su juventud en Sevilla y allí tuvo muchas ocasiones para conocer la copla andaluza, que pudo oír en su casa y por las calles de su ciudad. Esto ocurrió al mismo tiempo que su formación literaria y fue uno de los elementos del fondo personal que intervino en el proceso de la creación de su obra, como ha tratado A. Carrillo Alonso (*G. A. Bécquer y los cantares de Andalucía,* Madrid, Fundación Universitaria Española, 1991). Por tanto, es evidente que oyó los cantares populares mucho antes de que conociese a Ferrán, con el que coincidiría en este aprecio por la poesía del pueblo.

Pero con estas indicaciones no acaba el catálogo de sus preferencias. Bécquer leyó mucho, sobre todo en las mesas

de las redacciones, y puede que los periódicos extranjeros
—franceses, sobre todo— que llegaban a ellas fuesen parte
de su fuente de información. Y hay que contar también con
los libros. Así se encuentran en su obra huellas de los france-
ses Musset, Lamartine, Nerval y otros; de los ingleses Byron
y Poe, con un gusto de fondo por Shakespeare; y de Horacio
y de Dante, el maestro medieval. La nota oriental existe a tra-
vés de las traducciones del conde de Noroña, y se encuentra
también la resonancia de la India.

Bécquer fue asimismo un buen conocedor de la música;
sus colaboraciones en las zarzuelas representaron una aplica-
ción activa en este arte, y en su obra menciona a los grandes
músicos Wagner, Beethoven, Weber, Verdi, Rossini, Bellini.

Actualidad de las «Rimas»

Los amigos de Bécquer acertaron: en 1877, seis años des-
pués de publicada la primera edición, apareció otra, a la que
Rodríguez Correa añadió un nuevo prólogo, en el que dice:
«La primera edición, que editó la caridad, agotóse hace un
año, y el que murió oscuro y pobre es ya gloria de su patria y
admiración de otros países, pues apenas hay lengua culta
donde no se haya traducido sus poesías o su prosa.»

Rodríguez Correa se vale de un lenguaje optimista, propio
de las circunstancias de su redacción, que pretendía favore-
cer la venta del libro. Sin embargo, acierta en que esos seis
años son los que inician una difusión que pronto sería incon-
tenible; las poesías de Bécquer se leían más y más, y su nom-
bre era conocido por muchos que poco entendían de litera-
tura, de tal manera que con él designaban al «poeta» en una
apreciación general. Y a esta lectura acompañó la labor de
los estudiosos y críticos de la obra de Bécquer que poco a
poco, y a veces con dificultades, ha ido ensanchando su co-
nocimiento con nuevos datos documentales y con interpreta-

ciones de un aspecto o del conjunto de su obra. En la parte de la documentación complementaria hemos reunido algunas noticias de esta progresión.

Es cierto que desde 1870, y hasta hoy, han pasado muchas aguas bajo los puentes de la literatura, pero la poesía de Bécquer puede ofrecer aún algo válido para el hombre actual. A pesar de que las palabras y los hechos del amor en nuestro tiempo puedan parecer distintos, las *Rimas* de Bécquer se refieren a situaciones humanas que nunca dejan de ser actuales; despojadas, como están, de las adherencias circunstanciales, muchas de ellas son hoy tan válidas como cuando se escribieron.

Variedad de la prosa de Bécquer

Condición periodística de la prosa becqueriana

Comenzamos señalando, en forma paralela a lo que dijimos del verso de nuestro autor, que la prosa representa la gran parte de su obra: más del noventa y uno por ciento de ella está escrita en prosa, sin contar con que no está identificada toda la obra que pudiese haber escrito anónima. Sin embargo, por término medio, Bécquer es más conocido por las *Rimas* que por sus otras manifestaciones literarias, cuya intención describiremos con brevedad.

Un primer juicio podría calificar su prosa de «poética», pero esto no es suficiente, pues, aunque, en efecto, participa de algunos artificios que son más propios del verso, con esto no se dice todo. Mejor resulta calificarla como periodística, con un adjetivo que implica una intención profesional y que, al mismo tiempo, pone de manifiesto calidades propiamente literarias. En la declaración que hizo en los papeles de su matrimonio, él prefiere llamarse a sí mismo «literato», mientras

que los amigos que firman como testigos sí se llaman «periodistas».

Su obra tiene, en bastantes casos, las características de haber sido escrita con prisa, para entregarla en seguida, sin apenas repasar y pulir, y sin prever que cada parte pudiera haber obtenido un desarrollo más amplio; aun en el caso de obras que tienen un título conjunto en su presentación posterior, fueron en su origen artículos sueltos, con una relación circunstancial entre sí. No hay, en su obra en prosa, novelas ni otro género de libros que requieran una concepción meditada y lenta, extendida a través de un gran número de páginas. Los periódicos engullen insaciables la prosa de los periodistas que se acomoda más o menos a lo que piden los lectores y a la condición política o social del periódico. Bécquer logró el difícil propósito de mantenerse firme en sus gustos literarios y, al mismo tiempo, atender las exigencias del lector de periódicos. Esto representa un arduo equilibrio en el que Bécquer supo salir airoso, y aun diré que beneficiado. Escribió sobre lo que era su vocación: la interpretación poética del pasado y su testimonio aún vivo en el presente. Y esto lo hizo compatible con la redacción de muchos artículos cuyo asunto le resultaba ajeno y que su pluma, siempre ágil y suelta, conformaba con las circunstancias de cada caso. Todo eran caras de la realidad de una España que él hubo de vivir intensamente en su labor literaria, pues el público del periódico o de la revista queda más cercano del autor que el de los libros, que se leen cuando se quiere y apetece, y no envejecen como lo que se conserva en el formato del periódico.

Pensamos que su participación en la *Historia de los templos en España* (1857 y 1858) le hubo de ser grata. Y el carácter de la obra se avenía a sus gustos. La obra dejó de publicarse después del tomo primero, dedicado a la arquitectura religiosa de Toledo, ciudad que quedó ya ligada a la vida del

escritor. Esta *Historia* está escrita como a la sombra de Chateaubriand; no era un tratado arqueológico, sino un medio para mostrar al público la realidad de una tradición que Bécquer sentía aún vibrar a su alrededor: «La tradición religiosa es el eje de diamante sobre el que gira nuestro pasado», escribe valiéndose de una imagen tomada de la técnica del arte exacto de la relojería. Y con esto damos con una de sus palabras favoritas: la *tradición,* que para él es un dato objetivo, una realidad cultural que puede buscarse lo mismo en la arqueología que en un libro o en los labios del pueblo.

Para entender los límites entre los que desarrolló Bécquer su obra, conviene recordar el matiz conservador y católico de los periódicos en que colabora, compatible con un progresismo moderado, que no se ha destacado lo suficiente. Bécquer fue (para poner de relieve un aspecto que ha sido poco valorado en su obra) un autor en el que se testimonia el léxico científico de la época: *átomos, cálculo, eje, máquina fotográfica, chispa eléctrica, vapor, infinito,* etc.

Bécquer no es, sin embargo, un periodista de combate, sino una especie de notario poético que da fe sobre la vida de su época en España. Por eso viajó de una parte a otra e intuyendo la importancia que habría de tener en el futuro la ilustración impresa junto con la descripción literaria, acompañó a su hermano Valeriano, y publicó algunos artículos con dibujos de esta realidad vivida. El costumbrismo está en su obra como esta participación de la vida observada y que se ha de testimoniar con veracidad. Bécquer sabe sorprender en su prosa la realidad en lo que tiene de movimiento y de color. Asegura una «economía» de elementos en la descripción que lo separan de la abundancia del realismo y lo acercan a los autores de fin de siglo, entre los que abundaron los periodistas-escritores.

Y sobre todo (y esto se encuentra en el conjunto de su obra a través de las «piezas» literarias que la componen), la unidad

del artículo se impone como módulo básico en gran parte de su prosa. La dimensión de cada «pieza» es el espacio que ocupa el artículo en las columnas del diario o de la revista. A veces forma series con estas piezas (como las *Leyendas* o las *Cartas),* pero la figura de cada una es perceptible en el conjunto.

Peculiaridad literaria de las «Leyendas»

Una parte de la obra en prosa de Bécquer es fuertemente imaginativa. El caso fue encontrar el portillo por el que la fantasía pudiese entrar en las páginas de revistas y diarios; no resultó difícil porque la moda romántica permanecía aún entre el público de los lectores. Bécquer se apoyó en ella, pero la depuró para lograr una obra de gran valor artístico. Recordemos que estudiar los templos de España había sido uno de sus fallidos propósitos; y poco antes resaltamos el valor que él daba a la tradición como eje sobre el que gira un pasado que él consideraba suyo y de cuantos vivían, como él, con una conciencia viva del mismo. De esta manera, la tradición es un término de gran amplitud, y en Bécquer puede buscarse en los grandes monumentos, en los viejos libros o en los labios del pueblo, pero resulta también como consecuencia de la interpretación de todo cuanto el castillo derruido, la casona olvidada con escudos en sus paredes, las callejas de los barrios árabes y judíos, las iglesias caídas con sus cementerios abandonados, llevan consigo adherido como musgo espiritual.

Entre los testimonios que conservan la tradición, está también la «leyenda», transmitida confusamente de generación en generación. «Que lo creas o no, me importa bien poco. Mi abuelo se lo narró a mi padre; mi padre me lo ha referido a mí, y yo te lo cuento ahora, siquiera no sea más que por pasar el rato», pone como epígrafe en *La Cruz del Diablo.* Por un lado estas leyendas recuerdan la novela histórica,

pero son mucho más breves e inmediatas, no evocadoras de un pasado imposible, sino de un presente en el que ese pasado pervive. R. Benítez, un gran conocedor de las leyendas becquerianas, resume así esta novedad:

> Bécquer recrea el género; mantiene cierta deuda con la leyenda anterior, las técnicas de descripción arqueológica, las expresivas de lo sublime terrorífico; tiende, sin embargo, a la verosimilitud realista, a respetar la economía y los modos del relato popular y, sobre todo, a crear un ambiente de maravilla lírica, similar al del cuento de hadas.

(Prólogo a *Leyendas, apólogos y otros relatos,* pág. 23).

Bécquer aplicó esta denominación de *Leyendas* a un grupo de sus narraciones a las que da una forma peculiar y determinada; por de pronto, las descabalga de la altura lírica del verso en que estaban subidas otras obras también llamadas así por los románticos, y las acerca a la forma más sencilla de un largo cuento en prosa y también al afán noticiero de un artículo propio de la nueva ciencia del folklore. Esta prosificación de una materia literaria más común entonces en el verso no le hace perder dignidad literaria; y esto en dos sentidos. En uno de ellos, el imaginativo, la invención creativa de Bécquer se muestra de manera intensa y sólo está apoyada en lo más necesario para el encuadre histórico. Y en el otro, las narraciones se acercan al costumbrismo viajero que fue propio de los hermanos Bécquer, pues cada una de ellas se sitúa en distintos lugares del conjunto de España, con referencias muchas veces a un viaje, excursión o estancia en un lugar que no es el habitual. De esta manera el propio Bécquer se entromete (o finge hacerlo) en el argumento, y con él se introducen también los lectores, que, sintiéndose hombres modernos del siglo XIX, se entretienen en estos relatos.

Los límites de estas *Leyendas* con otras narraciones bre-

ves de Bécquer, publicadas también en artículos, son poco
precisos; esto ocurre, por ejemplo, con *La venta de los gatos,*
que se sitúa en la Sevilla vivida por Bécquer en dos épocas
de su existencia, o en *¡Es raro!,* que ocurre en la sociedad
madrileña de su tiempo, reflejo de la burguesía de la época.
Para que los lectores perciban esta cercanía, publicamos aquí
también esta última obra.

Las *Leyendas* no se narran siguiendo una manera nove-
lesca, objetiva o subjetiva, sino mediante una mezcla de las
dos posiciones: el escritor dice haber llegado hasta ellas de
algún modo, a través de una experiencia personal, y este
marco de la pesquisa para dar con la información, se integra
en el relato legendario; es como un periodista que anduviese en
busca de novedades... no del día, sino de otros tiempos, y que
fuese comentador él mismo de la noticia del pasado. Bécquer
saca la leyenda de las formas en que hasta entonces habían
aparecido, la desprende del corsé romántico, de la sonora
versificación, y la deja suelta, como danzando en la libertad
de una prosa que en esto sí que quiere ser poética. Estas *Le-
yendas,* junto a las otras *Narraciones,* representan casi un ter-
cio de su obra total.

Hay otros aspectos de la creación literaria de Bécquer que
no hemos tratado aquí. Cerca de esta prosa legendaria que-
dan sus *Cartas desde mi celda.* En ellas Bécquer aprovecha
un filón que procede del siglo XVIII, el de las cartas o epísto-
las que comenzaron ya en el siglo XVI constituyendo las Re-
laciones de noticias. En el siglo XVIII crece la diversidad de
contenidos y valen para divulgar la inicial intención cien-
tífica y son el germen del ensayo. El Romanticismo había sa-
cado un gran provecho de este género, apoyándose sobre
todo en la subjetividad del alma atormentada que se confiesa
en las cartas. De esta experiencia participan también las
Rimas y las *Leyendas,* sólo que la poesía concentra esta in-

tención en un breve espacio comunicativo y la prosa legendaria busca los motivos en la impresión que causan los relatos folklóricos en el lector moderno.

Bécquer fue también autor o colaborador en obras teatrales. No lo olvidemos en la presentación de determinados asuntos, en la que da voces diferentes a situaciones espirituales de sí mismo o a diversos personajes de sus relatos. La experiencia dramática, aunque esta ocurriese en obras accidentales, pudo valer a Bécquer para proveerle de recursos aprovechables en otros campos de su creación.

En la bibliografía que sigue encontrará el lector orientación para leer estas otras obras de Bécquer y el gran número de artículos que hubo de escribir en su vida profesional.

<div align="right">

Francisco López Estrada
y M.ª Teresa López García-Berdoy.

</div>

BREVE BIBLIOGRAFÍA

La bibliografía sobre Bécquer es muy abundante. Aquí sólo vamos a citar los libros y artículos que estuvieron más cerca de nosotros mientras preparábamos esta edición y que puedan valer para la ampliación de los datos que ofrecemos y evitarnos la reiteración de los mismos en las notas y comentarios. Hemos procurado, en lo posible, referirnos a libros o artículos que puedan resultar accesibles en las bibliotecas y que fuesen relativamente recientes.

Para facilitar la consulta de la bibliografía, la hemos dividido en varios apartados, contando con que esta división sirve sólo para este libro: *a)* libros que contienen la bibliografía específica sobre el autor y su obra, y que pueden ser guía para la ampliación en un sentido general; *b)* obras complementarias sobre la relación entre Bécquer y determinadas ciudades y regiones; *c)* biografías sobre Bécquer; *d)* ediciones de las obras de Bécquer, dejando de lado las referencias a las obras que aquí no se recogen; y *e)* estudios sobre las *Rimas* y sobre las *Leyendas.*

A) BIBLIOGRAFÍA SOBRE BÉCQUER

BENÍTEZ, Rubén: *Ensayo de bibliografía razonada de Gustavo Adolfo Bécquer,* Buenos Aires, Universidad, 1961.

DÍEZ TABOADA, Juan María: «Bibliografía sobre Gustavo Adolfo Bécquer», en *Revista de Filología Española*, LII, 1968, págs. 651-695; con un «Suplemento» publicado en el *Boletín de Filología Española*, 46-49, 1973, págs. 47-60.

PAGEARD, Robert: En el apartado *c)* mencionamos una biografía de Bécquer de este autor, en la que se ofrecen fuentes informativas y una bibliografía, amplia y ordenada (págs. 559-597).

ZAVALA, Iris M.: «La poesía romántica, Bécquer y Rosalía», en *Romanticismo y Realismo*, vol. V de la *Historia y crítica de la literatura española*, al cuidado de Francisco Rico, Barcelona, Ed. Crítica, 1982, págs. 239-245.

B) BÉCQUER Y LA GEOGRAFÍA

Bécquer y Soria, Madrid, C. S. I. C., Centro de Estudios Sorianos, 1970. Artículos de J. A. Pérez Rioja, H. Carpintero, F. Bordejé, T. Aparicio, F. Herrero Salgado, J. Tudela y C. Sáenz García.

BENITO REVUELTA, Vidal: *Bécquer y Toledo*, Madrid, C. S. I. C., 1971.

CORELLA ESTELLA, Faustino: *Bécquer y Navarra*, Pamplona, Gobierno de Navarra, 1991.

REYES CANO, Rogelio: *Sevilla en la obra de Bécquer*, Sevilla, Publicaciones del Ayuntamiento, 1980.

C) BIOGRAFÍAS SOBRE BÉCQUER

BROWN, Rica: *Bécquer*, Barcelona, Aedos, 1963. Ponderada biografía.

MONTESINOS, Rafael: *Bécquer. Biografía e imagen*, Barcelona, ed. R. M., 1977. Biografía literaria con abundante ilustración gráfica.

PAGEARD, Robert: *Bécquer. Leyenda y realidad,* Madrid, Espasa Calpe, 1990. La biografía más amplia sobre el escritor con el examen cronológico de sus obras; extensa bibliografía y amplios índices.

D) EDICIONES DE SUS OBRAS

a) Obras completas

Obras completas, decimotercera edición, Madrid, Aguilar, 1969. Los textos y algunas notas finales.

Obras de Gustavo Adolfo Bécquer, Málaga, Editorial Arguval, 1993. Es una edición facsímil de la de los amigos de Bécquer. Madrid, T. Fortanet, 1871, antecedida de una introducción de C. Cuevas y S. Montesa.

Obras completas, I. Primeros escritos. Teatro. Historia de los templos de España, Madrid, Biblioteca Castro, Turner, 1995. Ed. R. Navas Ruiz. Sólo los textos con una presentación y breve bibliografía.

Obras completas, II. Narraciones. Cartas literarias a una mujer. Desde mi celda. Libro de los gorriones. Artículos, crónicas y cuadros, Miscelánea, Madrid, Biblioteca de Castro, Turner, 1995. El mismo editor e igual criterio. Las *Leyendas* se encuentran en la sección de «Narraciones».

b) Rimas

La mayor parte de las colecciones de textos escolares cuentan con un volumen dedicado a las *Rimas.*

Libro de los gorriones. Edición facsímil. *Introducción sinfónica, La mujer de piedra, Rimas,* Madrid, Dirección General de Archivos y Bibliotecas, 1971. Nota preliminar y transcripción de los textos en prosa de Guillermo Gusta-

vino Gallent. Estudio y transcripción de las *Rimas* de Rafael de Balbín y Antonio Roldán.

Rimas, Madrid, Clásicos Hispánicos, C. S. I. C., Centre de
Recherches et d'Éditions Hispaniques de l'Université
de París, 1972. Edición anotada por Robert Pageard.

Rimas, Madrid, Cátedra, 1995. Edición de Rafael Montesinos. Texto sobre el *Libro de los gorriones,* con la anotación de las variantes.

c) Leyendas

Lo mismo que en el caso anterior, son numerosas las colecciones de textos que han publicado las *Leyendas.*

Leyendas, apólogos y otros relatos, Barcelona, Labor, 1974,
tomo 27 de la colección «Textos hispánicos modernos»,
edición, prólogo y notas de Rubén Benítez.

Leyendas, Barcelona, Crítica, 1994, tomo 99 de la «Biblioteca Clásica», estudio preliminar de Russell P. Sebold, edición y notas de Joan Estruch.

E) ESTUDIOS SOBRE LAS OBRAS DE BÉCQUER

Ofrecemos sólo los estudios que tocan las cuestiones que
hemos tratado en este volumen.

a) Rimas

BALBÍN, Rafael de: *Poética becqueriana,* Madrid, Editorial
Prensa Española, 1969.

DÍAZ, José Pedro: *Gustavo Adolfo Bécquer. Vida y poesía,*
Madrid, Gredos, 1971, 3.ª edición.

DÍEZ TABOADA, Juan María: *La mujer ideal. Aspectos y fuentes de las «Rimas» de Bécquer,* Madrid, C. S. I. C., 1965.

KING, Edmund L.: *Bécquer: From Painter to Poet,* México, Porrúa, 1953.

RUIZ-FORNELLS, Enrique: *A Concordance to the Poetry of Gustavo Adolfo Bécquer,* Tuscaloosa, University of Alabama, 1970. Esta concordancia está hecha sobre la edición de J. P. Díaz, Clásicos Castellanos.

b) Prosa

BÉCQUER, Gustavo Adolfo: *Páginas abandonadas,* Madrid, Valera, 1948, edición de Dionisio Gamallo Fierros (con varios estudios sobre el poeta y la obra menos conocida y atribuida, también con referencias al verso).

BERENGUER CARISOMO, Arturo: *La prosa de Bécquer,* Sevilla, Publicaciones de la Universidad 1974 (segunda edición, corregida y aumentada de la primera. Buenos Aires, Hachette, 1947).

LÓPEZ ESTRADA, Francisco: *Poética para un poeta: las «Cartas literarias a una mujer» de Bécquer,* Madrid, Gredos, 1972. Contiene un amplio estudio y el texto de las *Cartas.*

c) Leyendas

BENÍTEZ, Rubén: *Bécquer tradicionalista,* Madrid, Gredos, 1971.

GARCÍA-VIÑO, Manuel: *Mundo y trasmundo de las leyendas de Bécquer,* Madrid, Gredos, 1970.

SEBOLD, Russell P.: *Bécquer en sus narraciones fantásticas,* Madrid, Taurus, 1989.

RIMAS

CRITERIO DE ESTA EDICIÓN

Esta primera parte de la edición acoge las *Rimas* de Bécquer. Él las definió con una palabra que tenía una larga tradición en la lengua española. La *rima* es un recurso de la métrica del verso por el cual coinciden los sonidos finales del mismo a partir de la última vocal acentuada, bien todos ellos *(rima consonante),* bien sólo las vocales *(rima asonante).* Para que exista el verso, no es necesario que haya rima, pues en algunos casos la estrofa está libre de ella, pero en la mayor parte de las poesías se halla este recurso métrico. En italiano *Rime* se usó (así lo hicieron Dante, Petrarca y otros autores) para denominar los poemas redactados en la moderna lengua literaria (frente a los latinos) y que trataban de asuntos profanos. Pronto la palabra fue acogida en la literatura española, y los autores de los Siglos de Oro titularon a veces así, *Rimas,* en plural, los libros que contenían un conjunto de sus poesías. Los románticos españoles, sobre todo los de tono apacible, se valieron también de esta palabra, como, por citar un ejemplo, Tomás Aguiló en sus *Rimas varias* (Palma de Mallorca, I, 1846, y II, 1849), en las cuales se sirve de un tono triste y melancólico que luego gustaría a Bécquer.

Bécquer, cuando eligió esta palabra para designar sus poe-

sías, dio indicios de humildad; era como si quisiera señalar que las poesías así nombradas eran de otro orden que las que representaban la grandilocuencia romántica a la manera de Espronceda y Zorrilla, que preferían el tono elevado. También otro poeta renovador de la época, pero de signo distinto, Campoamor, eligió el de *Doloras* para las poesías que mejor le caracterizan. El nombre que las designaba era señal del hombre que las escribía, el poeta.

a) En cuanto a la ordenación, mantenemos el orden de las *Rimas* según lo fijaron los amigos de Bécquer en la edición de 1871. Los números romanos siguen este orden, y debajo de ellos figura el número en cifras árabes del orden en el *Libro de los gorriones.* Para delimitar el contenido temático de cada apartado en que los amigos de Bécquer estructuraron las *Rimas,* reproducimos partes del Prólogo que Rodríguez Correa escribió para la edición de 1871. Siguen otras tres *Rimas* que están en el *Libro de los gorriones,* pero no en la edición, las *n^{os}*. 44, 48 y 55. Sólo faltan algunas poesías de orden circunstancial, que poco añaden al conjunto de la obra de Bécquer: las tituladas «Amor eterno», «A Casta» y «La gota de rocío», y las que comienzan: «En un sueño la vida», «Lejos y entre los árboles», «Solitario, triste y mudo» y la atribuida: «Aire que besa, corazón que llora», todas ellas a la manera de las *Rimas.* Y otra «A todos los Santos», colaboración en un Devocionario.

b) El texto que ofrecemos sigue el manuscrito del *Libro de los gorriones,* ya que preferimos la versión que Bécquer escribió primero, aunque a veces aceptemos alguna corrección y justifiquemos el motivo. Nuestra edición sólo consigna en nota unas pocas variantes, las que nos han parecido más significativas. Si en algún caso consignamos alguna variante de la edición de 1871, estas palabras aparecen entre corchetes. Como los amigos de Bécquer contaron con el *Libro* o con un texto de las *Rimas* muy parecido, no serán

grandes las diferencias que el lector encuentre en cuanto a las ediciones que se han ido publicando. La edición mejor comentada es la de R. Pageard (véase la bibliografía). Allí mencionamos también la de R. Montesinos por recoger los variantes interiores del *Libro de los gorriones*. Cuando elegimos algún verso o parte de él que se aparte de ella, lo consignamos en nota.

c) Las poesías manuscritas por Bécquer están puntuadas de una manera personal y sin atenerse al criterio académico. Por otra parte, la edición de 1871 y siguientes siguieron (contando con la intervención de los amigos de Bécquer) los criterios comunes en la época. Dado el carácter de la presente edición, hemos usado los signos de puntuación según el criterio actual de la Academia. También hemos dispuesto las líneas de los versos y las estrofas interiores de cada poesía de la manera más armoniosa para el efecto de la impresión.

Hemos querido destacar la organización de las estrofas, que es la parte más original de la métrica becqueriana. Cuando las *Rimas* tuvieron algún epígrafe del propio autor, éste va en su lugar, encerrado entre corchetes. A veces hemos elegido algún párrafo de su obra o de sus amigos para señalar el motivo de alguna *Rima*. Recuérdese que, como dijimos antes, hemos agregado en letra cursiva fragmentos del prólogo de las *Obras completas* de 1871, en el intento de articular de algún modo lo que es una sucesión de poesías que tiene cada una por sí misma su propia e intransferible unidad poética. Hemos rectificado algunas leves diferencias entre el escrito de Bécquer y la ortografía actual (s-x, g-j, etc.) en favor del uso de hoy. Todo esto con el fin de que la obra de Bécquer llegue a los lectores con los comentarios convenientes para lograr su mejor inteligencia. Con más de siglo y medio por medio, la lectura de Bécquer requiere un marco de comentarios que la rodee.

Esta edición se imprime bajo el signo de la brevedad que requiere unir en un solo libro las *Rimas* y las *Leyendas*. Por eso reducimos aquí el comentario extenso de las *Rimas* a un número limitado de ellas.

F. L. E. y M. T. L. G.-B.

INTRODUCCIÓN SINFÓNICA

Esta *Introducción sinfónica* viene a ser el prólogo al conjunto de obras que Bécquer tenía la intención de reunir dentro del *Libro de los gorriones*. Parece que se escribió en los días próximos a la fecha de 17 de junio de 1868, que se indica en la cabeza del libro. La *Introducción sinfónica* es una declaración muy personal de la situación psicológica del poeta; en ella lanza fuera de sí las obras que le han atormentado y desea la paz espiritual que se confunde con la muerte.

Bécquer adjetiva esta introducción a su poesía como *sinfónica*, pues se da cuenta de que el ritmo poético participa también de la musicalidad que puede lograrse con el uso de la palabra hablada; por eso esta introducción conviene que se lea en voz alta para apreciar este rasgo. Además, la mención de *sinfónica* indica pluralidad de instrumentos, conjunto de armonías de distintas procedencias, con lo que quiere interpretar de algún modo la variedad de tonos que se reúnen en las *Rimas*.

Por los tenebrosos rincones de mi cerebro, acurrucados y desnudos, duermen los extravagantes hijos de mi fantasía, esperando en silencio que el arte los vista de la palabra para poderse presentar decentes en la escena del mundo.

Fecunda, como el lecho de amor de la miseria, y parecida a esos padres que engendran más hijos de los que pueden ali-

mentar, mi musa concibe y pare en el misterioso santuario de la cabeza, poblándola de creaciones sin número, a las cuales ni mi actividad ni todos los años que me restan de vida serían suficientes a dar forma.

Y aquí dentro, desnudos y deformes, revueltos y barajados en indescriptible confusión, los siento a veces agitarse y vivir con una vida oscura y extraña, semejante a la de esas miríadas de gérmenes [1] que hierven y se estremecen en una eterna incubación dentro de las entrañas de la tierra, sin encontrar fuerzas bastantes para salir a la superficie y convertirse, al beso del sol, en flores y frutos.

Conmigo van, destinados a morir conmigo, sin que de ellos quede otro rastro que el que deja un sueño de la media noche, que a la mañana no puede recordarse. En algunas ocasiones, y ante esta idea terrible, se subleva en ellos el instinto de la vida y, agitándose en terrible aunque silencioso tumulto, buscan en tropel por donde salir a la luz, de las tinieblas en que viven. Pero, ¡ay, que entre el mundo de la idea y el de la forma existe un abismo que sólo puede salvar la palabra; y la palabra, tímida y perezosa, se niega a secundar sus esfuerzos! Mudos, sombríos e impotentes, después de la inútil lucha vuelven a caer en su antiguo marasmo; tal caen inertes en los surcos de las sendas, si cae el viento, las hojas amarillas que levantó el remolino.

Estas sediciones de los rebeldes hijos de la imaginación explican algunas de mis fiebres: ellas son la causa, desconocida para la ciencia, de mis exaltaciones y mis abatimientos. Y así, aunque mal, vengo viviendo hasta aquí: paseando por

[1] *miríadas de gérmenes:* expresión que pretende ser científica. Este es un recurso de Bécquer que así abre un nuevo vocabulario para la literatura. *Miríadas,* «grandes cantidades»; *gérmenes,* «formas primitivas de vida, aún sin forma».

entre la indiferente multitud esta silenciosa tempestad de mi cabeza. Así vengo viviendo, pero todas las cosas tienen un término, y a éstas hay que ponerles punto.

El insomnio y la fantasía siguen y siguen procreando en monstruoso maridaje[2] sus creaciones, apretadas ya, como las raquíticas plantas de un vivero, pugnan por dilatar su fantástica existencia, disputándose los átomos de la memoria como el escaso jugo de una tierra estéril. Necesario es abrir paso a las aguas profundas, que acabarán por romper el dique, diariamente aumentadas por un manantial vivo.

¡Andad, pues! Andad y vivid con la única vida que puedo daros. Mi inteligencia os nutrirá lo suficiente para que seáis palpables. Os vestirá, aunque sea de harapos, lo bastante para que no avergüence vuestra desnudez. Yo quisiera forjar para cada uno de vosotros una maravillosa estofa[3] tejida de frases exquisitas, en las que os pudierais envolver con orgullo como en un manto de púrpura. Yo quisiera poder cincelar la forma que ha de conteneros, como se cincela el vaso de oro que ha de guardar un preciado perfume. ¡Mas es imposible!

No obstante, necesito descansar: necesito, del mismo modo que se sangra el cuerpo por cuyas hinchadas venas se precipita la sangre con pletórico empuje, desahogar el cerebro, insuficiente a contener tantos absurdos.

Quedad, pues, consignados aquí, como la estela nebulosa que señala el paso de un desconocido cometa, como los átomos[4] dispersos de un mundo en embrión que avienta por el

[2] *maridaje:* «unión de dos cosas, como si fuera la del matrimonio»; pero aquí se toma en mal sentido, como «contubernio, enredo ilícito».

[3] *estofa:* tela o tejido de labores, por lo común de seda. Bécquer había escrito *tela tejida* y lo tachó.

[4] *átomos:* otra palabra que habría de incorporarse a la ciencia, usada en su poesía. Aquí, fragmentos pequeños, apenas huellas de la vida.

aire la muerte antes que su Creador haya podido pronunciar el *fiat lux* [5] que separa la claridad de las sombras.

No quiero que en mis noches sin sueño volváis a pasar por delante de mis ojos en extravagante procesión, pidiéndome con gestos y contorsiones que os saque a la vida de la realidad del limbo [6] en que vivís, semejantes a fantasmas sin consistencia. No quiero que al romperse este arpa vieja —y cascada ya— se pierdan a la vez que el instrumento las ignoradas notas que contenía. Deseo ocuparme un poco del mundo que me rodea, pudiendo, una vez vacío, apartar los ojos de este otro mundo que llevo dentro de la cabeza. El sentido común, que es la barrera de los sueños, comienza a flaquear, y las gentes de diversos campos se mezclan y confunden. Me cuesta trabajo saber qué cosas he soñado y cuáles me han sucedido: mis afectos se reparten entre fantasmas de la imaginación y personajes reales: mi memoria clasifica revueltos, nombres y fechas de mujeres y días que han muerto o han pasado con los de días y mujeres que no han existido sino en mi mente. Preciso es acabar arrojándoos de la cabeza de una vez para siempre.

Si *morir es dormir,* quiero dormir en paz en la noche de la muerte sin que vengáis a ser mi pesadilla, maldiciéndome por haberos condenado a la nada antes de haber nacido. Id, pues, al mundo a cuyo contacto fuisteis engendrados, y quedad en él como el eco que encontraron en un alma que pasó por la tierra, sus alegrías y sus dolores, sus esperanzas y sus luchas.

Tal vez muy pronto tendré que hacer la maleta para el gran

[5] *fiat lux:* «hágase la luz»; es la frase bíblica del Génesis (1,3) con la cual Dios comenzó la creación del mundo.

[6] *limbo:* lugar a donde van las almas de los que mueren sin bautismo antes del uso de la razón.

viaje; de una hora a otra puede desligarse el espíritu de la materia para remontarse a regiones más puras. No quiero, cuando esto suceda, llevar conmigo, como el abigarrado equipaje de un saltimbanqui [7] el tesoro de oropeles [8] y guiñapos que ha ido acumulando la fantasía en los desvanes del cerebro.

[7] *saltimbanqui:* «acróbata o equilibrista modesto, que se gana la vida de pueblo en pueblo».

[8] *oropeles:* «latones que imitan el oro».

I

Todas las Rimas *de Gustavo forman, como el* Intermezzo *de Heine, un poema, más ancho y completo que aquel, en que se encierra la vida de un poeta.*

Son, primero, las aspiraciones de un corazón ardiente, que busca en el arte la realización de sus deseos, dudando de su destino... Siéntese poeta...

(Rodríguez Correa.)

I
(11)

Yo sé un himno gigante y extraño
que anuncia en la noche del alma una aurora,
y estas páginas son de ese himno
cadencias que el aire dilata en las sombras.

5 Yo quisiera escribirle, del hombre
domando el rebelde, mezquino idioma,
con palabras que fuesen a un tiempo
suspiros y risas, colores y notas.

Pero en vano es luchar, que no hay cifra
10 capaz de encerrarle; y apenas, ¡oh, hermosa!,
si, teniendo en mis manos las tuyas,
pudiera, al oído, cantártelo a solas.

En cierto modo, la *Rima* I es como otra introducción. El poeta
—siempre— se esfuerza para que la lengua que usa, que es el idioma literario, sea *suspiros y risas* (v. 8), y suma de las artes: *colores* (pintura) y *notas* (música). Este idioma plural es el anuncio que Bécquer hizo de la literatura de nuestra época, en la que los límites entre las artes no son murallas, sino vías de comunicación para contenidos del alma cada vez más complejos. Y al final se vale de la mujer hermosa para intentar *cantárselo* (v. 12) sin testigos. No obstante, no es *contar,* sino *cantar,* y en ello se implica el canto que, aunque sea al oído, no deja de tener una evidente aparatosidad como música vocal. Así piensa el poeta que logró siquiera una aproximación.

Obsérvese la anáfora de los versos 1 y 5, cabeza de las estrofas primera y segunda, que comienzan con el pronombre personal *Yo;* en la tercera estrofa el contenido de las mismas revierte en un *tú,* la mujer, que es la que recibe el homenaje verbal del poeta al reconocer que sólo ella puede ser objeto de la poesía.

El poeta dice conocer el *himno extraño* (a los hombres) y *gigante* (en cuanto al ras común humano) (v. 1). *Himno* es una composición elevada y solemne en alabanza de lo que el hombre aprecia, sobre todo en la vida religiosa y civil. Suele acompañarse de música (y de ahí la mención de las *cadencias,* v. 4, o compases armónicos), y por eso pudiera parecer desproporcionado para su uso en poesías de intenso lirismo. En esto acaso existe una intención de sorpresa, porque el himno del verso 1 apenas queda en un susurro en el verso 12.

* * *

9 *cifra:* en el sentido de símbolo representativo.

II
(15)

Saeta que voladora
cruza, arrojada al azar,
y que no se sabe dónde
temblando se clavará;

5 hoja que del árbol seca
arrebata el vendaval,
sin que nadie acierte el surco
donde al polvo volverá;

gigante ola que el viento
10 riza y empuja en el mar,
y rueda y pasa, y se ignora
qué playa buscando va;

luz que en cercos temblorosos
brilla, próxima a expirar,
15 y que no se sabe de ellos
cuál el último será;

eso soy yo, que al acaso
cruzo el mundo sin pensar
de dónde vengo ni a dónde
20 mis pasos me llevarán.

Bécquer se vale aquí de la enumeración de una serie de elementos abocados a su fin, situados en cabeza de verso *(saeta,* v. 1; *hoja,* v. 5; *ola,* v. 9; *luz,* v. 13), y que confluyen en el *yo* del poeta (v. 17) tan falto de conciencia de su fin como los elementos con los que se

13 *cercos:* destellos que rodean una estrella o llamas oscilantes que rodean un fuego de chimenea a punto de apagarse.

ha comparado. El desconcierto resulta así universal, según la percepción del poeta, y nada puede hacer para dar sentido a su vida. *Al acaso* (v. 17) y *al azar* (v. 2) simbolizan esta suerte de desconcierto, ante el cual el poeta adopta una actitud pasiva.

* * *

III
(42)

Sacudimiento extraño
que agita las ideas,
como huracán que empuja
las olas en tropel;

5 Murmullo que en el alma
se eleva y va creciendo,
como volcán que sordo
anuncia que va a arder;

Deformes siluetas
10 de seres imposibles;
paisajes que aparecen
como al través de un tul;

Colores que fundiéndose
remedan en el aire
15 los átomos del iris
que nadan en la luz;

4 *en tropel:* «atropelladamente, unas olas encima de las otras».

12 *tul:* «tejido de tela fina, reticulado, a través del cual puede verse lo que cubre». Lo cita Bécquer como una tela propia de las mujeres elegantes.

15 *átomos:* en la época de Bécquer eran las pequeñas motas de polvo que flotan en el aire y que son visibles cuando entra un rayo de sol en una habitación oscura; aquí se refiere a las partes pequeñas del agua de la lluvia que forman el arco iris.

 Ideas sin palabras,
 palabras sin sentido;
 cadencias que no tienen
20 ni ritmo ni compás;

 Memorias y deseos
 de cosas que no existen;
 accesos de alegría,
 impulsos de llorar;

25 Actividad nerviosa
 que no halla en qué emplearse;
 sin riendas que le guíen,
 caballo volador;

 Locura que el espíritu
30 exalta y desfallece;
 embriaguez divina
 del genio creador...
 Tal es la inspiración.

 Gigante voz que el caos
35 ordena en el cerebro
 y entre las sombras hace
 la luz aparecer;

 Brillante rienda de oro
 que poderosa enfrena
40 de la exaltada mente
 el volador corcel;

19 *cadencias:* «reunión de sonidos armoniosos en el curso de la música».

27-28 Obsérvese el uso del hipérbaton violento con el que Bécquer en ocasiones quiebra el curso sintáctico.

41 *corcel:* término usado por los escritores románticos por *caballo*.

Hilo de luz que en haces
los pensamientos ata;
sol que las nubes rompe
45 y toca en el zenít;

Inteligente mano
que en un collar de perlas
consigue las indóciles
palabras reunir;

50 Armonioso ritmo
que con cadencia y número
las fugitivas notas
encierra en el compás;

Cincel que el bloque muerde
55 la estatua modelando,
y la belleza plástica
añade a la ideal;

Atmósfera en que giran
con orden las ideas,
60 cual átomos que agrupa
recóndita atracción;

42 *haces:* grupos de mieses, hierbas, leña, etc., atadas con cuerdas o
ramas.
45 *zenít:* aquí debe pronunciarse como palabra aguda para que cuente la
medida del verso. También se escribe *cenit,* término de la Astronomía que
designa el punto del cielo que corresponde en lo alto a un punto determi-
nado de la tierra.
51 *número:* «reunión armoniosa de los sonidos en espacios seme-
jantes».

Raudal en cuyas ondas
su sed la fiebre apaga;
oasis que al espíritu
65 devuelve su vigor...
Tal es nuestra razón.

Con ambas siempre en lucha,
y de ambas vencedor,
tan sólo el genio es dado
70 a un yugo atar las dos.

Otra vez Bécquer se vale de enumeraciones, aquí largas, que se
suceden para servir como elementos de comparación de los dos
opuestos *inspiración* y *razón* —la primera, propia del artista, y la se-
gunda, del hombre que domina la ciencia— que en parte se encuen-
tran presentes en cualquier hombre. Sólo el *genio* (v. 69) domina y se
aprovecha de los dos. Esta acepción de *genio,* «gran inteligencia que
produce las obras extraordinarias de una sociedad, sea en el orden
científico o artístico», es propia de la literatura romántica.

* * *

IV
(39)

No digáis que, agotado su tesoro,
de asuntos falta, enmudeció la lira;
podrá no haber poetas, pero siempre
habrá poesía.

62 *raudal:* «corriente de agua de curso rápido y abundante».
70 *yugo:* «pieza rústica de madera con la que se unen a pares las mulas
y los bueyes para empujar el arado».

5 Mientras las ondas de la luz al beso
 palpiten encendidas,
 mientras el sol las desgarradas nubes
 de fuego y oro vista,
 mientras el aire en su regazo lleve
10 perfumes y armonías,
 mientras haya en el mundo primavera,
 ¡habrá poesía!

 Mientras la ciencia a descubrir no alcance
 las fuentes de la vida,
15 y en el mar o en el cielo haya un abismo
 que al cálculo resista,
 mientras la humanidad siempre avanzando
 no sepa a dó camina,
 mientras haya un misterio para el hombre,
20 ¡habrá poesía!

 Mientras se sienta que se ríe el alma,
 sin que los labios rían;
 mientras se llore, sin que el llanto acuda
 a nublar la pupila;
25 mientras el corazón y la cabeza
 batallando prosigan,
 mientras haya esperanzas y recuerdos,
 ¡habrá poesía!

13 La publicación de esta poesía en *La Ilustración de Madrid* (12 de
mayo 1870) presenta la siguiente variante: «mientras la humana ciencia no
descubra».
18 Como en otras partes, Bécquer aún usa el *dó* por *dónde* tal como
otros románticos, pero pronto se perdería para la poesía.

Mientras haya unos ojos que reflejen
30 los ojos que los miran,
mientras responda el labio suspirando
al labio que suspira,
mientras sentirse puedan en un beso
dos almas confundidas,
35 mientras exista una mujer hermosa,
¡habrá poesía!

Se observa el uso de la anáfora *mientras* en todas las estrofas, salvo la primera, que es la cifra de la poesía, la enunciación clave del contenido. El poeta proclama la existencia de la poesía en una fórmula simple y concisa, de gran efectividad, «habrá poesía», que se reitera en el cierre de las estrofas (vv. 12, 20, 28 y 36) y que está convenientemente reforzada por el tono admirativo, grito incontenible del poeta. La naturaleza, el esfuerzo de la ciencia que lucha con el misterio del universo y el amor son los tres contenidos posibles de una poesía que se afirma en sí misma.

* * *

V
(62)

Espíritu sin nombre,
indefinible esencia,
yo vivo con la vida
sin formas de la idea.

5 Yo nado en el vacío,
del sol tiemblo en la hoguera,
palpito entre las sombras
y floto con las nieblas.

Yo soy el fleco de oro
10 de la lejana estrella,
yo soy de la alta luna
la luz tibia y serena.

Yo soy la ardiente nube
que en el ocaso ondea,
15 yo soy del astro errante
la luminosa estela.

Yo soy nieve en las cumbres,
soy fuego en las arenas,
azul onda en los mares
20 y espuma en las riberas.

En el laúd, soy nota,
perfume en la violeta,
fugaz llama en las tumbas
y en la[s] ruinas, yedra.

25 Yo atrueno en el torrente
y silbo en la centella,
y ciego en el relámpago
y rujo en la tormenta.

24 La *s* falta en el original.

25 Un verso afortunadamente onomatopéyico, en el que los sonidos de
las consonantes (abundancias de *t* y *r*) imitan la significación de los violen-
tos sonidos que evoca.

26 *silbo en la centella: silbar* aquí puede venir por el silbido de la bala,
oído de lejos, pues *centella* suele llamarse a la exhalación eléctrica entre
nubes.

 Yo río en los alcores,
30 susurro en la alta yerba,
 suspiro en la onda pura,
 y lloro en la hoja seca.

 Yo ondulo con los átomos
 del humo que se eleva
35 y al cielo lento sube
 en espiral inmensa.

 Yo, en los dorados hilos
 que los insectos cuelgan,
 me mezco entre los árboles
40 en la ardorosa siesta.

 Yo corro tras las ninfas
 que, en la corriente fresca
 del cristalino arroyo,
 desnudas juguetean.

45 Yo, en bosques de corales
 que alfombran blancas perlas,
 persigo en el océano
 las náyades ligeras.

 Yo, en las cavernas cóncavas
50 do el sol nunca penetra,
 mezclándome a los gnomos,
 contemplo sus riquezas.

29 *alcores:* «cerros y montes bajos».
33 *átomos:* esta vez lo aplica a las partículas de carbón de fuegos.
41 *ninfas:* deidades mitológicas de la Antiguedad, de los bosques y los ríos.
48 *náyades:* en la mitología clásica ninfas de las aguas.
51 *gnomos:* en la mitología nórdica, «seres que viven y trabajan en las honduras de la tierra».

Yo busco de los siglos
las ya borradas huellas,
55 y sé de esos imperios
de que ni el nombre queda.

Yo sigo en raudo vértigo
los mundos que voltean,
y mi pupila abarca
60 la creación entera.

Yo sé de esas regiones
a do un rumor no llega,
y donde informes astros
de vida un soplo esperan.

65 Yo soy sobre el abismo
el puente que atraviesa,
yo soy la ignota escala
que el cielo une a la tierra.

Yo soy el invisible
70 anillo que sujeta
el mundo de la forma
al mundo de la idea.

Yo, en fin, soy ese espíritu,
desconocida esencia,
75 perfume misterioso
de que es vaso el poeta.

67 *ignota:* «desconocida, ignorada», dicho en forma culta.

Bécquer se vale del recurso retórico de la anáfora, sobre el pronombre personal *yo,* que sostiene en la extensión del poema el significado de «yo soy...» o «yo me identifico con...». Tanto *yo* es una muestra del egoísmo romántico, pero aquí interpretado de una manera trascendente.

Bécquer se identifica con el poeta, el cual dice hacer suyos los elementos de la naturaleza, potenciados, en su diversidad cosmológica, por el Romanticismo. Pero, además, añade referencias mitológicas, las *ninfas* (v. 41) y las *náyades* (v. 48). De Sevilla trajo Bécquer una formación neoclásica que le permitía estas y otras incursiones en la literatura antigua; y a esto añade la mención de los *gnomos,* procedentes de la mitología nórdica.

* * *

VI
(57)

Como la brisa que la sangre orea
sobre el oscuro campo de batalla,
cargada de perfumes y armonías
en el silencio de la noche vaga;

5 Símbolo del dolor y la ternura,
del bardo inglés en el horrible drama,
la dulce Ofelia, la razón perdida,
cogiendo flores y cantando pasa.

Poesía premeditadamente confusa, basada en una comparación (estrofa primera) que se vierte sobre una figura fuertemente dramática: la Ofelia loca (estrofa segunda).

La *brisa* (v. 1), como en tantas poesías de Bécquer, está cargada de *perfumes y armonías* (v. 3). Esta brisa *orea* (v. 1), esto es, «airea» la sangre para secarla, pues la batalla ha ocurrido hace poco, cuando

lo común es que oree un campo de primavera, verde, y no un *oscuro
campo de batalla* (v. 2). Y esto ocurre en *el silencio de la noche*
(v. 4), más propicio para el amor.

Esta contradictoria entrada es un *símbolo* (v. 5), importante pala-
bra que ha de ascender hasta un primer término en los poetas sim-
bolistas inminentes y que aquí Bécquer parece anunciar. El *bardo
inglés* es William Shakespeare (1564-1616), y lo llama *bardo* (v. 6)
porque es el nombre con que, en términos literarios de la época, se
designa al poeta y cantor de los antiguos celtas (los ingleses), lo
mismo que *trovador* se refiere a los provenzales o a cualesquiera
poetas modernos en una expresión romántica. El drama es *horri-
ble* (v. 6) porque pone de manifiesto la crueldad de las pasiones
humanas. *Ofelia* (v. 7) se menciona de una manera concreta,
cuando lo común es que Bécquer no nombre a la mujer en sus poe-
sías; aquí está elevada a la categoría del símbolo. Y la pobre loca
pasa por delante del fondo trazado en la estrofa primera, que así
actúa a modo de telón de fondo. Bécquer reúne otra vez *flores* y
música en el acertado y soberbio verso 8, en el que los dos gerun-
dios *cogiendo* y *cantando* dejan a la poesía con un sentido de ac-
ción durativa, con el que Ofelia queda prendida como imagen de
dolor y ternura.

Ofelia, modelo de sencillez e inocencia, se vuelve loca cuando
Hamlet, a quien ella ama, creyendo que mataba al rey Claudio, atra-
viesa con una espada a Polonio, el padre de la joven; en su locura,
canta por los jardines adornada con flores y hierbas silvestres y
acaba muriendo ahogada, rodeada de flores y entonando viejas to-
nadas. Ofelia, personaje cuyo nombre procede de Sannazaro, atrajo
a los pintores de la época (Juan Everett Millais pintó una *Ofella*
[1852] en los comienzos del movimiento prerrafaelista). Es curioso
consignar que Bécquer en una ocasión, cuando estaba como escri-
biente en un empleo administrativo, dibujó precisamente la escena
de Ofelia deshojando una corona, lo que le costó el puesto y quedar
cesante (véase José Pedro Díaz, *Gustavo Adolfo Bécquer, Vida y
poesía,* ob. cit., págs. 97-98).

* * *

VII
(13)

Del salón en el ángulo oscuro,
de su dueña tal vez olvidada,
silenciosa y cubierta de polvo,
 veíase el arpa.
5 ¡Cuánta nota dormía en sus cuerdas,
como el pájaro duerme en las ramas,
esperando la mano de nieve
 que sabe arrancarlas!

 ¡Ay! —pensé— ¡cuántas veces el genio
10 así duerme en el fondo del alma,
y una voz, como Lázaro, espera
 que le diga «¡Levántate y anda!»

Una de las más logradas poesías de Bécquer. La evocación del arpa (estrofa primera) se logra por medio del ligero hipérbaton de los vv. 1 y 2; el verso 3 es descriptivo, y culmina en el cuarto, en el que la palabra *arpa* es la última, la clave en la que desemboca la tensión establecida. El arpa tenía una dueña (v. 2) con *mano de nieve* (v. 7); es una discreta nota femenina, muy del gusto del salón de concierto en donde pudiera haber sonado el instrumento. El poeta, intérprete de la trascendencia, intuye el *genio* (v. 9), dormido en el fondo del alma (incluso puede ser la del poeta), y esto le recuerda la referencia de los Evangelios (San Juan, 11, 1-44), el pasaje en el que Jesús resucita a Lázaro, hermano de Marta y María, diciéndole: «Lázaro, sal fuera». Sencillez y eficacia, aunque la mención del genio inclina hacia la grandilocuencia romántica.

* * *

VIII
(25)

Cuando miro el azul horizonte
 perderse a lo lejos,
al través de una gasa de polvo
 dorado e inquieto,
5 me parece posible arrancarme
 del mísero suelo
y flotar con la niebla dorada
 en átomos leves,
 cual ella deshecho.

10 Cuando miro de noche en el fondo
 oscuro del cielo
las estrellas temblar como ardientes
 pupilas de fuego,
me parece posible a do brillan
15 subir en un vuelo
y anegarme en su luz, y con ellas
 en lumbre encendido
 fundirme en un beso.

En el mar de la duda en que bogo
20 ni aún sé lo que creo;
sin embargo estas ansias me dicen
 que yo llevo algo
 divino aquí dentro.

3 *gasa:* «tela de tejido claro en su trama», referido aquí a la levedad que
él observa en el espectáculo natural.

8 Otra vez vuelve a mencionar los *átomos,* la palabra de la ciencia natu-
ral que tanto le gusta.

14 Otro uso del *do* poético por *donde.*

La anáfora temporal *Cuando miro* sostiene la parte expositiva de las dos primeras estrofas extensas. Ambas, con el cúmulo de percepción natural reunido, recaen en el problema (desazón espiritual, angustia) que atenaza al poeta: la duda, cuyo sentido no se especifica, pero que es tan ancha como el mar. Sin embargo, intuye una tabla de salvación (vv. 21-23), y esta es precisamente las mismas *ansias* (v. 21) que dejó indicadas en las dos estrofas precedentes; así se refirió en cada una de ellas a la visión del horizonte y de los cielos, percibidos de una manera poética.

* * *

IX
(27)

Besa el aura que gime blandamente
las leves ondas que jugando riza;
el sol besa a la nube en occidente,
y de púrpura y oro la matiza;
5 la llama, en derredor del tronco ardiente,
por besar a otra llama se desliza;
y hasta el sauce, inclinándose a su peso,
al río que le besa, vuelve un beso.

La repetición de *beso* y formas del verbo *besar* marca la significación del poema: todos los acercamientos en los elementos naturales *(aura-mar, sol-nube, llama-tronco* y *sauce-río)* se resuelven en lo que el poeta identifica con el beso. Se trata, pues, de un «beso cós-

1 *aura:* «viento suave y refrescante». Es palabra poética por *brisa.*
4 *púrpura:* «color rojo fuerte, hacia violeta». La tela de este color indicó prestigio en la historia de las instituciones; aquí la usa en el texto un escritor que conoce la pintura y la aplica a la percepción de la naturaleza.

mico», del que se desprende, sin que el poeta tenga que decir una sola palabra, que el beso humano, fundamento de la identificación léxica desplegada, es clave para la interpretación del amor universal.

* * *

X
(46)

«Su gozo [el de Bécquer] era fugaz
como el tránsito de los días prima-
verales, una ilusión, un desvaneci-
miento de un instante...»

Narciso Campillo, artículo necroló-
gico del poeta, *La Ilustración de Ma-
drid,* 15 de enero de 1871.

Los invisibles átomos del aire
en derredor palpitan y se inflaman,
el cielo se deshace en rayos de oro,
la tierra se estremece alborozada.

5 Oigo, flotando en olas de armonías,
rumor de besos y batir de alas;
mis párpados se cierran... —¿Qué sucede?
¿Dime?
 —¡Silencio! ¡Es el amor que pasa!

1 Otro uso, muy de Bécquer, de la palabra *átomos* para designar estas partes ínfimas de la naturaleza, aquí flotando suspendidas en el aire.

8 Las dos palabras del principio del verso están tachadas en *El libro de los gorriones.* Los editores de 1871 las suprimieron, pero nos parece que con ellas la poesía resulta más entrecortada y viva, pues implican la presencia de alguien (¿una mujer?) cerca del poeta, y que pregunta por el amoroso desconcierto, cifrado tan acertadamente en el verso 6.

Bécquer hace que el poeta sea testigo del paso del amor, un amor de planteamiento universal.

Las dos estrofas son distintas y complementarias: la primera, impersonal, es la observación de la naturaleza en términos parecidos a la *Rima* anterior; la segunda, personal, es la declaración de un testigo privilegiado, el poeta, que así percibe y enuncia el paso del amor.

* * *

XI
(51)

—Yo soy ardiente, yo soy morena,
yo soy el símbolo de la pasión;
de ansia de goces mi alma está llena;
¿A mí me buscas?
 —No es a ti, no.

5 —Mi frente es pálida, mis trenzas de oro;
puedo brindarte dichas sin fin;
yo de ternura guardo un tesoro:
¿A mí me llamas?
 —No, no es a ti.

—Yo soy un sueño, un imposible,
10 vano fantasma de niebla y luz;
soy incorpórea, soy intangible;
no puedo amarte.
 —¡Oh, ven, ven tú!

Bécquer se vale de un diálogo imaginado entre tres mujeres que se ofrecen al poeta. El uso de la anáfora *yo soy...,* declarada en las estrofas primera y tercera e implícita en la segunda, sostiene una estructura paralelística de carácter descriptivo, expuesta en el curso

de cada estrofa. La mujer de la primera estrofa es la meridional. La de la segunda es la nórdica. Y la de la tercera es la mujer imposible, que se desvanece con sólo intentar describirla. La respuesta del poeta a las tres resulta un tanto petulante y breve. De esta manera concisa y reiterativa elige a la última, a la que concibe como inmaterial, un sueño, una intuición de los que prefieren un modelo que saben inalcanzable. Véase el detenido estudio de Juan María Díaz Taboada, *La mujer ideal,* citado en la bibliografía.

II

No encontrando realizada su ilusión en la gloria, vuélvese espontáneamente hacia el amor, realismo del arte, y se entrega a él y goza un momento, y sufre y llora, y desespera largos días, porque es condición humana, indiscutible, como un hecho consumado, que el goce menor se paga aquí con los sufrimientos más atroces. Anúnciase esta nueva fase en la vida del poeta con la magnífica composición que, no sé por qué, me recuerda la atrevida manera de decir de Dante: «Los invisibles átomos del aire...». [Rima X] Sigue luego desenvolviéndose el tema de una pasión profunda, tan sentida como espontánea. Una mujer hermosa, tan naturalmente hermosa que [...] conmueve y fija el corazón del poeta, que se abre al amor, olvidándose de cuanto le rodea. La pasión es desde su principio inmensa, avasalladora, y con razón puesto que se ve correspondida, o, al menos, parece satisfecha del objeto que le inspira: una mujer hermosa, aunque sin otra buena cualidad, porque es ingrata y estúpida.

(Rodríguez Correa.)

XII
(79)

Porque son, niña, tus ojos
verdes como el mar, te quejas;
verdes los tienen las náyades,
verdes los tuvo Minerva,
5 y verdes son las pupilas
de las *hourís* del Profeta.

El verde es gala y ornato
del bosque en la primavera;
entre sus siete colores
10 brillante el iris lo ostenta;
las esmeraldas son verdes;
verde el color del que espera,
y las ondas del océano
y el laurel de los poetas.

*

15 Es tu mejilla temprana
rosa de escarcha cubierta,
en que el carmín de los pétalos
se ve al través de las perlas.

3 *náyades:* «las ninfas de las aguas».
4 *Minerva:* conviene esta diosa con los fines del poeta (además de que
es asonante del verso) porque era la diosa de la sabiduría y fue protectora de
sabios y artistas.
6 *hourís:* hurí, palabra de origen árabe, tomada a través del francés
houri: las hermosas mujeres que esperan a los bienaventurados en la reli-
gión islámica. Se españolizó como *hurí.*
10 *iris:* el arco iris.
16 *escarcha:* «rocío congelado por el frío de la noche».

> *Y, sin embargo,*
> 20 *sé que te quejas*
> *porque tus ojos*
> *crees que la afean,*
> *pues no lo creas,*

que parecen sus pupilas
25 húmedas, verdes e inquietas,
tempranas hojas de almendro
que al soplo del aire tiemblan.

*

Es tu boca de rubíes
purpúrea granada abierta
30 que en el estío convida
a apagar la sed con ella.

> *Y, sin embargo,*
> *sé que te quejas*
> *porque tus ojos*
> 35 *crees que la afean,*
> *pues no lo creas,*

que parecen, si enojada
tus pupilas centellean,
las olas del mar que rompen
40 en las cantábricas peñas.

*

29 *purpúrea:* aquí designa el color rojo vivo de la granada madura.

40 *cantábricas:* pudiera ser que la mención recogiese una experiencia
de Bécquer, pero parece más bien una referencia poética, adecuada para
completar el octosílabo.

Es tu frente que corona,
crespo el oro en ancha trenza,
nevada cumbre en que el día
su postrera luz refleja.

45 *Y, sin embargo,*
 sé que te quejas
 porque tus ojos
 crees que la afean,
 pues no lo creas,

50 que, entre las rubias pestañas,
 junto a las sienes semejan
 broches de esmeralda y oro
 que un blanco armiño sujetan.

 *

 Porque son, niña, tus ojos
55 verdes como el mar te quejas;
 quizás, si negros o azules
 se tornasen, lo sintieras.

Esta *Rima* es un juego poético que Bécquer establece recordando
formas de la poesía popular. La estrofa final (vv. 54-57) puede valer
como una copla que él hubiese compuesto para cantar los ojos ver-
des de una *niña* (v. 1). Aquí se aplica *niña* en el sentido andaluz de

42 *crespo:* «ensortijado, rizado».
53 *armiño:* «la piel de este animal, blanca y muy suave y delicada». La
riqueza de estas referencias, junto con las menciones mitológicas del co-
mienzo, son un contraste con el sustrato popular que sostiene la poesía. De
ahí que se haya señalado a esta poesía un carácter convencional.

la palabra: o sea sin contar con la edad de la mujer, sobre todo se dice de las solteras, en un lenguaje familiar y casero.

Este mismo aire popular tienen las tres series (vv. 19-23, 32-36 y 45-49), compuestas en versos pentasílabos para darles cierta independencia con los octosílabos del resto de la composición, cuya métrica es la propia del romance (otro motivo para orientar el aire popular del conjunto); estas series se repiten en el centro de las tres partes de la composición. Pensando en que la poesía se cantase, estas partecillas uniformes podrían ser las letras de un coro que subrayase la voz del cantor solo, que es la del poeta.

<p style="text-align:center">* * *</p>

<p style="text-align:center">XIII
(29)</p>

<p style="text-align:center">[Imitación de Byron]</p>

Tu pupila es azul y, cuando ríes,
su claridad suave me recuerda
el trémulo fulgor de la mañana
que en el mar se refleja.

5 Tu pupila es azul y, cuando lloras,
las trasparentes lágrimas en ella
se me figuran gotas de rocío
sobre una violeta.

Tu pupila es azul y, si en su fondo
10 como un punto de luz radia una idea,
me parece en el cielo de la tarde
una perdida estrella.

Es la primera *Rima* que Bécquer publicó, aparecida en el semanario *El Nene* (17 de diciembre de 1859) en una sección titulada «Arrullos». El mismo poeta declara que es imitación de lord Byron (1788-

1824), de un poema de las *Hebrew Melodies* que fue traducido va-
rias veces. La «imitación» es muy libre; la parte más cercana al ori-
ginal es la estrofa segunda, que aparece subrayada en *El libro de los
gorriones,* por lo que algunos editores la imprimen en letra cursiva.

En esta *Rima* Bécquer confía más en la técnica retórica que en la
inspiración. La anáfora *Tu pupila es azul...,* presente en las tres estro-
fas, sostiene equilibradamente la composición, mientras que en lord
Byron este apoyo es más leve. A las anáforas siguen las oposiciones
cuando ríes (v. 1) y *cuando lloras* (v. 5), cuyo desarrollo esparce las
comparaciones correspondientes a la risa y al llanto, y el caso poético
se resuelve en la tercera estrofa con la idea irradiante, un concepto
muy propio del mundo de Bécquer, que puede significarlo todo.

<p style="text-align:center">* * *</p>

<p style="text-align:center">XIV
(72)</p>

> Te vi un punto y, flotando ante mis ojos,
> la imagen de tus ojos se quedó,
> como la mancha oscura orlada en fuego
> que flota y ciega si se mira al sol.
>
> 5 Adondequiera que la vista clavo,
> torno a ver las pupilàs llamear,
> mas no te encuentro a ti, que es tu mirada,
> unos ojos, los tuyos, nada más.
>
> De mi alcoba en el ángulo los miro
> 10 desasidos fantásticos lucir;
> cuando duermo los siento que se ciernen,
> de par en par abiertos sobre mí.

1 *un punto:* «medida mínima de tiempo, un instante». Pero esto es sufi-
ciente para que el poeta quede deslumbrado día y noche, siempre, en con-
traste con la brevedad de la impresión recibida.

Yo sé que hay fuegos fatuos que en la noche
llevan al caminante a perecer;
15 yo me siento arrastrado por tus ojos,
pero adónde me arrastran, no lo sé.

Si la *Rima* XIII se desarrollaba encorsetada por las anáforas, la
Rima XIV corre libre, con sólo una leve comparación (vv. 4-5). El
asunto, como los propios de Bécquer, es obsesivo y de índole perso-
nal: de la mujer sólo se menciona la mirada y esta manifiesta una
atracción cuyo sentido el poeta desconoce. Lo que él nos dice son
sólo oscuras intuiciones. Se abre la vía de la interiorización poética.

* * *

XV
(60)

[Tú y yo.

Melodía.]

Cendal flotante de leve bruma,
rizada cinta de blanca espuma,
rumor sonoro
de arpa de oro,
5 beso del aura, onda de luz:
eso eres tú.

13 *fuegos fatuos:* «llamitas vagantes por el aire, resultado de los gases
de la putrefacción». Esta *Rima* es de tono oscuro, con el misterio de la noc-
turnidad.
1 *cendal:* «tela muy fina, transparente, de hilo y seda». Al reunir los
elementos de la comparación en el orden sintáctico con que aquí lo hace:
leve bruma como cendal flotante, y lo mismo en los versos siguientes, esta-
blece imágenes aún más sutiles que las que se logran en el orden común. La
reiteración de *como* en los versos 9 y 10 repite la misma impresión en un or-
den premeditadamente confuso, pues es materia en punto de desvaneci-
miento, casi fantasmal.

 Tú, sombra aérea, que cuantas veces
voy a tocarte, te desvaneces
¡como la llama, como el sonido,
10 como la niebla, como el gemido
 del lago azul!

 En mar sin playas onda sonante,
en el vacío cometa errante,
 largo lamento
15 del ronco viento,
ansia perpetua de algo mejor:
 ¡eso soy yo!

 Yo, que a tus ojos, en mi agonía,
los ojos vuelvo de noche y día;
20 yo, que incansable corro, y demente,
¡tras una sombra, tras la hija ardiente
 de una visión!

Es la *Rima* que más veces apareció en vida de Bécquer, y con diversas modificaciones. Probablemente es la que mejor representa un tema muy propio del Romanticismo: la oposición tú-yo en la pareja de amantes. Se le han encontrado numerosas relaciones con obras de la época, consignadas en R. Pageard (1990: 47-64). El epígrafe inicial se halla en el *Álbum de Señoritas y Correo de la Moda* (24 de octubre de 1860), revista femenina de prestigio, aunque sin demasiadas preocupaciones intelectuales. La palabra *Melodía* del epígrafe indica que en su concepción hubo el intento de relacionar de manera musical el *tú* (mujer) con el *yo* (poeta). La reiteración de los versos finales de las estrofas primera y tercera: *eso eres tú* (v. 6) y *eso soy yo* (v. 17) se refuerza con los mismos pronombres que encabezan las estrofas inmediatas e indican el contenido de la trama. El pronombre *tú* reúne las levedades propias de la imagen de la mujer, elegidas entre las impresiones más sugeridoras, procedentes de

la naturaleza quintaesenciada del poeta y de la música. Con el *yo* el poeta alude a la insatisfacción que siente de sí mismo, aunque no sabe por qué, evocada a través de referencias tenues a la naturaleza. Todo se desliza fluido y ligero, pero hay una palabra inquietante: que él corre *demente* (v. 20) detrás de algo que apenas tiene sentido. Y la demencia es la desintegración de la personalidad. ¿Hasta ese punto llegó el poeta?

Es una de las *Rimas* más logradas desde el punto de vista rítmico, jugando con las parejas de versos de rima consonante, excepto la última de la primera y tercera estrofa, que son asonantes con acento agudo *(tú* y *azul, yo* y *visión).* Este es el indicio de una *Rima* agónica que sólo puede acabar en locura, que es una muerte anticipada. Y así iniciamos el descenso espiritual que los editores amigos del poeta querían testimoniar con el orden de las poesías, cuando quisieron dar un sentido a su edición. ¿A qué carta quedarse? Bécquer entendía que cada *Rima* tenía sentido propio e independiente; y los amigos del poeta querían demostrar que la obra de un poeta constituye una entidad de conjunto, con las relaciones que le sean propias.

* * *

XVI
(43)

[Serenata]

Si al mecer las azules campanillas
de tu balcón,
crees que suspirando pasa el viento
murmurador,
5 sabe que, oculto entre las verdes hojas,
suspiro yo.

Si al resonar confuso a tus espaldas
 vago rumor,
crees que por tu nombre te ha llamado
10 lejana voz,
sabe que, entre las sombras que te cercan,
 te llamo yo.

Si se turba medroso en la alta noche
 tu corazón,
15 al sentir en tus labios un aliento
 abrasador,
sabe que, aunque invisible, al lado tuyo,
 respiro yo.

Con razón señala R. Pageard (1990: 127-130) que las campani-
llas son flores que Bécquer relaciona con su Sevilla añorada.

Otra vez acude al recurso de la anáfora y epífora que abren y
cierran cada estrofa: *si* y *yo*. Detrás de la anáfora del *si,* se desarrolla la
impresión que la mujer percibe del poeta en una relación espacial:
estrofa primera, desde lejos; estrofa segunda, de más cerca; estrofa
tercera, a flor de piel. Las tres estrofas se cierran con la epífora *yo*.
Lo que pudiera ocurrir luego no se dice, pero que el poeta se declare
invisible (v. 17) lo deja todo en el juego de la ilusión. Por eso con-
viene el haber titulado «Serenata» la poesía en su primera aparición
en *El Museo Universal* (13 de mayo de 1866); pudiera haberse can-
tado al pie del balcón o de la reja de la casa donde viviera la mujer
en una calle sevillana.

* * *

8 *vago:* «impreciso».
13 *medroso:* «asustado, que siente miedo».

XVII
(50)

Hoy la tierra y los cielos me sonríen,
hoy llega al fondo de mi alma el sol,
hoy la he visto... La he visto y me ha mirado...
¡Hoy creo en Dios!

Leve *Rima* que es una explosión de alegría. La repetida aná-
fora de *Hoy...* sitúa intensamente el poemilla en un presente go-
zoso. Todo es luminoso: tierra y cielos, y el mismo sol, que en
esta ocasión hasta alcanza el fondo del alma del poeta, tan ente-
nebrecida en otras *Rimas*. El poeta percibe a la amada de una ma-
nera radical y extrema; necesita los dos verbos españoles *ver (la
he visto,* v. 3) y *mirar (me ha mirado,* v. 3). *Ver* es percibir algo
con el sentido de la vista, mientras que *mirar* es una aplicación
intencional de la visión humana. En esta *Rima* todo es tan simple,
sencillo y directo que parece una copla popular, la expresión in-
genua de un alma enamorada que así manifiesta un aprecio de
gran intensidad ante el amor.

* * *

XVIII
(6)

Fatigada del baile,
encendido el color, breve el aliento,
apoyada en mi brazo,
del salón se detuvo en un extremo.

5 Entre la leve gasa
 que levantaba el palpitante seno,
 una flor se mecía
 en compasado y dulce movimiento.

 Como en cuna de nácar
10 que empuja el mar y que acaricia el céfiro,
 dormir parecía al blando
 arrullo de sus labios entreabiertos.

 ¡Oh, quién así —pensaba—
 dejar pudiera deslizarse el tiempo!
15 ¡Oh, si las flores duermen,
 qué dulcísimo sueño!

 Rima galante; es una breve observación descriptiva en torno de
una flor que la mujer que bailaba con el poeta llevaba en el pecho.
Sólo en la última estrofa interviene el poeta *pensando* (v. 13, el ma-
tiz del verso es importante) en el paso del tiempo; el tema es casi fi-
losófico y exhala melancolía, algo inadecuado para la situación.
Pero la insinuación que implica la flor situada en el *palpitante seno,*
compensa esta inoportunidad.

 * * *

 5 *gasa:* tela propia para los trajes de baile, por su sutileza (véase *Rima*
VIII, 3).
 10 *céfiro:* viento cálido de poniente, propio del Mediterráneo, pero que
aquí vale para brisa, viento leve y grato, sople de donde sople.
 11-12 En el manuscrito del *Libro de los gorriones* hay una corrección:
«tal vez allí dormía | al soplo de sus labios entreabiertos».

XIX
(52)

Cuando sobre el pecho inclinas
la melancólica frente,
una azucena tronchada
me pareces.

5 Porque al darte la pureza
de que es símbolo celeste,
como a ella te hizo Dios
de oro y nieve.

La comparación de la mujer con la azucena es propia de Béc-
quer. En este caso, además, contamos con un romance, el único que
escribió a la manera tradicional, que apareció en una revista conser-
vadora de Madrid, publicada en diciembre de 1853. El romance
cuenta cómo la adolescente María, hija del conde don Jaime, co-
rona todos los días a la Virgen y comienza así:

> Como la blanca azucena
> que en el solitario valle
> al suspiro de la brisa
> despliega el cerrado cáliz,
> tan pura como son puros
> los pensamientos de un ángel,
> y más cándida y más bella
> que la aurora cuando nace,
> en pudor y dulces gracias,
> en gentileza y donaire,
> crece la hermosa María...

Si se compara este fragmento juvenil con la *Rima* XIX, se per-
cibe el enorme progreso de concisión y la gran capacidad poética
para aprovechar lo que es casi un lugar común poético. De la objeti-

vidad narrativa del romance se pasa a la intensa subjetividad de la *Rima*. La brevedad hace de esta piececilla un piropo a lo divino.

* * *

XX
(37)

Sabe, si alguna vez tus labios rojos
quema invisible atmósfera abrasada,
que el alma que hablar puede con los ojos,
también puede besar con la mirada.

Podríamos situar esta *Rima* en relación con la XVII, sólo que en esta hay una nota de sensualidad contenida: el poeta se siente atraído por los *labios rojos* (v. 1), y él los besa con sólo la mirada, que esta vez abrasa (v. 2). Lo que en la XVII fue elevación hasta Dios, aquí se percibe un calor que pudiera hacer pensar en el infierno. Pero no importa: tan humano es lo uno como lo otro.

* * *

XXI
(21)

—¿Qué es poesía?, dices, mientras clavas
en mi pupila tu pupila azul,
¡Qué es poesía...! ¿Y tú me lo preguntas?
Poesía... eres tú.

Una *Rima* clave para la poética de Bécquer. En las *Cartas literarias a una mujer* encontraremos que la mujer le pregunta: «¿Qué es la poesía?», y él le contesta: «La poesía..., la poesía eres tú». Esta es la quintaesencia del Romanticismo en su insistencia por radicar en

la mujer el más importante filón poético. Y también la evidente prueba de la relación entre determinada prosa de Bécquer y su poesía.

* * *

XXII
(19)

¿Cómo vive esa rosa que has prendido
junto a tu corazón?
Nunca hasta ahora contemplé en el mundo
junto al volcán la flor.

Otra vez el Bécquer galante (compárese con la *Rima* XVIII), acaso un tanto exagerado en lo del volcán, pero muy en el tono del Romanticismo que incluía en el viaje a Italia la visita al Vesubio.

El texto impreso es el corregido en el *Libro de los gorriones;* debajo de la corrección, leía: «Sobre un volcán hasta encontrarla ahora I nunca he visto una flor». Nos parece mejor así, pues *junto* juega en los versos 2 y 4 como anáfora de los mismos, y el *ahora* (v. 3) resulta más inmediato y personal que el *entonces,* aunque haga el verso más difícil en la medida rítmica.

Poesía que denota improvisación, propia para ser escrita en el álbum de una dama que no se asustara de que llamasen volcán a su pecho.

* * *

XXIII
(22)

[A ella. No sé...]

Por una mirada, un mundo;
por una sonrisa, un cielo;
por un beso... ¡Yo no sé
qué te diera por un beso!

Bécquer se acerca a la poesía popular. Esta es una copla que publicó en varias ocasiones y al principio de ella hemos sumado los epígrafes de 1861: «A ella» (¿a quién, si no?) y «No sé...», de 1866. No conocemos la copla española que quede cerca de ella, pero J. Frutos Gómez de las Cortinas («La formación literaria de Bécquer», *Revista Bibliográfica y Documental,* IV, 1950: 94) propone esta, portuguesa, extraída del cancionero popular:

> Per um teu mais terno olhar,
> dera da vida a metade,
> num sorriso dera a vida,
> per un beijo a eternidade.

* * *

XXIV
(33)

[Dos y uno]

Dos rojas lenguas de fuego
que a un mismo tronco enlazadas
se aproximan, y, al besarse,
forman una sola llama;

5 dos notas que del laúd
a un tiempo la mano arranca,
y en el espacio se encuentran
y armoniosas se abrazan;

dos olas que vienen juntas
10 a morir sobre una playa
y que, al romper, se coronan
con un penacho de plata;

12 *penacho de plata:* «adorno de plumas que hermosea el casco o la cabeza», muy visto en la pintura histórica de la época; aquí, al señalarse que es de plata, establece la metáfora con la cresta de las olas.

dos jirones de vapor
que del lago se levantan
15	y, al juntarse allá en el cielo,
forman una nube blanca;

dos ideas que al par brotan;
dos besos que a un tiempo estallan;
dos ecos que se confunden;
20	eso son nuestras dos almas.

Rima muy propia de la confección becqueriana; es un artificio muy bien montado desde el punto de vista retórico: la anáfora *dos* encabeza las cuatro primeras estrofas y se reitera en los tres primeros versos de la quinta, acabada en una cuasi-epífora *(dos almas,* v. 20) en la que vuelve a repetirse en forma culminante para la significación del conjunto. «Dos y uno» fue el epígrafe que llevaba en su aparición en *El Museo Universal* (18 de marzo de 1866) con un texto ligeramente variado. Fuego en la chimenea, música de laúd, olas y niebla son las primeras comparaciones que desde las representaciones naturales pasan a ser humanas en la estrofilla final: ideas, besos y la levedad romántica de los ecos (que no los sonidos de origen). Y precisamente por esta repetición de la anáfora-guía *dos,* se llega al verso final, en que esta suma se resuelve de una manera platónica: la unidad (unión) de las almas.

* * *

13	*jirones:* «pedazos desgarrados de una ropa o un vestido». Como en el caso anterior, el *vapor* (que no procede del calor aplicado a un líquido, sino que es el sostenido en la atmósfera) es imagen para designar la unidad que produce su confusión en la nube. Todas las imágenes son dinámicas.

XXV
(31)

Cuando en la noche te envuelven
las alas de tul del sueño
y tus tendidas pestañas
semejan arcos de ébano,
5 por escuchar los latidos
de tu corazón inquieto
y reclinar tu dormida
cabeza sobre mi pecho,
 diera, alma mía,
10 cuanto [poseo:]
 ¡la luz, el aire
 y el pensamiento!

Cuando se clavan tus ojos
en un invisible objeto
15 y tus labios ilumina
de una sonrisa el reflejo,
por leer sobre tu frente
el callado pensamiento
que pasa como la nube
20 del mar sobre el ancho espejo,
 diera, alma mía,
 cuanto deseo:
 ¡la fama, el oro,
 la gloria, el genio!

2 *las alas de tul del sueño:* sutileza muy del gusto de Bécquer en la que
acumula las imágenes de las *alas* del sueño (volador, pues conduce el espíritu
del hombre o de la mujer por regiones inaccesibles) y que son de *tul,* como la
tela más apreciada para los trajes de las mujeres por su transparencia.
4 *ébano:* por el prestigio de esta madera, procedente de África, pero
poco conveniente por su pesadez y dureza, y referida sólo al color negro.

25 Cuando enmudece tu lengua
y se apresura tu aliento
y tus mejillas se encienden
y entornas tus ojos negros,
por ver entre sus pestañas
30 brillar con húmedo fuego
la ardiente chispa que brota
del volcán de los deseos,
diera, alma mía,
por cuanto espero,
35 la fe, el espíritu,
la tierra, el cielo.

Una de las *Rimas* de expresión más equilibrada. Formalmente la sostienen las tres anáforas temporales de *Cuando...*, desarrolladas en versos octosílabos con rima en los pares; esta disposición métrica la asocia con el romance, aquí lírico. Existe un *tú* que designa a la mujer, al que se refiere la serie de los octosílabos, que confluye hacia el *yo* del poeta, expuesto en pentasílabos, en estrofillas en las que los versos de cabeza (9, 21 y 33) son iguales y reiterativos: *diera, alma mía*.

La *Rima* resulta un tanto atrevida, comparada con la espiritualidad de otras: existe nocturnidad, una mujer en el lecho que duerme y a la que el poeta puede contemplar, y se habla de un *volcán de los deseos*. La realidad de la mujer se afirma en los verbos en tiempo presente que se refieren a ella, pero el poeta sólo expresa una oscura pretensión: *poseo* (v. 10, que en el *Libro de los gorriones* es *posea*), *deseo* (v. 22) y *espero* (v. 34). El poeta da lo que tiene *(luz, aire* y *pensamiento),* lo que desea *(fama, oro, gloria* y *genio)* y lo que espera *(fe, espíritu, tierra* y *cielo)*. Todo esto por adivinar lo que hay en el sueño, la sonrisa y la mirada de la mujer. El caso no se resuelve. Todo queda en vísperas de algo que el lector tiene que imaginar.

* * *

XXVI
(7)

Voy contra mi interés al confesarlo;
 [pero yo,] amada mía,
pienso, cual tú, que una oda sólo es buena
de un billete del Banco al dorso escrita.
5 No faltará algún necio que al oírlo
 se haga cruces y diga:
—Mujer, al fin, del siglo diez y nueve,
material y prosaica... ¡Boberías!

Voces que hacen correr cuatro poetas
10 que en invierno se embozan con la lira;
¡Ladridos de los perros a la luna!
 Tú sabes y yo sé que, en esta vida,
con genio es muy contado el que la *escribe*
y con oro cualquiera *hace* poesía.

Rima agresiva e impersonal. La que sale malparada de ella es una mujer cualquiera, innominada, como las otras de Bécquer, pero cuya condición se señala en la vida social. No es necesario ningún recurso

2 *pero yo:* en el *Libro de los gorriones* «no obstante»; hemos tomado la variante de la edición de 1871.

6 *se haga cruces:* modismo familiar por «admirarse», como conviene con la condición irónica del conjunto.

8 *¡Boberías!:* palabra de la misma condición, usada casi como una interjección.

9 *embozarse:* cubrirse el rostro con la capa para evitar el frío o ser reconocido; en sentido figurado, como aquí, los poetas se ocultan con la lira (o sea, con la poesía) para disimular el frío de su pobreza.

13 Al lado del verso penúltimo, hay una aspa. ¿Quiso referirse sólo a ese verso o a la poesía entera, que le disgustase por su tono, y no quisiera verla impresa?

retórico; es más, el curso de la expresión es casi conversacional con un vocativo, *amada mía,* que es punzante para ella. La mujer recibe aquí una confesión lacerante. Ella pertenece a su siglo, con todas las letras de la cifra: *mujer del siglo diez y nueve,* y el vivir al día pudo ser un elogio, pero el poeta añade que ella es *material* (v. 8), o sea, que se atiene a los beneficios de un materialismo económico, una indicación del capitalismo naciente; y contando con que su materialidad se opone al idealismo. Y de ella también dice que es *prosaica* (v. 8) o sea que se expresa sin elegancia ni finura sobre los asuntos baladíes que le atraen. ¿Qué suerte espera a los poetas en un presente que da la cara a nuestro tiempo? La *poesía* (v. 14) queda como algo indeterminado y sólo accesible a los *genios* (según el valor romántico del término, que él usó en otras ocasiones) que la *escriben* (subrayado en el original) frente a los que la *hacen* (también subrayado). Pero sobre las cimas sólo vuelan las águilas, y Bécquer se siente un pájaro menor, pues no en vano llamó a su libro el de los gorriones.

Obsérvese la genialidad del sarcasmo contundente y decisivo del verso 11: la mejor definición de lo que son las poesías a la manera de Bécquer y de los que escriben como él.

<p style="text-align:center">* * *</p>

<p style="text-align:center">XXVII</p>
<p style="text-align:center">(63)</p>

<p style="text-align:center">[Duerme]</p>

Despierta, tiemblo al mirarte;
dormida, me atrevo a verte;
por eso, alma de mi alma,
yo velo mientras tú duermes.

5 Despierta, ríes y al reír tus labios
 inquietos me parecen
relámpagos de grana que serpean
 sobre un cielo de nieve.

 Dormida, los extremos de tu boca
10 pliega sonrisa leve,
suave como el rastro luminoso
 que deja un sol que muere.
 ¡Duerme!

 Despierta, miras y, al mirar, tus ojos
15 húmedos resplandecen,
como la onda azul en cuya cresta
 chispeando el sol hiere.

 Al través de tus párpados, dormida,
 tranquilo fulgor vierten,
20 cual derrama de luz, templado rayo,
 lámpara trasparente.
 ¡Duerme!

 Despierta, hablas y, al hablar, vibrantes
 tus palabras parecen
25 lluvia de perlas que en dorada copa
 se derrama a torrentes.

 Dormida, en el murmullo de tu aliento
 acompasado y tenue,
escucho yo un poema que mi alma
30 enamorada entiende.
 ¡Duerme!

Sobre el corazón la mano
me he puesto porque no suene
su latido y de la noche
35 turbe la calma solemne.

De tu balcón las persianas
cerré ya porque no entre
el resplandor enojoso
de la aurora y te despierte,
40 ¡Duerme!

Una de las poesías más elaboradas de Bécquer. La *Rima* es una calculadísima obra artística: se sostiene sobre las anáforas, tan becquerianas: *despierta-dormida* (vv.1 y 2), que se repiten (vv. 5, 9, 14, 23, 27). Este balanceo le permite gozar de la visión de la mujer, cuando duerme y cuando está despierta, más accesible dormida que despierta. Al contrario que en la *Rima* anterior, tan irónica e hiriente para la mujer común, aquí el poeta se vierte, como sabe hacerlo, en el elogio de la mujer amada: la risa, la mirada; sus palabras le evocan imágenes de la naturaleza poética. Más vale contemplarla así, dormida y testimonio de belleza. Por eso las estrofas confluyen en la final, en lo que pudo haber sido una copla popular que encierra el discurso en el gesto de bajar las persianas. La repetición de *duerme,* el objeto del poeta, recuerda las nanas infantiles y ayuda al tono tierno del conjunto.

Esta *Rima* vale como homenaje público a la mujer, escrita en un álbum privado. No es necesario que la situación del poeta contemplando a la amada dormida haya sido real. Este amor, como entre los trovadores, es una pasión del alma que se escribe y vale por su perfección poética, ignorándose hasta qué punto tocó a los implicados.

* * *

XXVIII
(58)

Cuando, entre la sombra oscura,
perdida una voz murmura
turbando su triste calma,
si en el fondo de mi alma
5 la oigo dulce resonar,
 dime: ¿es que el viento en sus giros
se queja, o que tus suspiros
me hablan de amor al pasar?

Cuando el sol en mi ventana
10 rojo brilla a la mañana,
y mi amor tu sombra evoca,
si en mi boca de otra boca
sentir creo la impresión,
 dime: ¿es que ciego deliro,
15 o que un beso en un suspiro
me envía tu corazón?

Y en el luminoso día,
y en la alta noche sombría,
si en todo cuanto rodea
20 al alma que te desea,
te creo sentir y ver,
 dime: ¿es que toco y respiro
soñando, o que en un suspiro
me das tu aliento a beber?

Esta *Rima* es una labor de taracea poética en cuanto a la forma.
Comenzando por la neoclásica y romántica forma métrica de las
octavillas octosílabas, cuyo verso último acaba en sílaba aguda,

combinado aquí AABBĆDDĆ mantenida en todas las estrofas. La anáfora ordena el curso de la poesía: *Cuando...* (vv. 1, 9 e implícito en 17) y *dime* (vv. 6, 14 y 22). Cada estrofilla cuenta, pues, con una exposición y una consecuencia, que es una interrogación sin respuesta. Y en este curso, tan rigurosamente ordenado, el poeta pregunta: *dime* con reiteración obstinada. ¿A quién? No importa: lo que cuenta es la lucidez en la exposición de los seis primeros versos de cada estrofa, y que se vuelve pregunta, duda, imprecisión cuando el poeta la recoge para sí, algo sobre lo que sólo cabe interrogarse, sin que sea posible la respuesta. ¿Para qué tanto rigor expresivo y disciplina rítmica si todo queda en una confusión? Bécquer es así, poeta contradictorio y leal consigo mismo.

Obsérvese la palabra *impresión* (v. 13), que es la percepción de una realidad, aquí a través del sentido del tacto oral. Esta palabra pasó en el lenguaje de la pintura a dar cuenta de una realidad que el artista percibe por los ojos y que expresa libremente por el color y a su manera personal.

<center>* * *</center>

<center>

XXIX

(53)

</center>

[la bocca mi baciò tutto tremante.]
[Dante, *Commedia.* Inf.. V.. 136.]

Sobre la falda tenía
el libro abierto;
en mi mejilla tocaban
sus rizos negros;
5 no veíamos las letras
ninguno creo;

y sin embargo guardábamos
hondo silencio.
¿Cuánto duró? Ni aun entonces
10 pude saberlo.
Sólo sé que no se oía
más que el aliento,
que apresurado escapaba
del labio seco.
15 Sólo sé que nos volvimos
los dos a un tiempo,
y nuestros ojos se hallaron
¡y sonó un beso!

*

Creación de Dante era el libro;
20 era su *Infierno,*
Cuando a él bajamos los ojos,
yo dije trémulo:
—¿Comprendes ya que un poema
cabe en un verso?
25 Y ella respondió encendida:
—¡Ya lo comprendo!

He aquí la poesía dentro de la poesía; la poesía de un maestro de
la literatura, Dante Alighieri, es el punto de partida. Dante fue uno
de los escritores medievales preferidos por los románticos, y en es-

7 Preferimos la versión inicial a la corregida en el *Libro de los gorriones,*
«mas guardábamos ambos», que es un heptasílabo, como observa R. Monte-
sinos («El rumor del agua», *La semana pasada murió Bécquer,* Madrid, El
Museo Universal, 1992, págs. 201-203); así, con los dos pentasílabos, queda
un ritmo de seguidillas que consciente o inconscientemente pone un poco de
sal andaluza a lo que es tan serio como la lectura de la *Divina Comedia.*

pecial cuanto se refiere a este episodio, tan «romántico», de la *Divina Comedia,* cuyo *Infierno* G. Doré ilustró en París en 1861. Este es el motivo por el que Bécquer escribió una *Rima*-espejo. El viejo texto es objeto de una interpretación por parte del poeta nuevo. El episodio pertenece al *Infierno,* como se anota en el epígrafe inicial. Dante, guiado por Virgilio, viaja por la región en que se encuentran los pecadores que no han podido dominar los placeres carnales y perdieron la guía de la razón. Y allí dan con Francesca de Rimini y con Paolo Malatesta, que les cuentan que estaban dándose su primer beso cuando apareció el esposo de Francesca, que era además hermano de Paolo, y los mató. Un beso les costó la vida y el castigo eterno. Aquella había sido para ellos la primera transgresión del código social, inocente y pecadora a la vez, y por eso el episodio había sido digno de incorporarse al gran poema dantesco.

Y todo esto vuelve a ser interpretado en un presente real, por medio de la lectura de la *Divina Comedia* y su comentario. La lectura les condujo a ellos, al poeta y a la mujer que le acompañaba, a un beso. Pero hubo algo más; el poeta aprovechó la ocasión para exponer una lección filológica: según él, un poema *cabe en un verso* (v. 24). ¿Verso? ¿No hubiese sido mejor escribir *beso,* palabra que tiene el mismo número de sílabas y también vale como asonante de la composición? ¿No es esta la tentación que Bécquer deja en el aire?

* * *

III

¡Tarde lo conoce [el que la mujer sea ingrata y estúpida, al tiempo que hermosa], cuando ya se siente engañado y descubre dentro de un pecho tan fino y suave, un corazón nido de sierpes, *en el cual* no hay una fibra que al amor responda! *[Rima* XXXIX] *Aquí, en medio de sus dolores, llega el poeta a la desesperación.*

<div align="right">(Rodríguez Correa.)</div>

XXX
(40)

Asomaba a sus ojos una lágrima
y a mi labio una frase de perdón;
habló el orgullo y se enjugó su llanto,
y la frase en mis labios expiró.

5 Yo voy por un camino; ella, por otro;
pero, al pensar en nuestro mutuo amor,
yo digo aún: —¿Por qué callé aquel día?
Y ella dirá: —¿Por qué no lloré yo?

Entramos, según los editores de 1871, por la vía de la desesperación del poeta. Y en este caso estamos muy cerca de la preferencia de Bécquer por Heine, a través de una canción del alemán en el *Lyrisches Intermezzo* «Wenn zwei voneinander scheiden» («Cuando dos se separan»), véase Apéndice, pág. 369.

Lo que se dice en poesías como esta es consecuencia de un trato entre hombres y mujeres que era a la vez personal (y aun íntimo) y social. Este trato procedía de las relaciones sentimentales que se iniciaban por las vías de la sensibilidad romántica. Lo que comenzaba con palabras de amor, luego no podía seguir adelante por numerosas circunstancias, ajenas a los mismos que iniciaron la relación.

Bécquer reparte las dos vías que van a diverger en los pronombres *ella* y *yo,* implícitos en la primera estrofa, y declarados en la segunda: *yo* (v. 5) y *ella* (v. 8). Y hace que culminen en las dos interrogaciones paralelas y simétricas que enuncian la frustración sentimental.

<p style="text-align:center">* * *</p>

<p style="text-align:center">XXXI</p>
<p style="text-align:center">(30)</p>

<p style="text-align:center">Nuestra pasión fue un trágico sainete,

en cuya absurda fábula,

lo cómico y lo grave confundidos,

risas y llanto arrancan.

5 Pero fue lo peor de aquella historia

que, al fin de la jornada,

a ella tocaron lágrimas y risas,

y a mí, sólo las lágrimas.</p>

En esta *Rima* los términos de la comparación poética proceden del léxico del arte dramático. Bécquer fue también autor teatral y las usa aquí para la poesía. *Sainete* es una pieza cómica, y es una

paradoja que haya sido trágico para los dos enamorados por sus consecuencias. *Fábula* es el argumento que se desarrolla en el contenido de la obra. Y *jornada* propiamente es el camino que se hace en un día, y en el teatro de los Siglos de Oro, acto de la comedia, aquí del único acto del sainete.

Comparada la vida al arte dramático, en los dos versos finales se aplica la divergencia entre comedia, *lágrimas y risas* (v. 7)*,* y tragedia en un grado menor, *sólo las lágrimas* (v. 8). De ahí la contradicción que implica el enunciado de un *trágico sainete* (v. 1). No es una *Rima* afortunada, pero sí un indicativo de la vía del desengaño que ha de aparecer en tantas ocasiones en la poesía de Bécquer.

* * *

XXXII
(73)

> Pasaba arrolladora en su hermosura
> y el paso le dejé;
> ni aun a mirarla me volví, y, no obstante,
> algo a mi oído murmuró: —Esa es.
>
> 5 ¿Quién reunió la tarde a la mañana?
> Lo ignoro; sólo sé
> que en una breve noche de verano
> se unieron los crepúsculos, y... fue.

En esa misma línea de la imposibilidad de lograr el amor, esta *Rima* es más intensamente poética que la anterior. Aquí no hay imágenes, sino una expresión directa que va a dar en la percepción del espectáculo natural, percibido por todos. Y esto procede de la comparación entre la estrofa primera y la segunda. La primera es rotunda: los dos se cruzan (¿en un paseo urbano o en el trato de la vida?), y él se contiene y sólo dice para sí lo que siente: *esa es,* en

tiempo de presente. La segunda es una premeditada confusión: tarde y mañana se juntan a través de la noche por medio de los *crepúsculos,* que es la claridad indecisa del amanecer o el anochecer, y esto la conduce a que el *es* con que terminó la estrofa primera se cambie por el *fue,* pretérito de imposible realización en el presente. El poeta lo es de ignorancias (v. 6) y no le da reparo exponerlas, aunque le duelan.

* * *

XXXIII
(69)

Es cuestión de palabras y, no obstante,
ni tú ni yo jamás,
después de lo pasado, convendremos
en quién la culpa está.

5 ¡Lástima que el Amor un diccionario
no tenga donde hallar
cuándo el orgullo es simplemente orgullo
y cuándo es dignidad!

Podría ser una continuación de la *Rima* anterior, y aquí el poeta busca con desesperación el motivo por el que no fue posible que continuase el amor entre los dos. Resulta una poesía un tanto prosaica, en el buen sentido de la palabra, o sea, que está como dicha en prosa, pero rimada. Cuanto más sencillo, mejor, y ese es uno de los encantos que el lector puede encontrar en las *Rimas.* El *diccionario del Amor* (v. 5) es siempre subjetivo y cambia la significación de las palabras, según sea ella o él los que buscan las significaciones. Aquí él encuentra *orgullo* (el de ella) y *dignidad* (la de él), y ambas palabras se enfrentan y provocan el rompimiento.

* * *

XXXIV
(65)

Cruza callada, y son sus movimientos
 silenciosa armonía;
suenan sus pasos, y al sonar recuerdan
del himno alado la cadencia rítmica.

5 Los ojos entreabre, aquellos ojos
 tan claros como el día;
y la tierra y el cielo, cuanto abarcan,
arden con nueva luz en sus pupilas.

Ríe, y su carcajada tiene notas
10 del agua fugitiva;
llora, y es cada lágrima un poema
 de ternura infinita.

Ella tiene la luz, tiene el perfume,
 el color y la línea,
15 la forma engendradora de deseos,
la expresión, fuente eterna de poesía.

¿Que es estúpida? ¡Bah! Mientras callando
 guarde oscuro el enigma,
siempre valdrá lo que yo creo que calla
20 más que lo que cualquiera otra me diga.

Parece la liquidación de cuanto Bécquer viene diciendo para
exaltar la hermosura de la mujer amada, como si las palabras que
había dedicado al amor se hubiesen convertido en tópico sin con-
sistencia. Aquí enuncia sin paliativos la separación de la belleza del
cuerpo (extendida a lo largo de cuatro estrofas que suman la her-

mosura física de la mujer), y la condición humana de ella. No puede ser más tajante la transición, apoyada incluso en una interjección común (el «¡Bah!», v. 17), tan opuesto al tono de cuanto acaba de decir. Y, sin embargo, el poeta insiste en seguir contemplándola, aun sabiendo que es *estúpida* (v. 17), adjetivo tremendo (casi tremendista).

* * *

XXXV
(78)

¡No me admiró tu olvido! Aunque, de un día,
me admiró tu cariño mucho más;
porque lo que hay en mí que vale algo,
eso... ni lo pudiste sospechar.

Rafael de Balbín (1969: 103-123) tituló un comentario a esta *Rima* «La dignidad herida». ¿Quién pudo herir a Bécquer de este modo? Casta Esteban, que lo hizo y de una manera punzante, no parece que sea; ni tampoco las Espín, con las que mantuvo una relación social, según los gustos de la moda. Aquí se implican presuntas intimidades. En los dos primeros versos se oponen los términos *olvido* y *cariño* en proporciones distintas. La expresión es directa, casi coloquial, sin adjetivos; es como el fragmento de una conversación en la que él (el poeta) se dirige a ella (vale más que no sepamos quién es). Pero es notable la reacción afirmativa del poeta defendiendo su propio valer. Lo suyo son valores espirituales que no cuentan para ella, pero aquí al menos él los afirma con rotundidad.

* * *

XXXVI
(54)

Si de nuestros agravios en un libro
se escribiese la historia
y se borrase en nuestras almas cuanto
se borrase en sus hojas,

5 ¡te quiero tanto aún! ¡Dejó en mi pecho
tu amor huellas tan hondas,
que sólo con que tú borrases una,
las borraba yo todas!

El poeta sigue dirigiéndose a la amada; parece como si prosiguiese la conversación que puede implicar la *Rima* anterior. La misma repetición de las formas del verbo *borrar* (vv. 3, 4, 7 y 8) ayuda a esta impresión de un coloquio descuidado. Por esto es una de las piezas más sencillas de entre las que forman las *Rimas*. Sólo se le ocurre mencionar un *libro* (v. 1) en el que pudiera escribirse la historia del caso, y esto conviene con la labor de un escritor, aunque sólo lo fuese en el grado de periodista. Y justifica también este obsesivo borrar por aquello de «borrón, y cuenta nueva». Pero aquí es distinto; el poeta quiere borrar para que reaparezca la vieja escritura, que es el amor que ya sólo siente él, afectiva pena personal e intransferible, dicha aquí sin apenas artificio. Y esto lo entiende cualquiera.

* * *

XXXVII
(28)

Antes que tú me moriré; escondido
en las entrañas ya
el hierro llevo con que abrió tu mano
la ancha herida mortal.

5 Antes que tú me moriré; y mi espíritu,
en su empeño tenaz,
se sentará a las puertas de la muerte,
esperándote allá.

Con las horas los días, con los días
10 los años volarán,
y a aquella puerta llamarás al cabo...
¿Quién deja de llamar?

Entonces, que tu culpa y tus despojos
la tierra guardará,
15 lavándote en las ondas de la muerte
como en otro Jordán;

allí donde el murmullo de la vida
temblando a morir va,
como la ola que a la playa viene
20 silenciosa a expirar;

allí donde el sepulcro que se cierra
abre una eternidad,
todo cuanto los dos hemos callado,
allí lo hemos de hablar.

Una de las *Rimas* más acongojadas de Bécquer. Crece la melancolía en el poeta hasta llegar a ser pesadumbre de muerte. Las dos anáforas de principio y fin *Antes que...* (vv. 1 y 5) y *allí donde* (vv. 17

16 *Jordán:* río en el que fue bautizado Cristo (San Mateo, 3, 13-16) y que se emplea para designar el lugar o las circunstancias por las que alguien se purifica de las culpas.

23-24 Preferimos la versión rehecha sobre la primeramente escrita: «todo lo que los dos hemos callado / lo tenemos que hablar».

y 21) insisten en las indicaciones de tiempo y espacio que encuadran esta poesía de la muerte: el poeta morirá antes que la mujer, y entonces será la ocasión de esperarla, en el mismo sepulcro, puerta de eternidad en contraste con la limitación humana. Y será en ese límite extremo cuando el poeta quiere seguir empeñado en continuar hablando con ella sobre lo que no se dijeron en vida. La *Rima* es también testimonio de que Bécquer llevaba consigo la intuición de una muerte temprana y que se atrevía a formularla en el contacto de su poesía.

* * *

XXXVIII
(4)

Los suspiros son aire, y van al aire.
Las lágrimas son agua, y van al mar.
Dime, mujer, cuando el amor se olvida,
¿sabes tú adónde va?

Estimamos que es una de las *Rimas* que mejor caracterizan el Bécquer que se ladea por la poesía popular. Es breve, aprovecha el efecto persuasivo de la repetición de las palabras que sirven para potenciar elementos simples: *aire-aire* y *agua-mar*, las cuales valen para justificar lo que le dice a la mujer, esta vez sin acritud, en tono conversacional (con el *Dime*, v. 3, intercalado) y con un dejo de ironía: ¿qué es del amor olvidado?

* * *

XXXIX
(75)

¿A qué me lo decís? Lo sé: es mudable,
es altanera y vana y caprichosa;
antes que el sentimiento de su alma,
brotará el agua de la estéril roca.

5 Sé que en su corazón, nido de sierpes,
no hay una fibra que al amor responda;
que es una estatua inanimada..., pero...
¡es tan hermosa!

Es como la respuesta que da Bécquer a los amigos que le informan sobre la mujer que ama. El poeta contesta así al grupo de amigos testimoniado en la forma del verbo en plural: «[vosotros] *me lo decís*» (v. 1). Bécquer les cuenta su caso; si en la *Rima* XXXIV confesó que ella era estúpida, aquí ellos le amontonan los adjetivos negativos. ¿Qué queda, al final? En aquella *Rima,* con tal de que callase, lo disimulaba y sigue diciendo (y lo aprendió del clásico sevillano Herrera y otros) que la hermosura de la mujer puede ser imagen de Dios. En esta otra *Rima,* sólo puede insinuar que, siendo ella tal como dicen los amigos, él les contesta que al menos es hermosa. ¿Lo dice en serio o es una mueca irónica para no llorar?

No es muy acertada la poesía; el *decís* (v. 1) puede confundirse con un *vos decís,* forma enfática; las *sierpes* (v. 5) resulta un tanto retórico, en vez de la forma común *serpientes.*

* * *

XL
(66)

Su mano entre mis manos,
sus ojos en mis ojos,
la amorosa cabeza
apoyada en mi hombro,
5 Dios sabe cuántas veces
con paso perezoso
hemos vagado juntos
bajo los altos olmos
que de su casa prestan
10 misterio y sombra al pórtico.

*

Y ayer... un año apenas,
pasado como un soplo,
¡con qué exquisita gracia,
con qué admirable aplomo,
15 me dijo al presentarnos
un amigo oficioso:
—¡Creo que en alguna parte
he visto a usted! ¡Ah, bobos,
que sois de los salones
20 comadres de buen tono,
y andabais allí a caza
de galantes embrollos:
qué historia habéis perdido,
qué manjar tan sabroso
25 para ser devorado
sotto voce en un corro,
detrás del abanico
de plumas y de oro...!

*

Discreta y casta luna,
30 copudos y altos olmos,
paredes de su casa,
umbrales de su pórtico,
callad, y que el secreto
no salga de vosotros.
35 Callad, que por mi parte
yo lo he olvidado todo;
y ella... ella, no hay máscara
semejante a su rostro.

Aunque el curso de la *Rima* corre continuo a través del romance hexasílabo, cabe notar el paralelismo entre los diez primeros versos y los diez últimos. En ambos grupos de versos se repiten las referencias a los lugares en donde han ocurrido los episodios de amor: *olmos* (vv. 8 y 30), *casa* (vv. 9 y 31) y *pórtico* (vv. 10 y 32) evocan la escena con un año por medio en el que el amor ha desaparecido y la realidad del presente es la que cuentan los versos centrales de la poesía (vv. 11-28). Lo que dice de este presente, si estuviese escrito en prosa, podría ser un párrafo de una crónica de sociedad, como tantas habría escrito el periodista Bécquer; se cuenta una presentación en una reunión mundana, resuelta con la fórmula de siempre, propia para la ocasión de recordar un encuentro intrascendente. Pero Bécquer esta vez dice lo que siente del caso: aquella gente del salón es *boba* (v. 18), son *comadres* (v. 20), término despectivo del lenguaje popular para designar a las correveidiles gesticulantes, eso sí, de *buen tono* (v. 20) que *devoran* (v. 25), o sea, se comen como bestias la historia, pero lo hacen *sotto voce,* o sea, en voz baja empleando un término musical italiano, muy conveniente con las apariencias del *abanico de plumas y oro* con que se cubren la boca maldiciente. Es casi un apunte de cuento o novela (no tuvo tiempo ni ocasión Bécquer para escribirlos) que hubiese sido mordaz; la continuidad implícita del romance como forma métrica ayuda a la disposición narrativa que no sabemos si es personal (al menos todo corre a través de la primera persona verbal) o es invención del periodista que, harto del formalismo social, que tan ingrato le resultaba, nos ha querido dejar este apunte, muy logrado.

* * *

XLI
(26)

Tú eras el huracán, y yo la alta
torre que desafía su poder.
¡Tenías que estrellarte o que abatirme...!
¡No pudo ser!

5　　Tú eras el océano; y yo la enhiesta
　　　roca que firme aguarda su vaivén.
　　　¡Tenías que romperte o que arrancarme...!
　　　　¡No pudo ser!

　　　Hermosa tú, yo altivo; acostumbrados
10　uno a arrollar, el otro a no ceder;
　　　la senda estrecha, inevitable el choque...
　　　　¡No pudo ser!

Lo que en la *Rima* anterior es casi una narración, aquí es la consabida declaración de la incompatibilidad de caracteres de los enamorados, vestida de comparaciones identificatorias, casi metáforas. La anáfora *Tú eras...* (vv. 1 y 5) de las dos primeras estrofas se complementa con la epífora que cierra las tres del poema, *no pudo ser* (vv. 4, 8 y 12), equilibradamente repartidas. Dentro de esta estructura retórica, la previsible oposición *tú-yo* se reitera en los tres primeros versos de las estrofas, asegurada poéticamente por las comparaciones correspondientes *huracán* frente a *torre* (vv. 1 y 2) y *océano* frente a *roca* (vv. 5 y 6) con la violencia implícita de los verbos que oponen a estas palabras. Notemos el rítmico enlace entre *alta torre* (vv. 1 y 2) y *enhiesta roca* (vv. 5 y 6), cuyos adjetivos y sustantivos se han de encabalgar a fin de verso.

Todo, pues, es armonioso y está dispuesto para el mejor aprovechamiento rítmico en el curso poético. Tanto el amor jubiloso de algunas *Rimas* como este otro, imposible, merecieron el mismo tratamiento. Pero, eso sí, con la viveza con que sabe hacerlo Bécquer, aparentemente sencillo, pero artísticamente complejo.

* * *

XLII
(16)

Cuando me lo contaron, sentí el frío
de una hoja de acero en las entrañas;
me apoyé contra el muro, y un instante
la conciencia perdí de donde estaba.

5 Cayó sobre mi espíritu la noche,
en ira y en piedad se anegó el alma.
¡Y entonces comprendí por qué se llora,
y entonces comprendí por qué se mata!

Pasó la nube de dolor... Con pena
10 logré balbucear breves palabras...
¿Quién me dio la noticia?... Un fiel amigo...
Me hacía un gran favor... Le di las gracias.

Es otra versión sobre el asunto de las *Rimas* anteriores, aquí ex-
puesta con aparente objetividad. El poeta se expresa de la manera
en que sólo alguien que ha sentido esa pena puede hacerlo. ¿Hasta
qué punto se requiere la experiencia para lograr este tono? Aquí es
un hombre cualquiera el que recibe la noticia, pero sólo el poeta
puede transferirla a la poesía. Ya apenas vale la retórica, son bastan-
tes las indicaciones comunes que se le ocurrirían a cualquiera: la
puñalada que hiere, perder casi el sentido, la noche que ensombrece
el alma, y el arrebato que va por dentro y que, por cortesía, se do-
mina. Todo acaba como otras veces con las expresiones formula-

7 y 8 Preferimos la versión corregida a la primera: «y se me reveló por
qué se llora / y comprendí una vez por qué se mata».

11 y 12 Y lo mismo para los dos últimos versos: «Y... ¿qué había de ha-
cer? Era un amigo; / me había hecho un favor... Le di las gracias».

rias: el buen amigo hace el gran favor y hay que darle las gracias. Al
menos se salva la urbanidad, como se decía entonces.

Este es el Bécquer que todos entienden, el que a veces queda
cerca de Ramón de Campoamor (1817-1901) que en uno de sus can-
tares epigramáticos había dicho:

> Casi te lo agradecí,
> cuando el engaño toqué,
> pues si loco me acosté,
> filósofo amanecí.

Sólo que Campoamor, su contemporáneo y con el que a veces
coincide, estaba mejor acorazado para estos casos.

* * *

XLIII
(34)

> Dejé la luz a un lado, y en el borde
> de la revuelta cama me senté,
> mudo, sombrío, la pupila inmóvil
> clavada en la pared.

> 5 ¿Qué tiempo estuve así? No sé; al dejarme
> la embriaguez horrible [del] dolor,
> expiraba la luz y en mis balcones
> reía el sol.

> Ni sé tampoco en tan terribles horas
> 10 en qué pensaba o qué pasó por mí:
> sólo recuerdo que lloré y maldije,
> y que en aquella noche envejecí.

Ni una sola imagen, ninguna noticia concreta sobre la causa del dolor que lo atenaza, sólo la confesión de ese dolor y sus efectos: envejeció en una noche. Y todo revuelto, incluso métricamente: obsérvese que los versos que cierran las estrofas son distintos: el 4 es un heptasílabo; el 8, pentasílabo; y el 12, endecasílabo. La confusión mental se declara sin paliativos. El caso de amor, que todos entendemos que es el motivo del golpe recibido, queda muy lejos: lo que importa y se manifiesta es el dolor del hombre, cualquiera que sea la causa.

* * *

XLIV
(10)

Como en un libro abierto
leo de tus pupilas en el fondo.
¿A qué fingir el labio
risas que se desmienten con los ojos?

5 ¡Llora! No te avergüences
de confesar que me quisiste un poco.
¡Llora! Nadie nos mira.
Ya ves: yo soy un hombre... y también lloro.

Y junto a la hondura de la intimidad herida, como en la *Rima* precedente, una leve nota de ternura cordial. Lenguaje casi directo; sólo una comparación, tan propia de un escritor: leer en las pupilas de ella como en un libro abierto. *Pupila* es palabra que gusta a Bécquer: es la *niña de los ojos* en el lenguaje común. Todo simple: todos lloramos, hombres y mujeres, aunque a los hombres les duela confesarlo. A Bécquer, no.

Uno de los *Pensamientos* de Bécquer que publicaron los amigos en su edición de 1871 dice: «Yo no envidio a los que ríen: es posible vivir sin reírse... ¡pero, sin llorar alguna vez!...» (II, pág. 241).

* * *

XLV
(3)

En la clave del arco ruinoso
cuyas piedras el tiempo enrojeció,
obra de cincel rudo campeaba
　　el gótico blasón.

5　Penacho de su yelmo de granito,
la yedra que colgaba en derredor
daba sombra al escudo en que una mano
　　tenía un corazón.

A contemplarle en la desierta plaza
10　　　nos paramos los dos;
—Y ese —me dijo— es el cabal emblema
　　de mi constante amor.

¡Ay! Es verdad lo que me dijo entonces;
　　verdad que el corazón
15　lo llevará en la mano..., en cualquier parte...
　　pero en el pecho, no.

La lectura de esta *Rima* pone de manifiesto que su autor fue un aficionado a la arqueología. En una leyenda toledana se encuentran estos párrafos: «Da entrada a esta calle, por uno de los extremos, un

1　*clave:* «piedra que cierra en lo alto el arco».
3　*campear:* «aparecer destacándose de una manera visible algo».
4　*gótico blasón:* «escudo de armas medieval», aquí gótico, pues era el estilo de moda en estos casos.
5　*penacho:* «adorno de plumas».
5　*yelmo:* «casco», parte de la armadura, puesto aquí encima del escudo que se describe, que contiene la figura simbólica de una mano que sostiene un corazón.

arco macizo, achatado y oscuro. [...] En su clave hay un escudo, roto ya y carcomido por la acción de los años, en el cual crece la yedra, que, agitada con el aire, flota, sobre el casco que lo corona, como un penacho de plumas» *(Tres fechas).* Esto dice casi lo mismo que las dos primeras estrofas con casi los mismos tecnicismos.

El poeta, aficionado a la arqueología medieval no está solo; ella aprovecha lo que está viendo para ofrecer su interpretación: es un *emblema* (v. 11), «figura que se adopta como distintivo»; y ella dice que del amor constante. Y el poeta, contraponiendo un *entonces* (v. 13), con los verbos correspondientes en tiempo pretérito, a la realidad que evoca al fin de la poesía en un tiempo presente proyectado hacia el futuro, da otra interpretación al mismo emblema, la suya irónica, casi sarcástica.

Preferimos la forma original *ruinoso* (v. 1) en vez de la corregida *mal seguro;* y las corregidas *de cincel* (v. 5) y *¡Ay! Es verdad* (v. 13), a las originales *de un cincel* y *¡Ay!, y es verdad,* respectivamente.

* * *

XLVI
(77)

Me ha herido recatándose en las sombras,
sellando con un beso su traición.
Los brazos me echó al cuello, y, por la espalda,
partióme a sangre fría el corazón.

5 Y ella prosigue alegre su camino,
feliz, risueña, impávida. ¿Y por qué?
Porque no brota sangre de la herida.
Porque el muerto está en pie.

Narciso Campillo, en un artículo necrológico sobre Bécquer *(La Ilustración de Madrid,* 15 de enero de 1871) escribió: «Es verdad que [el amor] pasa y no vuelve, como no vuelven tampoco las gene-

rosas ilusiones ni las espléndidas esperanzas de la juventud. En cambio, el dolor, una vez llegado, permanece y echa de día en día, como los árboles, más hondas raíces en nuestro corazón...» Luego cita esta *Rima* y prosigue: «Así le veíamos siempre, triste y meditabundo, como si fuera recordando en su interior una por una las páginas de su dolorosa historia...»

Rima desgarrada, doliente, que abre el camino de esta interpretación de un Bécquer al que el amor sólo deparó penas. Íntima, sin imágenes retóricas, que acaba en el v. 8, uno de los mejores del poeta. No nos dejemos atraer por esta tan directa expresión de la dolencia de amor; Bécquer pudo haber sentido también el gozo que apunta en otras *Rimas*. Sin embargo, los que conocieron de cerca al poeta estimaron —y sus motivos tenían— que esta *Rima* podía ser un testimonio de lo que sentía el poeta en la última parte de su vida, sintiéndose enfermo de cuerpo, y también de amor y del desengaño de la vida.

<p style="text-align:center">* * *</p>

<h2 style="text-align:center">XLVII</h2>
<p style="text-align:center">(2)</p>

<p style="text-align:center">Yo me he asomado a las profundas simas

de la tierra y del cielo,

y les he visto el fin o con los ojos

o con el pensamiento.</p>

<p style="text-align:center">5 Mas ¡ay! de un corazón llegué al abismo

y me incliné un momento,

y mi alma y mis ojos se turbaron:

¡Tan hondo era y tan negro!</p>

Los críticos han señalado el trasfondo popular de esta *Rima* que se refiere a la hondura abismal del corazón humano. Hay varios testimonios entre los poetas contemporáneos a Bécquer que siguen una

tendencia popularizante, como ocurre en el cantar LXXV de *La Soledad* de su amigo Ferrán:

> «Yo me asomé a un precipicio
> por ver lo que había dentro,
> y estaba tan negro dentro
> que el sol me hizo daño luego.»

Se aprecia que Bécquer extendió la idea germinal y la aplicó al aspecto triste de su experiencia amorosa, la negativa, con las mujeres.

* * *

XLVIII
(1)

Como se arranca el hierro de una herida
su amor de las entrañas me arranqué;
aunque sentí al hacerlo que la vida
¡me arrancaba con él!

5 Del altar que le alcé en el alma mía,
la voluntad su imagen arrojó;
y la luz de la fe que en ella ardía
ante el ara desierta se apagó.

Aún, para combatir mi firme empeño,
10 viene a mi mente su visión tenaz...
¡Cuándo podré dormir con ese sueño
en que acaba el soñar!

Rima desesperada: el sueño en el que acaba el soñar es la muerte. Sólo ella puede ser el fin de ese empeño por lograr un olvido que no logra de otra manera. Las comparaciones de las dos primeras estrofas son sabidas: el hierro de la herida (también presente en Musset)

es de condición romántica; la del ara del altar pertenece a la literatura clásica, antigua o moderna. No importa, todo vale para evocar esta tenaz visión que lo persigue y que lo empuja hasta la muerte.

* * *

XLIX
(14)

Alguna vez la encuentro por el mundo,
y pasa junto a mí;
y pasa sonriéndose, y yo digo:
—¿Cómo puede reír?

5 Luego asoma a mi labio otra sonrisa,
máscara del dolor,
y entonces pienso: —Acaso ella se ríe,
como me río yo.

Aquí, a la sombra de Heine (poemas 18 y 19 de su *Lyrisches Intermezzo),* los que en un tiempo fueron amantes, se encuentran y sonríen al verse, pero la procesión va por dentro. *Rima* apretada y concisa, sin adjetivos ni comparaciones, sobre el encuentro ocasional; no hay escapes del humor, ni juegos de ingenio, todo es sencillo, al alcance de cualquier lector... y sin esperanza.

* * *

L
(12)

Lo que el salvaje que con torpe mano
hace de un tronco a su capricho un dios,
y luego ante su obra se arrodilla,
eso hicimos tú y yo.

5 Dimos formas reales a un fantasma,
de la mente, ridícula invención,
y hecho el ídolo ya, sacrificamos
en su altar nuestro amor.

Manifestación del Bécquer moderno, que está al tanto de las nuevas ciencias, en este caso la Antropología. También el mundo primitivo, el llamado «salvaje», las culturas ajenas a las tradicionales de Europa, valen para articular la poesía. El «ídolo» es aquí fetiche, imagen de un fantasma interior (¿celos, orgullo?) y sirve lo mismo que la poesía anterior para testimoniar la separación.

* * *

LI
(70)

De lo poco de vida que me resta,
diera con gusto los mejores años,
por saber lo que a otros
de mí has hablado.

5 Y esta vida mortal, y de la eterna
lo que me toque, si me toca algo,
por saber lo que a solas
de mí has pensado.

El poeta siente la muerte cerca. Su curiosidad por conocer los pensamientos de ella no tiene límites. Y aun se permite dudar que le toque algo de la vida eterna (él, que mezcló a Dios en su amor). Acaso sea sólo un toque cáustico, de humor, en cuanto a lo intocable.

* * *

IV

Pero cuando esta [la desesperación] le lleva ya al punto en que se pierde toda esperanza, él se detiene espontáneamente, medita en silencio y aceptando por último su parte de dolor en el dolor común, prosigue su camino, triste, profundamente herido, pero resignado; con el corazón hecho pedazos, pero con los ojos fijos en algo que se le revela como reminiscencia del arte, a cuyo impulso brotaron sus sentimientos.

Piensa en lo solos que se quedan los muertos [Rima LXXIII] y siente dentro de la religión de su infancia un nuevo amor, que únicamente pueden sentir los que sufren mucho y jamás se curan; un amor ideal, puro, que no puede morir ni aun con la muerte, que más bien la desea, porque es tranquilo como ella; ¡como ella, callado y eterno! Se enamora de la estatua de un sepulcro, es decir, del arte, de la belleza ideal, que es el póstumo amor, para siempre duradero, por lo mismo que nunca se ve por completo correspondido.

(Rodríguez Correa.)

LII
(35)

Olas gigantes que os rompéis bramando
en las playas desiertas y remotas,
envuelto entre la sábana de espumas,
¡llevadme con vosotras!

5 Ráfagas de huracán que arrebatáis
del alto bosque las marchitas hojas,
arrastrado en el ciego torbellino,
¡llevadme con vosotras!

Nubes de tempestad que rompe el rayo
10 y en fuego encienden las sangrientas orlas,
arrebatado entre la niebla oscura,
¡llevadme con vosotras!

Llevadme, por piedad, a donde el vértigo
con la razón me arranque la memoria.
15 ¡Por piedad! ¡Tengo miedo de quedarme
con mi dolor a solas!

Rima declaradamente romántica: el poeta pide confundirse con las
fuerzas de la naturaleza, desencadenadas en su furor. La poesía pre-
senta una dependencia acentuada con un poema de Lamartine «L'iso-
lement» («El aislamiento»); el francés se duele de la muerte de la
amada y en un arrebato pide: «Emportez moi comme elle, orageux
aquilons» («Llevadme con ella, tempestuosos aquilones», 'vientos
fríos del Norte'). Sólo que en Bécquer no sabemos el motivo de la
pena (¿causas amorosas o aflicción de vivir?).

La *Rima* está rigurosamente compuesta. Las tres estrofas pri-
meras ofrecen sus elementos en disposición paralela: arrancan del
sustantivo que las ampara, *olas* (v. 1), *ráfagas de huracán* (v. 5) y

nubes de tempestad (v. 9). Las tres estrofas tienen un último verso, el de cierre, en forma de epífora reiterativa y en tono admirativo, que marca la tensión espiritual que implica la confusión con la naturaleza embravecida, tan del orden del paisaje romántico. Como dice con acierto R. Pageard *(Bécquer...,* ob cit., pág. 135), esta naturaleza es como la que se puso de moda entre los románticos a través de los poemas atribuidos a Ossian, un supuesto bardo gaélico, y que publicó en prosa James Macpherson (1736-1796). Ossian era el «cantor de las tempestades, los vientos y las brumas». Quien escribe esta poesía es sevillano, hombre del sur de España en sus predilecciones paisajísticas. Por eso lo que dice es imaginado, pero lo que pudiera parecer fanfarria nórdica acaba con un grito de sinceridad: el poeta teme quedarse a solas, sin más, una soledad que para él es desesperación.

* * *

LIII
(38)

Volverán las oscuras golondrinas
en tu balcón sus nidos a colgar,
y otra vez con el ala a sus cristales
jugando llamarán.

5 Pero aquellas que el vuelo refrenaban
tu hermosura y mi dicha a contemplar,
aquellas que aprendieron nuestros nombres...
¡esas... no volverán!

Volverán las tupidas madreselvas
10 de tu jardín las tapias a escalar,
y otra vez a la tarde aún más hermosas
sus flores se abrirán.

Pero aquellas, cuajadas de rocío
cuyas gotas mirábamos temblar
15 y caer como lágrimas del día...
¡esas... no volverán!

Volverán del amor en tus oídos
las palabras ardientes a sonar,
tu corazón de su profundo sueño
20 tal vez despertará.

Pero mudo y absorto y de rodillas
como se adora a Dios ante su altar,
como yo te he querido...; desengáñate,
¡así... no te querrán!

La más popular de las *Rimas* de Bécquer y la que, según algunos, mejor lo representa. Esta *Rima* es paralela a la anterior, sólo que lo que allí es violencia de la naturaleza nórdica, aquí es apacible entorno español, más precisamente andaluz. La anáfora *Volverán...* (vv. 1, 9 y 17) encabeza los tres grupos de dos estrofas. Las tres primeras de cada grupo están dirigidas al futuro predecible y las tres segundas, a la desesperanza, que se cifra en el verso de cierre en función de epífora: *¡esas no volverán!* El equilibrio es perfecto, y el resultado, la poesía más melancólica, la expresión más elegante del dolor becqueriano.

* * *

LIV
(36)

Cuando volvemos las fugaces horas
del pasado a evocar,
temblando brilla en sus pestañas negras
una lágrima pronta a resbalar.

5 Y, al fin, resbala y cae como gota
 de rocío al pensar
 que cual hoy por ayer, por hoy mañana,
 volveremos los dos a suspirar.

El rocío, «lágrimas del día» en la *Rima* anterior, pasa de imagen
poética a ser realidad en los ojos de la que fue mujer amada por Béc-
quer. Aquí se menciona una lágrima inminente que acaba por desli-
zarse por las mejillas. Y esto ocurre en el tiempo, no el meramente
cronológico del reloj, sino el que cuenta para estos amantes frustra-
dos. Y todo dicho en pocas palabras, camino de la copla popular,
aquí elaborado artísticamente.

* * *

LV
(9)

 Entre el discorde estruendo de la orgía
 acarició mi oído,
 como nota de música lejana,
 el eco de un suspiro.

5 El eco de un suspiro que conozco,
 formado de un aliento que he bebido,
 perfume de una flor que oculta crece
 en un claustro sombrío.

 Mi adorada de un día, cariñosa,
10 —¿En qué piensas? —me dijo.
 —En nada... —En nada, ¿y lloras? —Es que tengo
 alegre la tristeza y triste el vino.

Rima de oscura significación, como conviene a la poesía de honduras y, por eso mismo, equívoca. El poeta percibe algo como un suspiro (menos aún, su *eco)* por en medio de la discordancia de una *orgía* (v. 1), palabra muy propia de los románticos para indicar el desconcierto de las fiestas. La repetición del verso 4 como parte del comienzo del verso 5 acentúa aún más esta levedad y centra la poesía. Y entonces viene la cadena asociativa: el suspiro conduce al *aliento* (v. 6) y este viene a dar en una inesperada asociación olfativa, el perfume de una flor en un *claustro sombrío* (v. 8) que surge inesperadamente en una poesía que comenzó mencionando una orgía mundana. De un elemento a otro llegamos hasta lo que Bécquer tuvo siempre en mucho: una arqueología que encuentra perfumes en un claustro, cuya identificación nunca se logrará. El poeta está con su *adorada de un día.* ¿Quiere decir esto que se encuentra con la que en otro tiempo fue su amor? Pudiera ser, pero también podría interpretarse que la *adorada de un día* fuese una prostituta que acogiese el dolor del poeta que llora una vez más. Aquí la respuesta es muy acertada, casi la letra de un canto (un cante, nos rectificaría alguno): «Tengo la tristeza alegre y triste el vino».

<p style="text-align:center">* * *</p>

<p style="text-align:center">LVI
(20)</p>

Hoy como ayer, mañana como hoy,
 ¡y siempre igual!
Un cielo gris, un horizonte eterno
 y andar... andar.

5 Moviéndose a compás, como una estúpida
 máquina, el corazón.
 La torpe inteligencia del cerebro,
 dormida en un rincón.

El alma, que ambiciona un paraíso,
10 buscándole sin fe,
fatiga sin objeto, ola que rueda
 ignorando por qué.

Voz que, incesante, con el mismo tono,
 canta el mismo cantar,
15 gota de agua monótona que cae
 y cae, sin cesar.

Así van deslizándose los días,
 unos de otros en pos;
hoy lo mismo que ayer...; y todos ellos,
20 sin gozo ni dolor.

¡Ay, a veces me acuerdo suspirando
 del antiguo sufrir!
Amargo es el dolor, ¡pero siquiera
 padecer es vivir!

Expresión de la monotonía de un vivir uniforme y sin sobresal-
tos, gris como el cielo que lo acoge. Y todo dicho con sencillez:
imágenes que «sin gozo ni dolor», se repiten en la sucesión de los
días. Llamamos la atención sobre la *estúpida máquina* (vv. 5-6),
mención fabril que nos recuerda a Charlie Chaplin en su película
Tiempos modernos. Allí Charlot se pasa el día apretando el tornillo
que le corresponde en una cadena de producción. Es la impresión
de monotonía que trasciende de la máquina, y que Bécquer percibe
como imagen del corazón, órgano humano que en otras ocasiones
ha exaltado como residencia del amor, y aquí sólo existe por su mo-
vimiento acompasado que sostiene la vida.

Y al fin, levantando el tono, un grito para salvar el sufrimiento y el dolor como testimonios de la vida; con esto Bécquer intuye para el futuro una filosofía y un arte nuevos, radicados en la más honda humanidad: la conciencia de la pena que implica la vida (v. 24).

* * *

LVII
(32)

Este armazón de huesos y pellejos,
de pasear una cabeza loca
se halla cansado al fin, y no lo extraño,
pues, aunque es la verdad que no soy viejo,
5 de la parte de vida que me toca
en la vida del mundo, por mi daño
he hecho un uso tal, que juraría
que he condensado un siglo en cada día.

Así, aunque ahora muriera,
10 no podría decir que no he vivido;
que el sayo, al parecer nuevo por fuera,
conozco que por dentro ha envejecido.

Ha envejecido, sí, ¡pese a mi estrella!
Harto lo dice ya mi afán doliente,
15 que hay dolor que, al pasar su horrible huella,
graba en el corazón, si no en la frente.

1 *armazón:* palabra más propia del lenguaje técnico de la construcción que, sin embargo, aquí se aplica para designar el cuerpo desgarbado del poeta de la *cabeza loca.*

11 *sayo:* es palabra en desuso, propia del lenguaje del campo, arcaísmo familiar aquí usado por vestido; precisamente por sentirse el poeta envejecido, resulta muy expresivo el término.

Confesión muy del gusto romántico, pero expuesta con un cierto realismo por la pobreza de elementos retóricos. Se notan claras resonancias del gran poeta romántico Espronceda, como lo demuestra la métrica de la poesía. Bécquer, en la primera estrofa, se atiene a la octava real, la forma estrófica tan común entre los románticos; y la segunda y tercera estrofas podrían formar otra, pues son dos cuartetos de rimas independientes, y así prefirió la variedad métrica.

Una métrica tan exigente sostiene un contenido entre lírico y familiar, en que el poeta expresa la conciencia de haber vivido más por dentro que por fuera. Todo es a vueltas de lo mismo, el dolor que corroe el alma, sin que el poeta tenga que decirnos qué o quién lo causa. Y todo bien arropado por las rimas consonantes que contrastaban con un contenido que alguien pudiera calificar de prosaico.

<p style="text-align:center">* * *</p>

<p style="text-align:center">LVIII
(8)</p>

¿Quieres que, de ese néctar delicioso,
no te amargue la hez?
Pues aspírale, acércale a tus labios
y déjale después.

5 ¿Quieres que conservemos una dulce
memoria de este amor?
Pues amémonos hoy mucho, y mañana
digámonos: —¡Adiós!

1 *néctar:* «bebida de dioses o licor elegante».
2 *hez:* «sedimento de impurezas o desechos del cuerpo».
Estos dos términos se oponen. Aquí Bécquer se cura en salud, pues se refiere a un amor en tiempo presente (v. 6). Es como si quisiera vacunarse de una enfermedad que de todas maneras acabaría mal.

El poeta avisa a través de una experiencia que le conduce al escepticismo irónico; es él mismo el que anuncia lo que será el proceso de un amor que acaso comienza entonces. ¡Bécquer se lo dice a ella como si quisiera curarse en salud! Y ya piensa entonces que el amor que siente se ha de convertir en *memoria* (v. 6), y, por tanto, no ha de durar. Las anáforas *¿Quieres que* (vv. 1 y 5) y las oraciones consecutivas *Pues...* (vv. 3 y 7) sostienen el desarrollo de la poesía hacia una solución negativa, enunciada aquí sin los alardes enfáticos de otras *Rimas*. Las medidas preguntas y respuestas equilibran la exposición en cada estrofa.

* * *

LIX
(17)

Yo sé cuál el objeto
de tus suspiros es;
yo conozco la causa
 de tu dulce
5 secreta languidez,
¿Te ríes?... Algún día
sabrás, niña, por qué:
Tú lo sabes apenas,
 y yo lo sé.

10 Yo sé cuándo tú sueñas,
y lo que en sueños ves;
como en un libro, puedo
 lo que callas
en tu frente leer.
15 ¿Te ríes?... Algún día.
sabrás, niña, por qué,
Tú lo sabes apenas,
 y yo lo sé.

> Yo sé por qué sonríes
> 20 y lloras a la vez;
> yo penetro en los senos
> misteriosos
> de tu alma de mujer.
> ¿Te ríes?... Algún día
> 25 sabrás, niña, por qué;
> mientras tú sientes mucho
> y nada sabes,
> yo, que no siento ya,
> todo lo sé.

Los versos 4-5, 8-9, 12-13, 17-18, 21-22, 26-27 y 28-29 consti-
tuyen un endecasílabo, en el que la rima asonante en -é- corre a tra-
vés de ellos. Así con la separación destacamos la base heptasílaba
en esta *Rima,* que es un juego métrico del curso estrófico.

Hubo una corrección en el *Libro de los gorriones* en parte de los
versos que allí son 8 y 17, y que cambia el verso en: «Tú acaso lo
sospechas». Hemos dejado la forma inicial, y consignamos la va-
riante porque es indicio de que pudiera tratarse de una variante, se-
mejante a las folklóricas en los cantares populares. Ayuda a esta
propuesta al mismo término *niña,* tan propio del habla andaluza y
que aquí designa acaso a una adolescente que se acerca al poeta sin-
tiéndose él ya viejo. Ella suspiraría por otro. Lo demás es glosa del
poeta, comentarios de los suspiros, los sueños y las primeras vaci-
laciones de ella ante la sorpresa de un amor apenas intuido. Y la sa-
lida es como la de las viejas jarchas andalusíes, en que se oponen
aquí *sentir* y *saber,* cruzados para la niña y el viejo poeta (viejo es
un decir, mejor dicho, un sentir, porque Bécquer murió a los treinta
y cuatro años). Mejor diremos, desesperanzado.

* * *

LX
(41)

Mi vida es un erial.
flor que toco se deshoja;
que en mi camino fatal
alguien va sembrando el mal
5 para que yo lo recoja.

Volvemos al tono del canto popular. Pero aquí la métrica usada
es la quintilla, propia de los románticos con la rima ABAAB, apta
para las largas leyendas en verso, infrecuentes en Bécquer. Al poeta
le basta una sola estrofa para dejar testimonio de su desgracia, que
además le es ajena (¿es ella la sembradora del mal?) El *erial* (v. 1)
es el campo de cultivo abandonado, que no se labra y que no pro-
duce, y fue palabra grata a los románticos para sus imágenes. Es el
abandono de lo que fue fértil, aquí la misma vida, motivo becque-
riano.

* * *

LXI
(45)

[*Melodía.*
Es muy triste morir joven, y no contar
con una sola lágrima de mujer.]

Al ver mis horas de fiebre
e insomnio lentas pasar,
a la orilla de mi lecho,
¿quién se sentará?

5 Cuando la trémula mano
 tienda, próximo a expirar,
 buscando una mano amiga,
 ¿quién la estrechará?

 Cuando la muerte vidríe
10 de mis ojos el cristal,
 mis párpados aún abiertos,
 ¿quién los cerrará?

 Cuando la campana suene
 (si suena en mi funeral)
15 una oración, al oírla,
 ¿quién murmurará?

 Cuando mis pálidos restos
 oprima la tierra ya,
 sobre la olvidada fosa,
20 ¿quién vendrá a llorar?

 ¿Quién, en fin, al otro día,
 cuando el sol vuelva a brillar,
 de que pasé por el mundo,
 quién se acordará?

La más desolada de las *Rimas*. El encabezamiento procede de un
«álbum de poesías» del *Almanaque del Museo Universal para el
año 1861*. Bécquer fue hombre enfermo, que tuvo ocasión de refle-
xionar (mejor aún, sentir) sobre la muerte. La anáfora de *Cuando...*
(vv. 5, 9, 13 y 17) sostiene el desarrollo que propiamente es la reite-
ración de un cantar semejante, asegurado por igual fórmula sintác-
tica, la cual opone a cada *cuando* un *quién* (vv. 4, 8, 12, 16, 20 y
24), que es la representación de la obsesión del poeta. El epígrafe

del encabezamiento es muy propio para orientar a las lectoras del *Almanaque,* que así le perdonarían la inoportunidad de situar esta poesía en el extraordinario de diciembre, propio para evocar fiestas y alegrías, en las páginas de una revista burguesa. Este epígrafe inicial no se encuentra en el *Libro de los gorriones,* que aquí seguimos.

No sabemos qué mujeres lo lloraron, pero sí que sus amigos hicieron lo mejor que se podía con un poeta: publicar su obra y ayudar a su difusión. No está en olvidada fosa, sino entre los hombres ilustres de Sevilla en una capilla que fue iglesia de la Universidad hispalense. Y además en el Parque de María Luisa de Sevilla existe desde 1911 un monumento que lo recuerda con dignidad y gracia.

* * *

LXII
(56)

[Al amanecer]

Primero es un albor trémulo y vago,
raya de inquieta luz que corta el mar;
luego chispea y crece y se dilata
en ardiente explosión de claridad.

5 La brilladora lumbre es la alegría,
la temerosa sombra es el pesar.
¡Ay! ¿En la oscura noche de mi alma,
cuándo amanecerá?

Rima que pone de manifiesto la gran sensibilidad artística de Bécquer para la descripción de los fenómenos naturales, aquí el amanecer. Hay que relacionar esta aptitud del poeta paralela a la que en pintura fue la escuela de los impresionistas, que cultivaron sobre todo la expresión pictórica de la riqueza de los matices de la

luz. Aquí la descripción poética es el medio para percibir la belleza natural del amanecer.

Gran esfuerzo acertado que hasta el verso 6 se mantiene en progresión, culminado con la palabra *alegría* (v. 5), y que luego, de repente, interrumpiendo su propósito, se precipita en un fondo de negrura: *sombra* (v. 6), *oscura noche del alma* (v. 7), arrebato casi místico del alma, sostenido por el dolor humano.

El epígrafe procede de la edición de esta poesía en *El Correo de la Moda* (31 de julio de 1861).

* * *

LXIII
(68)

Como enjambre de abejas irritadas,
de un oscuro rincón de la memoria
salen a perseguirme los recuerdos
de las pasadas horas.

5 Yo los quiero ahuyentar. ¡Esfuerzo inútil!
Me rodean, me acosan,
y unos tras otros a clavarme vienen
el agudo aguijón que el alma encona.

Una comparación que sirve al poeta para testimoniar el efecto de los recuerdos (hay que entender felices) en el presente: la del enjambre de abejas, que españoliza cualquier resonancia de otras literaturas, aunque la imagen es universal.

Rima elemental, pero eficaz, que va directa al lector. Todos perciben su significación, aunque no se sepa qué es lo que le pasa al poeta. Esta misma vaguedad universaliza la experiencia.

* * *

LXIV
(64)

Como guarda el avaro su tesoro,
 guardaba mi dolor;
quería probar que hay algo eterno
a la que eterno me juró su amor.

5 Mas hoy le llamo en vano y oigo, al tiempo
 que le acabó, decir:
 —¡Ah, barro miserable, eternamente
 no podrás ni aun sufrir!

Rima difícil, con una resonancia filosófica que puede que sobre-
pasase el nivel medio de los lectores de la época. Quizá por eso no
se publicó en su tiempo. Figura en el *Libro de los gorriones* y en las
ediciones, y está situada en el espacio límite en que el poeta escribe
sus confidencias más personales. En esta poesía el tiempo (una per-
sonificación a la vieja manera) dice al poeta: «Ni siquiera podrás
sufrir eternamente». Y esta resulta ser una peligrosa afirmación en
la que todo desaparece en un pozo sin fondo; y más, como aquí, si
se refiere al dolor humano (no importa su causa) sobre el que tanto
escribió el poeta. Si ni siquiera el dolor subsiste, ¿qué puede ocurrir
con otras vivencias del alma?
 Mejor la primera estrofa, equilibrada por las repeticiones del verbo
guardar (vv. 1 y 2) y del adjetivo *eterno* (vv. 3 y 4). Peor la segunda,
de sintaxis enrevesada y un tanto confusa. El *acabó* (v. 6) fue susti-
tuido en el *Libro* por *agotó,* que tampoco mejora mucho. No importa;
acaso esto sea premeditado; el adverbio *eternamente* (v. 7), palabra
difícil de absorber en el ritmo del verso, es el enlace con lo que viene
diciendo y que establece el peligroso planteamiento. Véase el estudio
de Juan María Díaz Taboada, «Dolor eterno. Historia posromántica
de un tema literario», *Iberorromania,* II, 1970, págs. 1-14.

* * *

LXV
(47)

Llegó la noche y no encontré un asilo;
y tuve sed...; mis lágrimas bebí.
¡Y tuve hambre! ¡Los hinchados ojos
 cerré para morir!

5 ¿Estaba en un desierto? Aunque a mi oído
de la turba llegaba el ronco hervir,
yo era huérfano y pobre... El mundo estaba
 desierto... ¡para mí!

Estamos en el descenso hacia la soledad sin esperanza, hacia la
duda que Bécquer expondrá en la próxima *Rima*. Tanto en la una
como en la otra, el poeta no dejará escape para la ironía. Aquí esta-
blece la confesión más radical en cuanto a lo que fue su vida.

Domina la expresión entrecortada, con abundancia de puntos sus-
pensivos y cambios de tono hacia la interrogación y la admiración. Es
un verso directo, salvo en la imagen clave el *desierto* (v. 5) insinuada
a través de una interrogación, que representa su situación espiritual.
Y esto en contraste con la otra palabra, *turba* (v. 6), que es su opuesto:
la multitud que grita por las calles, yendo cada cual a lo suyo o reu-
nida en un confuso fondo de agitación social. Por esta vía apunta la
interpretación de un Bécquer infortunado e infeliz, que puede exage-
rar los rasgos adversos de su vida. Si bien es cierto que pronto fue
huérfano (v. 7) y *pobre* (id.) en algunas épocas de su vida, tuvo ami-
gos y el afecto fraternal de Valeriano.

* * *

LXVI
(67)

¿De dónde vengo?... El más horrible y áspero
de los senderos busca;
las huellas de unos pies ensangrentados
sobre la roca dura;
5 los despojos de un alma hecha jirones
en las zarzas agudas,
te dirán el camino
que conduce a mi cuna.

¿Adónde voy? El más sombrío y triste
10 de los páramos cruza,
valle de eternas nieves y de eternas
melancólicas brumas;
en donde esté una piedra solitaria,
sin inscripción alguna,
15 donde habite el olvido,
allí estará mi tumba.

Seguimos hundiéndonos en esta exploración espiritual del poeta. De la inquietud nerviosa de la *Rima* anterior, pasamos a este organizado descanso. Las dos estrofas son preguntas que se hace el poeta y que están relacionadas entre sí: *¿De dónde vengo?* (v. 1) y *¿Adónde voy?* (v. 9). Son preguntas universales, propias de cualquier ser pensante y sintiente ante la conciencia de su presencia en el mundo. Ambas se contestan con la última palabra de cada estrofa, la que la cierra: *cuna* (v. 8) y *tumba* (v. 16). La respuesta se desarrolla en sentido inverso a lo largo de cada estrofa, y lo hace valiéndose de la expresión propia de los románticos, aquí quintaesenciada, y para ilustrar la imagen de un Bécquer de vida angustiada.

Las dos estrofas están bien entonadas, ciertamente musicales en su contextura rítmica, con los elementos sintácticos muy oportuna-

mente distribuidos a través de los versos. La primera estrofa pone de manifiesto la comparación con un paisaje agreste y duro, sierra montaraz hispánica: y la segunda es de paisaje ajeno, nórdico, apoyado sobre los *páramos* (v. 10), «tierra sin cultivos, desolada e inhóspita», en donde, sin inscripción alguna, quiere que esté su tumba. Ya dijimos que esto no ocurrió y la inscripción que figura en ella está bien clara. El olvido no habita en ella, y, además, el verso 15 fue elegido por L. Cernuda para un libro que se publicó en 1934. Allí, en unas líneas preliminares, se pregunta Cernuda: «¿Qué queda de las alegrías y penas del amor, cuando este desaparece? Nada o peor que nada: queda el recuerdo de un olvido.»

* * *

LXVII
(18)

¡Qué hermoso es ver el día
coronado de fuego levantarse,
y, a su beso de lumbre,
brillar las olas y encenderse el aire!

5 ¡Qué hermoso es tras la lluvia
del triste otoño en la azulada tarde,
de las húmedas flores
el perfume aspirar hasta saciarse!

¡Qué hermoso es cuando en copos
10 la blanca nieve silenciosa cae,
de las inquietas llamas
ver las rojizas lenguas agitarse!

3 *lumbre:* luz que procede del fuego y el fuego mismo. Es voz de uso frecuente en Andalucía.

Qué hermoso es, cuando hay sueño,
dormir bien... y roncar como un sochantre
15 y comer... y engordar... ¡Y qué desgracia
que esto sólo no baste!

Rima controvertida, no por su estructura poética, que es bien clara: la anáfora en cabeza de las tres primeras estrofas *¡Qué hermoso es...* (vv. 1, 5 y 9) sirve como introducción para expandir las tres evocaciones poéticas: la del *amanecer,* primera estrofa, tema grato al poeta; la *lluvia,* segunda estrofa, y el fuego de la chimenea en un día de nieve, tercera estrofa. Bien sostenido, el poema avanza en tono admirativo, y, como en otras ocasiones, el lector tropieza en la estrofa cuarta con la exposición de un ideal que parece el dibujo de una imagen burguesa, trazada por un artista revolucionario. Estrofa balbuciente, llena de puntos suspensivos que son como el habla entrecortada de alguien que comió y bebió demasiado, que parecen acentuar la placidez del vivir burgués.

* * *

LXVIII
(61)

No sé lo que he soñado
en la noche pasada.
Triste, muy triste debió ser el sueño,
pues despierto la angustia me duraba.

14 *sochantre:* el que dirige el coro en las iglesias. Era común que se le tuviera por persona bien alimentada y opulenta en carnes. Puede haber intervenido el sentido caricaturesco que a veces usa Bécquer, que fue un buen dibujante y más de tipos populares burlescos, y lo que pudo ver en la obra de su hermano Valeriano.

5 Noté al incorporarme
 húmeda la almohada,
 y por primera [vez] sentí al notarlo
 de un amargo placer henchirse el alma.

 Triste cosa es el sueño
10 que llanto nos arranca,
 mas tengo en mi tristeza una alegría...
 ¡Sé que aún me quedan lágrimas!

Un acierto de Bécquer. Los términos relacionados con *tristeza* se reiteran en la poesía: *triste, muy triste* (v. 3), *triste* (v. 9) y *tristeza* (v. 11). Y los que, desde el punto de vista de la significación, se asocian con ellos: *angustia* (v. 4), *amargo placer* (v. 8) y *llanto* (v. 10), son la columna vertebral de la *Rima,* en contraste con la mención de *alegría* (v. 11), la de comprobar que el poeta puede aún llorar. Y todo muy sencillo: el relato de algo que a todos nos ha ocurrido; el recuerdo apenas desvanecido de un sueño angustioso. La evocación se establece en el mismo límite entre la subconciencia del sueño y la conciencia del dolor que ocurre precisamente en la *húmeda almohada* (v. 6), referencia casera, elevada aquí a signo poético. Es una buena reforma de lo que pudo tener un origen heineano (y que aquí se españoliza a la manera romántica aprovechando su validez universal, tan reiterada en las *Rimas):* la idea de que el hombre también llora.

* * *

LXIX
(49)

[¡La vida es sueño!
 Calderón.]

Al brillar un relámpago nacemos,
y aún dura su fulgor cuando morimos:
¡tan corto es el vivir!

La Gloria y el Amor tras que corremos
5 sombras de un sueño son que perseguimos;
¡despertar es morir!

El epígrafe inicial procede de la edición de la *Rima* en *El Museo Universal* (9 de septiembre de 1866) y no se encuentra en el *Libro de los gorriones*. Es una aclaración para el lector, porque señala una referencia que pudo ser origen o confirmación de la poesía. El encabezamiento no lo hemos impreso en cursiva, como hubiera sido propio por ser el título de un libro, porque lo situó entre admiraciones, como si dijese: «¡También Calderón, un clásico de la literatura, dijo lo mismo que yo pienso!» Las dos palabras, *vida* y *sueño* se resuelven aquí en un sentido romántico a la manera de Bécquer. Son dos términos que hemos encontrado muchas veces en su obra. Su propósito es, pues, resumir y concentrar el despliegue barroco de la obra de Calderón en una pieza elemental, en la que las dos semiestrofas acaban en las palabras *vivir* y *morir.* ¿Quién da más con menos palabras?

* * *

LXX
(59)

¡Cuántas veces, al pie de las musgosas
paredes que la guardan,
oí la esquila que al mediar la noche
a los maitines llama!

3 *esquila:* «la campana del régimen interior de la comunidad» que llama a los oficios.
4 *maitines:* «la primera hora canónica que se reza antes del amanecer».

5 ¡Cuántas veces trazó mi silueta
 la luna plateada,
 junto a la del ciprés, que de su huerto
 se asoma por las tapias!

 Cuando en sombras la iglesia se envolvía,
10 de su ojiva calada,
 ¡cuántas veces temblar sobre los vidrios
 vi el fulgor de la lámpara!

 Aunque el viento en los ángulos oscuros
 de la torre silbara,
15 del coro entre las voces percibía
 su voz vibrante y clara.

 En las noches de invierno, si un medroso
 por la desierta plaza
 se atrevía a cruzar, al divisarme
20 el paso aceleraba.

 Y no faltó una vieja que en el torno
 dijese a la mañana,
 que de algún sacristán muerto en pecado
 acaso era yo el alma.

25 A oscuras conocía los rincones
 del atrio y la portada;
 de mis pies las ortigas que allí crecen
 las huellas tal vez guardan.

 Los búhos, que espantados me seguían
30 con sus ojos de llamas,
 llegaron a mirarme con el tiempo
 como a un buen camarada.

A mi lado sin miedo los reptiles
se movían a rastras;
35 hasta los mudos santos de granito
creo que me saludaban.

¿Qué lleva al poeta a vagar de noche por el exterior de un convento? Esta vez el convento está habitado porque en él suena la *esquila* que llama a *maitines*. Un historiador del arte común no escoge esas horas para sus visitas de estudio, pero Bécquer lo es de una manera insólita, aunque sólo aficionado. Para adivinar el sentido del pasado (y la *ojiva calada,* v. 10, nos da un indicio de sus conocimientos de historia del arte), lo mejor es acercarse al monumento artístico de una manera inesperada, por sorpresa, sin testigos. Y entonces fundirse y confundirse con el espíritu de la tradición a través de los testimonios que fueron de antes y que lo son de ahora: el silencio de la noche, las ortigas, los búhos y los reptiles. Y si el presunto arqueólogo está enamorado, entonces interpreta las señales de la vida humana que descubre en el convento: el *fulgor de una lámpara* (v. 12, ¿encendida por ella?) o una voz que se quiere identificar de una manera obstinada por entre las del coro de las monjas (v. 15). Todo lo puede el prestigio artístico de Toledo y la historia irradiante de sus monumentos.

* * *

LXXI
(76)

No dormía: vagaba en ese limbo
en que cambian de forma los objetos,
misteriosos espacios que separan
la vigilia del sueño.

5 Las ideas que en ronda silenciosa
daban vueltas en torno a mi cerebro,
poco a poco en su danza se movían
con un compás más lento.

De la luz que entra al alma por los ojos
10 los párpados velaban el reflejo;
mas otra luz el mundo de visiones
 alumbraba por dentro.

En este punto resonó en mi oído
un rumor semejante al que en el templo
15 vaga confuso al terminar los fieles
 con un *Amén* sus rezos.

Y oí como una voz delgada y triste
que por mi nombre me llamó a lo lejos,
¡y sentí olor de cirios apagados,
20 de humedad y de incienso!

Entró la noche y del olvido en brazos
caí cual piedra en su profundo seno.
Dormí y al despertar exclamé: —¡Alguno
 que yo quería ha muerto!

Bien hicieron los editores de 1871 en poner esta *Rima* junto a la
anterior. Lo que en la anterior se declara a través de la experiencia
romántica de un paseo por el exterior de un convento toledano, aquí
es una introversión asombrosa: la intuición de un presentimiento
(mortal, como corresponde a Bécquer) a través del límite entre la
conciencia despierta y vigilante y la subconciencia, entredormida y
soñadora. Espléndida declaración de una exploración psicológica a
través de las fronteras entre la vigilia y el sueño; poco falta para que
estos dominios se exploren de una manera científica. Aquí Bécquer
nos ofrece una acertada descripción (en lo que cabe hacerlo) de las
confusiones interiores, como es ese rumor parecido al *amén* oído en
los templos y ese *olor de cirios apagados, de humedad y de in-
cienso* (vv. 19-20). Hay una ofuscada ambigüedad de sensaciones
que progresa hasta el sueño indeterminado. Y por la mañana, la tre-

menda corazonada se expone con crudeza: aquello había sido el anuncio de la muerte de un ser querido.

* * *

LXXII
(5)

Primera voz

Las ondas tienen vaga armonía,
las violetas suave olor,
brumas de plata la noche fría,
luz y oro el día;
5 yo algo mejor;
¡Yo tengo *Amor!*

Segunda voz

Aura de aplausos, nube radiosa,
ola de envidia que besa el pie,
isla de sueños donde reposa
10 el alma ansiosa,
dulce embriaguez:
¡la *Gloria* es!

Tercera voz

Ascua encendida es el tesoro,
sombra que huye la vanidad.
15 Todo es mentira: la gloria, el oro;
lo que yo adoro
sólo es verdad:
¡la *Libertad!*

*

Así los barqueros pasaban cantando
20 la eterna canción
y, al golpe del remo, saltaba la espuma
y heríala el sol.

—¿Te embarcas?, gritaban; y yo sonriendo
les dije al pasar:
25 —Yo ya me he embarcado; por señas que aún tengo
la ropa en la playa tendida a secar.

He aquí una *Rima* dispuesta en la forma de una aparatosidad ope-
rística: son barqueros que cantan al remar, ayudándose del ritmo de
su esfuerzo; son *voces,* así explícitamente señaladas, en el sentido
de que cada uno expresa en su canción los deseos del hombre que
va por el río de la vida. *Amor* (v. 6) es el primero y así se señala el
designio romántico; *gloria* (v. 12), el segundo, para indicar el deseo
del triunfo, aquí en un dominio artístico, pues la voz del barquero es
también la del poeta; y *libertad* (v. 18), palabra de gran prestigio ar-
tístico, como lo demuestra la tan célebre «Canción del pirata», de
Espronceda, en la que el capitán proclama a los cuatro vientos:
«Que es mi barco mi tesoro, / que es mi Dios la libertad,...». Y tam-
bién palabra de prestigio político, por hallarse en el fondo del libe-
ralismo que se opone a la vieja política. Es una espléndida presenta-
ción que se podría rastrear en otros varios románticos de la literatura
europea. Sin embargo, Bécquer ya no siente el arrebato que impli-
can estas palabras; él está de vuelta, como si se lo hubieran desin-
flado, y así lo declara en el verso 25, en que contesta a los barque-
ros cantores, que los editores de 1871 modificaron: «Ha tiempo lo
hice; por cierto que aún tengo...».

Buen indicio de que Bécquer está en la salida del Romanticismo y
necesita encontrar un nuevo lenguaje literario para su poesía; esto lo
siente confusamente, pero es un dato que hemos de tener en cuenta en
la valoración de Bécquer como precursor de la modernidad.

* * *

LXXIII
(71)

Cerraron sus ojos
que aún tenía abiertos,
taparon su cara
con un blanco lienzo,
5 y unos sollozando,
otros en silencio,
de la triste alcoba
todos se salieron.

La luz que en un vaso
10 ardía en el suelo,
al muro arrojaba
la sombra del lecho;
y entre aquella sombra
veíase a intérvalos
15 dibujarse rígida
la forma del cuerpo.

Despertaba el día,
y, a su albor primero,
con sus mil ruidos,
20 despertaba el pueblo.
Ante aquel contraste
de vida y misterio,
de luz y tinieblas,
yo pensé un momento:

25 —*¡Dios mío, qué solos*
se quedan los muertos!

*

De la casa, en hombros,
lleváronla al templo
y en una capilla
30 dejaron el féretro.
Allí rodearon
sus pálidos restos
de amarillas velas
y de paños negros.

35 Al dar de las Ánimas,
el toque postrero,
acabó una vieja
sus últimos rezos;
cruzó la ancha nave,
40 las puertas gimieron,
y el santo recinto
quedóse desierto.

De un reloj se oía
compasado el péndulo,
45 y de algunos cirios
el chisporroteo.
Tan medroso y triste,
tan oscuro y yerto,
todo se encontraba
50 que pensé un momento:

—*¡Dios mío, qué solos*
se quedan los muertos!

*

De la alta campana
la lengua de hierro
55 le dio volteando
su adiós lastimero.

El luto en las ropas,
amigos y deudos
cruzaron en fila
60 formando el cortejo.

Del último asilo,
oscuro y estrecho,
abrió la piqueta
el nicho a un extremo.
65 Allí la acostaron,
tapiáronle luego
y con un saludo
despidióse el duelo.

La piqueta al hombro
70 el sepulturero,
cantando entre dientes,
se perdió a lo lejos.
La noche se entraba,
[reinaba el silencio];
75 perdido en las sombras,
yo pensé un momento:

—*¡Dios mío, qué solos*
se quedan los muertos!

*

En las largas noches
80 del helado invierno,
cuando las maderas
crujir hace el viento
y azota los vidrios
el fuerte aguacero,
85 de la pobre niña
a veces me acuerdo.

 Allí cae la lluvia
 con un son eterno;
 allí la combate
 90 el soplo del cierzo.
 Del húmedo muro
 tendido en el hueco,
 ¡acaso de frío
 se hielan sus huesos...!

 * * *

 95 ¿Vuelve el polvo al polvo?
 ¿Vuela el alma al cielo?
 ¿Todo es sin espíritu,
 podredumbre y cieno?
 No sé; pero hay algo
 100 que explicar no puedo,
 algo que repugna
 aunque es fuerza hacerlo,
 a dejar tan tristes,
 tan solos los muertos.

Es la *Rima* más larga (104 versos), que corre a través de un ro-
mancillo hexasílabo de una manera fluida que recuerda los grandes
aciertos poéticos de Góngora en sus versos cortos.

El romance, por los datos que expone R. Montesinos (1977: 87-
92), es una de las más tempranas piezas de Bécquer; anduvo en
borradores, primero referido a un hombre, algún amigo, y luego a una
muchacha, Trinidad, muerta en 1854, cuando Bécquer contaba die-
ciocho años. Su inclusión en el *Libro de los gorriones* valió para di-
fundir una afortunada obra lírica, a la vez ingenua y precozmente
madura; sólo el verso 74 se basa en la edición de 1871. En el *Libro
de los gorriones,* el verso decía: «el sol se había puesto».

Observemos la asombrosa fluidez de esta poesía, sólo interrum-
pida por un estribillo que se repite tres veces (vv. 25-26, 51-52 y

77-78) y que Bécquer en el *Libro de los gorriones* escribió con letra recta frente a la cursiva, común del resto de la obra. Y esto recuerda la disposición de las piezas menores gongorinas y de otros autores de los Siglos de Oro. De esta manera la esencia poética desprendida del conjunto, *¡Dios mío, qué solos | se quedan los muertos!,* se reitera en tres lugares equilibrados. Excelente juego entre la fluencia y sus partes, muy sencillo pero de gran eficacia literaria.

El estribillo es resumen de lo que se narra y luego se medita y finalmente trasciende. La pieza es un ejemplo de la difícil facilidad aprendida pronto y reivindicada luego, en la que Bécquer es maestro, y cuyo valor poético habría percibido muy pronto.

La muerte es un tema universal en la literatura; su percepción, y más aún en los adolescentes, es una experiencia humana general. Los románticos usaron y abusaron de su significación literaria. Bécquer, como en la *Rima* anterior, señala a su aire la salida del tratamiento. Aquí lo plantea desde la sencillez hasta la complejidad. Sencilla es la descripción del entierro de una pobre niña, la vecinita del barrio, en lo que, por el contexto, pensamos que era el contorno habitual del joven que iba para poeta. Lo que cuenta es un episodio común de la vida en la que se hallaba inmerso; él fue un testigo más del suceso, pero no indiferente. Más adelante, cuando recuerda el episodio, lo hace con igual verismo, y lo que tuvo su pique de sentimiento, se trasciende a la filosofía y llega hasta la misma religión: ¿qué ocurre con el alma después de la muerte? El poeta es modesto: el *no sé* (v. 99) es una confesión de la impotencia humana, signo de su honestidad intelectual, y no una respuesta. Pero esta misma trascendencia de la muerte queda sobrepasada por una verdad que todos hemos conocido alguna vez: la soledad que los que están vivos perciben en los cementerios, una soledad sustantiva e hiriente, de resonancia sentimental. Bécquer lo dice todo sin alardear, con moderación, más bien con humildad expresiva, la que corresponde a estos asuntos que son humanos por su universalidad. Y esto fue lo que dio popularidad creciente a esta *Rima,* hasta el punto de que su estribillo es hoy una expresión común, casi una frase hecha que la mayor parte de los españoles conoce y que ha usado más de una vez.

* * *

LXXIV
(24)

Las ropas desceñidas,
desnudas las espadas,
en el dintel de oro de la puerta
dos ángeles velaban.

5 Me aproximé a los hierros
que defienden la entrada,
y de las dobles rejas en el fondo
la vi confusa y blanca.

La vi como la imagen
10 que en leve ensueño pasa,
como rayo de luz tenue y difuso
que entre tinieblas nada.

Me sentí de un ardiente
deseo llena el alma;
15 como atrae un abismo, aquel misterio
hacia sí me arrastraba.

Mas ¡ay! que, de los ángeles,
parecían decirme las miradas:
—El umbral de esta puerta
20 sólo Dios lo traspasa.

Rima un tanto formularia entre las otras de Bécquer. Aquí se re-
fiere a su pasión de arqueólogo-poeta en la evocación de una tumba
protegida por rejas dentro de una iglesia. No era necesario que él
conociese a la enterrada; lo que sentía era la atracción del misterio
de la muerte, potenciada por ser ella mujer y porque la visión ocurre

entre piedras noblemente artísticas que aún conservan la belleza de sus rasgos físicos.

Los ángeles que guardan la tumba, como las mujeres, ellos también hablan con la mirada. Dos palabras en los versos 3 y 19 marcan el ámbito de la consideración: *dintel,* la parte superior de la entrada, y *umbral,* la inferior, y son indicativos de «cielo y tierra»; y por medio, un hombre que quiere penetrar en el misterio, pues para eso se siente poeta.

* * *

LXXV
(23)

 ¿Será verdad que, cuando toca el sueño,
con sus dedos de rosa, nuestros ojos,
de la cárcel que habita huye el espíritu
 en vuelo presuroso?

5 ¿Será verdad que, huésped de las nieblas,
de la brisa nocturna al tenue soplo,
alado sube a la región vacía
 a encontrarse con otros?

 ¿Y allí desnudo de la humana forma,
10 allí los lazos terrenales rotos,
breves horas habita de la idea
 el mundo silencioso?

 ¿Y ríe y llora y aborrece y ama
y guarda un rastro del dolor y el gozo,
15 semejante al que deja cuando cruza
 el cielo un meteoro?

 Yo no sé si ese mundo de visiones
 vive fuera o va dentro de nosotros.
 Pero sé que conozco a muchas gentes
20 a quienes no conozco.

El ritmo interrogativo domina las cuatro primeras estrofas, que así
se balancean sucesivamente en una duda sin solución. Y el balanceo
de la duda acompaña la progresión del alma cuando el cuerpo está
dormido. La anáfora *Será verdad...* (vv. 1 y 5) impone su dominio.

El intento de exponer este viaje nocturno del espíritu es signo de
innovación; los *dedos de rosa* del sueño (v. 2), la condición de *hués-
ped de las nieblas* (v. 5) y la levedad de la luz del *meteoro* (v. 16)
son aciertos para insinuar lo que sólo puede indicarse de lejos, y
aun confusamente.

Y todo se precipita al recobrar la entonación objetiva para comu-
nicar algo que es intensamente subjetivo. Bécquer, con su modestia
cognoscitiva de siempre, escribe *Yo no sé...* (v. 17), y luego sigue
esa tremenda afirmación de conocer a quien no conoce, crecida con
la reiteración del verbo para que todo quede así más confuso.

 * * *

 LXXVI
 (74)

 En la imponente nave
 del templo bizantino,
 vi la gótica tumba a la indecisa
 luz que temblaba en los pintados vidrios.

5 Las manos sobre el pecho,
 y en las manos un libro,
 una mujer hermosa reposaba
 sobre la urna, del cincel prodigio.

Del cuerpo abandonado,
10 al dulce peso hundido,
cual si de blanda pluma y raso fuera,
se plegaba su lecho de granito.

De la sonrisa última
el resplandor divino .
15 guardaba el rostro, como el cielo guarda
del sol que muere el rayo fugitivo.

Del cabezal de piedra
sentados en el filo,
dos ángeles, el dedo sobre el labio,
20 imponían silencio en el recinto.

No parecía muerta;
de los arcos macizos
parecía dormir en la penumbra,
y que en sueños veía el paraíso.

25 Me acerqué de la nave
al ángulo sombrío
con el callado paso que llegamos
junto a la cuna donde duerme un niño.

La contemplé un momento,
30 y aquel resplandor tibio,
aquel lecho de piedra que ofrecía
próximo al muro otro lugar vacío,

en el alma avivaron
la sed de lo infinito,
35 el ansia de esa vida de la muerte
para la que un instante son los siglos...

*

 Cansado del combate
 en que luchando vivo,
 alguna vez me acuerdo con envidia
40 de aquel rincón oscuro y escondido.

 De aquella muda y pálida
 mujer me acuerdo y digo:
 —¡Oh, qué amor tan callado, el de la muerte!
 ¡Qué sueño el del sepulcro, tan tranquilo!

Los editores amigos de Bécquer escogieron esta *Rima* para que
cerrara el libro de sus poesías. De entre los comentarios que se pu-
blicaron poco después de su aparición, y que reúne R. Pageard
(1990: 553-554) en su edición, hay uno del gran novelista español
Benito Pérez Galdós, que viene aquí muy en su punto. El autor de
tan amplias novelas y de los extensos *Episodios Nacionales* destacó
esta *Rima,* que para él sería una minucia literaria, en estos términos:
«De cualquier modo que se la considere, es una composición de ra-
rísimo interés, y una de las más bellas que se han escrito en lengua
castellana» *(El Debate,* 13 de noviembre de 1871).

Aún hoy conserva su encanto. En ella se reúnen los rasgos que
hemos señalado en otras de sus *Rimas* y que mejor definen la poesía
de Bécquer. El poeta es el arqueólogo de siempre, no de amplia
ciencia, pero sí de intenso sentimiento. Está enamorado de las pie-
dras labradas con primor por la mano del hombre, y por eso las di-
buja en sus cuadernos, como si con eso resguardase mejor sus for-
mas de la destrucción inevitable del paso del tiempo. R. Pageard
pudo ver la fotografía del dibujo de una tumba cercada en la que ha-
bía un arco, el cual trazó el propio Bécquer; en el papel se copió una
versión de esta *Rima,* y por alrededor otros dibujos.

El motivo de la *Rima* pudo haber sido un monumento concreto,
y suficientes había visto Bécquer en sus viajes. Se trata de un tem-
plo *bizantino* (v. 2), según la terminología de la época (acaso romá-
nico, diríamos hoy, palabra cuya aplicación concreta es posterior a
los tiempos de Bécquer). La tumba es *gótica* (v. 3), otro tecnicismo

artístico, y luego viene el acierto descriptivo del poeta que se siente arqueólogo. Toda la significación del templo se concentra en la imagen escultórica de la mujer que él admira sin la exigencia de la carne, sólo espíritu, pero no etéreo sino laboriosamente trabajado en la piedra. Y entonces crece en él la atracción por un lugar vacío, otra tumba cercana a la pétrea figura, sin ocupante: belleza de las formas en la piedra labrada y una ausencia que él quisiera llenar: amor en la muerte, sueño del sepulcro que no tiene despertar.

Es una de las últimas y más delicadas estilizaciones del Romanticismo; es como una suma (y todo el Bécquer más íntimo se halla aquí representado) y sigue (la indicación de lo que será el curso siguiente de la poesía). Una oscura intuición salvadora, al menos, en tanto que lo que quiso expresar se comunicó en cifra de legítima poesía.

* * *

[Las tres *Rimas* que siguen figuran en el *Libro de los gorriones,* pero no se hallan en la edición de 1871.]

44

Dices que tienes corazón, y sólo
lo dices porque sientes sus latidos.
Eso no es corazón...; es una máquina,
que, al compás que se mueve, hace ruido.

Esta *Rima* figura en el *Libro* entre la XVI y la LXI, sin que esté tachada. ¿No gustó a los amigos de Bécquer precisamente por su modernidad mecánica? La imagen procede de una máquina de vapor de las que había en las incipientes fábricas o las mismas del ferrocarril, que el propio Bécquer había conocido. Es como la cara irónica de Bécquer, la vía de un humor negro.

* * *

48

Fingiendo realidades
con sombra vana,
delante del Deseo
va la Esperanza.

5 Y sus mentiras,
 como el fénix, renacen
 de sus cenizas.

También escrita en el *Libro de los gorriones,* entre las *Rimas*
LXV y LXIX, y sin tachar. Resulta una poesía floja: demasiado
breve y al mismo tiempo demasiado recargada de grandes concep-
tos que casi revientan la delicada —y delgada— piel lingüística de
los escritos de Bécquer. Además, esa palabra *fénix* (v. 6), ave fabulosa
que renace de sus cenizas, resulta un término humanístico en ex-
ceso que desorienta al lector; y más, con ritmo de seguidilla.

* * *

55

 Una mujer me ha envenenado el alma,
 otra mujer me ha envenenado el cuerpo;
 ninguna de las dos vino a buscarme,
 yo de ninguna de las dos me quejo.

5 Como el mundo es redondo, el mundo rueda;
 si mañana, rodando, este veneno
 envenena a su vez ¿por qué acusarme?
 ¿Puedo dar más de lo que a mí me dieron?

Esta *Rima* en el *Libro de los gorriones* está entre la XXXVI y la
LXII, y aparece tachada con un aspa, pero esto permite leerla sin
problemas de interpretación.

El planteamiento inicial es un tema romántico de orden general,
y el amor como veneno del alma se repite en otros autores (Musset
y Heine), como señala R. Pageard (ed., 1990: 376-377). Lo que hizo
que la *Rima* se censurase fue que el veneno, si bien aparece como

imagen de un proceso espiritual doloroso, y esto es lo común, luego se menciona claramente en el verso 2 como la representación de una enfermedad (la sífilis, que se transmite por vía sexual); la dureza de la mención hubiese conmocionado a los lectores, y más si se entendía que la *Rima* fuese autobiográfica.

La segunda estrofa resulta aún peor desde un punto de vista moral; la insistencia en repetir palabras relacionadas con el verbo «rodar»: *rueda* (v. 5), *rodando* (v. 6) y su semejanza fonética con *redondo* (v. 5), o sea, propicio para rodar, crea la impresión de algo que corre sin freno posible y que justifica la acción reprobable que enuncia el poeta fríamente en el verso 8. Bécquer se muestra aquí de un realismo atroz, que podría golpear al lector y más aún a la lectora que llegara a leer esta pieza. Sobre otras versiones de la misma, véase el estudio de Juan María Díez Taboada «Textos olvidados de Gustavo Adolfo Bécquer: una nueva *Rima* y una nueva versión», *Revista de Literatura*, XLIII, 86, 1981, págs. 76-81.

LEYENDAS

CRITERIO DE ESTA EDICIÓN

La edición que publicamos de las *Leyendas* en el volumen 41 de esta Colección Austral era una selección de las obras a las que Bécquer atribuyó específicamente esta denominación, y otras más. Aquí, por razón del espacio editorial, elegimos de entre aquellas las que podían resultar más características y variadas, dentro de la intención que reconocemos en Bécquer de trazar una imagen literaria de la España legendaria, tal como él expuso a los lectores de los periódicos en donde se publicaban estas *Leyendas*. La primera y la última de estas obras en prosa aquí recogidas no son «leyendas» en la denominación del autor; y lo hemos hecho, en el caso de la primera, para ampliar la perspectiva de la literatura becqueriana hacia Oriente, espacio de su predilección; y en el de la otra, para mostrar cómo él percibía su propio tiempo madrileño como periodista.

Todo orden posible de las *Leyendas* acaba por ser convencional. Indicamos en cada una la fecha de su publicación, para que el lector tenga una referencia de su orden cronológico.

En algunos casos imprimimos en letra cursiva la parte de introducción que corre a cargo del relator de la misma y también la de cierre, cuando hemos observado que Bécquer quería hacer patente la diferencia entre la presentación o el cierre y la materia legendaria propiamente dicha. Situamos entre

corchetes los añadidos que hemos creído conveniente entremeter en la obra de Bécquer, justificados en las notas. Además añadimos al pie del texto de la leyenda las notas adecuadas para aclarar palabras, o por ser arcaísmos, o por pertenecer a algún campo de especialización o por resultar hoy desusadas, así como algunos datos para la mejor inteligencia del texto en relación con la época y con la vida y obra de Bécquer.

Al principio de cada leyenda, situamos una breve presentación, con la indicación de dónde se publicó y su fecha. También añadimos algunos comentarios sobre su peculiaridad en el conjunto y alguna indicación bibliográfica.

F. L. E. y M. T. L. G.-B.

LA CREACIÓN

(POEMA INDIO)

Bécquer publicó esta obra en *El Contemporáneo* el 6 de junio de 1861. Es una libre interpretación de varios motivos de la cosmogonía india que pudo conocer probablemente a través de los libros y revistas franceses, en donde abundaron las referencias a los libros sagrados védicos. Noticias de esta clase se encuentran en Joseph-Arthur, conde de Gobineau (1816-1882), y en Victor Hugo (1802-1885), «hindú sin saberlo». La vía hacia España fue estudiada por R. Benítez (1971: 109-136).

La primera de las obras que de esta clase publicó fue una «tradición india» (como él la llama), *El caudillo de las manos rojas,* que apareció en *La Crónica* (29 y 30 de mayo, y 1, 2, 5, 6, 11 y 12 de junio de 1858). *La Creación* es más breve, y tiene unas dimensiones análogas a las otras leyendas con las que la reunió, pues cupo en un número de la revista. En ella Bécquer concentra su afición por la India y su antigua cultura, y le da una conformación sorprendente. Esta predilección había sido uno de los puntos de partida para su poesía, pues en *El caudillo de las manos rojas* se manifiesta, según indicó R. Brown, «ya antes de publicarse ninguna *Rima,* la especial sensibilidad poética y el mismísimo vocabulario que caracterizará la auténtica lírica becqueriana» *(Bécquer,* ob. cit., pág. 94). En la brevedad de *La Creación* minimiza en la forma de un juguete poético la gran expansión que había tenido en el siglo XIX en Europa el conocimiento de los libros sagrados indios en los medios filosóficos y científicos, de donde había trascendido a la literatura.

Es posible que esta narración sorprenda al lector; es un aspecto más de la varia obra de Bécquer, que aquí da forma literaria a un asunto que puede parecer lejano a las *Rimas* y a las *Leyendas* que siguen. El relato es una demostración de la fantasía del escritor, que elabora una materia muy diferente de la europea, y en particular de la española.

En *El caudillo de las manos rojas,* Bécquer había usado (y abusado) de los nombres indios que daban un tinte exótico al relato. En *La Creación* quita énfasis y gravedad a los libros sagrados y a sus comentaristas, y adopta una actitud entre benévola y humorística: parece que todo queda reducido a un juego de niños, pues eso son al fin y al cabo los *gandharvas* que se mueven con inquietud y atrevimiento en la pieza. La piececilla está escrita con un toque de escepticismo sobre la humanidad (obsérvese que no hay ninguna individualización). R. Brown escribe que *La Creación* «puede compararse con lo mejor de la literatura de fantasía para niños» (1963, pág. 173). Bécquer pone así cerca de sus lectores, sean grandes o chicos, la compleja trama de cuentos y personajes hindúes y, al mismo tiempo, logra conservar un aire de exotismo que fue una novedad en la época. El escritor, sin embargo, no siguió mucho más allá por ese camino, pero es evidente que el espiritualismo indio convenía con su concepción de la vida. Quede aquí consignado este aspecto de su obra que, en contraste con la españolidad de las precedentes, nos evoca un mundo lejano y accesible entonces para él, y para otros muchos, sólo por la intuición poética. Por eso la titula *Poema indio* aun estando escrito en prosa; y ese es también el motivo de la peculiar disposición tipográfica de la obra que refleja una presentación gráfica consistente en una sucesión de breves capítulos con una unidad armoniosa de sentidos y forma sintáctica.

Una obra de esta clase representa una novedad en el orientalismo del Romanticismo español, que había situado este rasgo en la propia Andalucía árabe, el oriente cercanísimo y propio. Bécquer, por su parte, pone la nota de orientalismo en la India, y en esto lo seguiría, entre otros, Juan Valera, traductor de episodios del *Mahâbhârata,* y la corriente llega a su cota más alta en la dedicación de Juan Ramón Jiménez a Rabindranath Tagore. Esa es la vía hacia la prosa poética que había de afirmar Juan Ramón Jiménez sobre todo en *Platero y yo,* un libro infantil en las apariencias, pero de suma complejidad.

I

Los aéreos picos del Himalaya se coronan de nieblas oscuras, en cuyo seno hierve el rayo, y sobre las llanuras que se extienden a sus pies flotan nubes de ópalo, que derraman sobre las flores un rocío de perlas.

Sobre la onda pura del Ganges se mece la simbólica flor del loto, y en la ribera aguarda su víctima el cocodrilo, verde como las hojas de las plantas acuáticas que lo esconden a los ojos del viajero.

En las selvas del Indostán hay árboles gigantescos, cuyas ramas ofrecen un pabellón al cansado peregrino, y otros cuya sombra letal lo lleva desde el sueño a la muerte[1].

El amor es un caos de luz y de tinieblas; la mujer, una amalgama de perjurios y ternura; el hombre, un abismo de grandeza y pequeñez; la vida, en fin, puede compararse a una larga cadena con eslabones de hierro y de oro.

II

El mundo es un absurdo animado que rueda en el vacío para asombro de sus habitantes.

No busquéis su explicación en los *Vedas*[2], testimonios de las locuras de nuestros mayores, ni en los *Puranas*[3], donde,

[1] R. Benítez (1971: 77) anota que se trataba del *açoka,* árbol de la mitología védica, cuya sombra produce la muerte.

[2] *Vedas:* es el nombre genérico de los libros sagrados primitivos de la India y que son la base del culto védico.

[3] *Puranas:* son los dieciocho poemas sagrados de los indios que contienen un gran número de tradiciones relativas a su Cosmogonía y Teogonía y que sirven de comentarios a los Vedas. Fueron divulgados por Europa sobre todo por la traducción de Eugène Burnouf, *Bhâgavata Pourâna. Histoire poética de Krishna,* París, 1840-1847.

vestidos con las deslumbradoras galas de la poesía, se acumulan disparates sobre disparates acerca de su origen.

Oíd la historia de la creación tal como fue revelada a un piadoso brahmín, después de pasar tres meses en ayunas inmóvil en la contemplación de sí mismo y con los índices levantados hacia el firmamento.

III

Brahma[4] es punto de la circunferencia: de él parte y a él converge todo; no tuvo principio, ni tendrá fin.

Cuando no existían ni el espacio ni el tiempo, Maya[5] flotaba a su alrededor como una niebla confusa, pues, absorto en la contemplación de sí mismo, aún no la había fecundado con sus deseos.

Como todo cansa, Brahma se cansó de contemplarse, y levantó los ojos de una de sus cuatro caras y se encontró consigo mismo, y abrió airado los de otra y tornó a verse, porque él lo ocupaba todo, y todo era él.

La mujer hermosa, cuando pule el acero y contempla su imagen, se deleita en sí misma, pero al cabo busca otros ojos donde fijar los suyos, y si no los encuentra, se aburre.

Brahma no es vano como la mujer, porque es perfecto. Figuraos si se aburría de hallarse solo, solo en medio de la eternidad y con cuatro pares de ojos para verse.

[4] *Brahma:* uno de los tres dioses de la trinidad hindú, el más antiguo; representa el aspecto creador de la divinidad y es infinitamente bueno y perfecto, *Brahma* es el sacerdote de Brahma, hoy llamado más comúnmente *brahmán.*

[5] *Maya:* madre de la naturaleza y de los dioses de segundo orden, relacionada con Brahma, encarna la ilusión cósmica, el conjunto de los fenómenos engañosos y cambiantes que acompañan la vida del hombre y es causa de la individualidad de los seres.

IV

Brahma deseó por primera vez, y su deseo, fecundando a la creadora Maya que lo envolvía, hizo brotar de su seno millones de puntos de luz, semejantes a esos átomos microscópicos y encendidos que nadan en el rayo del sol que penetra por entre la copa de los árboles.

Aquel polvo de oro llenó el vacío, y al agitarse produjo miríadas de seres, destinados a entonar himnos de gloria a su creador.

Los *gandharvas*[6], o cantores celestes, con rostros hermosísimos, sus alas de mil colores, sus carcajadas sonoras y sus juegos infantiles, arrancaron a Brahma la primera sonrisa, y de ella brotó el Edén[7]: el Edén con sus ocho círculos, las tortugas y los elefantes que los sostienen, y su santuario en la cúspide.

V

Los chiquillos fueron siempre chiquillos: bulliciosos, traviesos e incorregibles, comienzan por hacer gracia; una hora después aturden y concluyen por fastidiar. Una cosa muy parecida debió de acontecerle a Brahma cuando, apeándose del gigantesco cisne que como un corcel de nieve lo paseaba por el cielo, dejó aquella turbamulta de *gandharvas* en los círculos inferiores y se retiró al fondo de su santuario.

Allí, donde no llega ni un eco perdido, ni se percibe el rumor más leve; donde reina el augusto silencio de la soledad,

[6] *gandharvas:* son los que más se agitan en la obra de Bécquer, que los presenta como unos geniecillos infantiles y traviesos. En la doctrina brahmánica son una especie de demonios o espíritus inferiores a los dioses y viven en el *Gandharva-Loka,* paraíso inferior, situado encima de la tierra; se consideran como aficionados a la música y cercanos a las mujeres.

[7] *Edén:* Bécquer se vale de esta palabra de origen hebreo, en donde significa «deleite» y la aplica a la cosmología brahmánica.

y su profunda calma convida a las meditaciones, Brahma, buscando una distracción con que matar su eterno fastidio, después de cerrar la puerta con dos vueltas de llave, entregóse a la alquimia.

VI

Los sabios de la tierra, que pasan su vida encorvados sobre antiguos pergaminos, que se rodean de mil objetos misteriosos y conocen las extrañas propiedades de las piedras preciosas, los metales y las palabras cabalísticas, hacen, por medio de esta ciencia, transformaciones increíbles. El carbón lo convierten en diamantes, la arcilla en oro; descomponen el agua y el aire, analizan la llama y arrancan al fuego el secreto de la vitalidad y la luz.

Si todo esto consigue un mortal miserable con el reflejo de su saber, figuraos por un instante lo que haría Brahma, que es el principio de toda ciencia [8].

VII

De un golpe creó los cuatro elementos, y creó también a sus guardianes: Agnis [9], que es el espíritu de las llamas; Vajous [10], que aúlla montado en el huracán; Varunas [11], que se revuelve en los abismos del Océano, y Prithivi [12], que co-

[8] Bécquer aprovecha esta comparación para insertar una breve estampa que evoca la actividad del sabio en la Edad Media, y que, según el gusto romántico, sitúa en la nigromancia y las artes ocultas que se enlazan con la cultura oriental.

[9] *Agnis:* divinidad del fuego en los libros védicos; es a la vez intercesor de los hombres cerca de los dioses y devorador de los mismos.

[10] *Vajous:* versión francesa de Vayú, dios del aire y de los sonidos.

[11] *Varunas:* es el dios del mar y de las aguas; a veces es benéfico y otras arrastra las almas al fondo del mar para atormentarlas.

[12] *Prithivi:* es la diosa de la tierra, esposa de Dyos, el cielo, y madre de todos los seres, dioses y hombres.

noce todas las cavernas subterráneas de los mundos y vive en el seno de la creación.

Después encerró en redomas transparentes y de una materia nunca vista gérmenes de cosas inmateriales e intangibles: pasiones, deseos, facultades, virtudes, principios de dolor y de gozo, de muerte y de vida, de bien y de mal. Y todo lo subdividió en especies y lo clasificó con diligencia exquisita, poniéndole un rótulo escrito a cada una de las redomas.

VIII

La turba de rapaces, que ensordecía en tanto con sus voces y sus ruidosos juegos los círculos inferiores del Paraíso, echó de ver la falta de su señor. «¿Dónde estará?», exclamaban los unos. «¿Qué hará?», decían entre sí los otros; y no eran parte a disminuir el afán de los curiosos las columnas de negro humo que veían salir en espirales inmensas del laboratorio de Brahma, ni los globos de fuego que desde el mismo punto se lanzaban volteando al vacío, y allí giraban como en una ronda luminosa y magnífica.

IX

La imaginación de los muchachos es un corcel, y la curiosidad, la espuela que lo aguijonea y lo arrastra a través de los proyectos más imposibles. Movidos por ella, los microscópicos cantores comenzaron a trepar por las piernas de los elefantes que sustentan los círculos del cielo, y de uno en otro se encaramaron hasta el misterioso recinto donde Brahma permanecía aún absorto en sus especulaciones científicas.

Una vez en la cúspide, los más atrevidos se agruparon alrededor de la puerta; y unos por el ojo de la llave y otros por entre

las rendijas y claros de los mal unidos tableros, penetraron con la mirada en el inmenso laboratorio objeto de su curiosidad.

El espectáculo que se ofreció a sus ojos no pudo menos de sorprenderles.

X

Allí había diseminadas, sin orden ni concierto, vasijas y redomas colosales de todas las hechuras y colores. Esqueletos de mundos, embriones de astros y fragmentos de lunas yacían confundidos con hombres a medio modelar, proyectos de animales monstruosos sin concluir, pergaminos oscuros, libros en folio e instrumentos extraños. Las paredes estaban llenas de figuras geométricas, signos cabalísticos y fórmulas mágicas; y en medio del aposento, en una gigantesca marmita colocada sobre una lumbre inextinguible, hervían con ruido sordo mil y mil ingredientes sin nombre, de cuya sabia combinación habían de resultar las creaciones perfectas.

XI

Brahma, a quien apenas bastaban sus ocho brazos y sus dieciséis manos para tapar y destapar vasijas, agitar líquidos y remover mixturas, tomaba algunas veces un gran canuto, a manera de cerbatana, y así como los chiquillos hacen pompas de jabón valiéndose de las cañas del trigo seco, le sumergía en el licor, se inclinaba después sobre los abismos del cielo y soplaba en una punta, apareciendo en la otra un globo candente, que, al lanzarse, comenzaba a girar sobre sí mismo, y al compás de los otros que ya flotaban en el espacio.

XII

Inclinado sobre el abismo sin fondo, el creador les seguía con una mirada satisfecha; y aquellos mundos luminosos y perfectos, poblados de seres felices y hermosísimos sobre

toda ponderación, que son esos astros que, semejantes a los soles, vemos aún en las noches serenas, entonaban un himno de alegría a su dios, girando sobre sus ejes de diamante y oro con una cadencia majestuosa y solemne.

Los pequeñuelos *gandharvas,* sin atreverse ni aun a respirar, se miraban espantados entre sí, llenos de estupor y miedo ante aquel espectáculo grandioso.

XIII

Cansóse Brahma de hacer experimentos, y abandonando el laboratorio, no sin haberle echado, al salir, la llave, y guardándola en el bolsillo, tornó a montar sobre su cisne con objeto de tomar el aire. Pero ¡cuál no sería su preocupación cuando él, que todo lo ve y todo lo sabe, no advirtió que, abstraído en sus ideas, había echado la llave en falso! No le pasó lo mismo a la inquieta turba de rapaces que, notando el descuido, le siguieron a la larga distancia con la vista, y cuando se creyeron solos, uno empuja poquito a poco la puerta, este asoma la cabeza, aquel adelanta el pie, acabaron por invadir el laboratorio, tardando muy poco en encontrarse en él como en su casa.

XIV

Pintar la escena que entonces se verificó en aquel recinto sería imposible.

Primeramente examinaron todos los objetos con el mayor asombro; luego se atrevieron a tocarlos, y al fin terminaron por no dejar títere con cabeza. Echaron pergaminos en la lumbre para que sirviera de pasto a las llamas; destaparon las redomas, no sin quebrar algunas; removieron las vasijas derramando su contenido, y después de oler, probar y revolverlo todo, los unos se colgaron de los soles y estrellas aún no concluidos y pendientes de las bóvedas para secarse; los

otros se subían por las osamentas de los gigantescos animales
cuyas formas no habían agradado al señor. Y arrancaron las
hojas de los libros para hacer mitras de papel, y se colocaron
los compases entre las piernas, a guisa de caballo, y rompieron
las varas de virtudes misteriosas, alanceándose [13] con ellas.

Por último, cansados de enredar, decidieron hacer un
mundo tal y como lo habían visto hacer.

XV

Aquí comenzó el gran bullicio, la confusión y las carcaja-
das. La marmita estaba candente. Llegó el uno, vertió un lí-
quido en ella y se levantó una columna de humo. Luego vino
otro, arrojó sobre aquel un elixir misterioso que contenía una
redoma, con la que llegó casi sin aliento hasta el borde del
receptáculo: tan grande era la vasija y tan rapazuelo su con-
ductor. A cada nuevo ingrediente que arrojaban en la mar-
mita se elevaban de su fondo llamaradas azules y rojas, que
saludaba la alegre muchedumbre con gritos de júbilo y riso-
tadas interminables.

XVI

Allí mezclaron y confundieron todos los elementos del
bien y del mal, el dolor y la alegría, la fealdad y la hermo-
sura, la abnegación y el egoísmo, los gérmenes del hielo,
destinados a mundos hechos de manera que el frío causase
una fruición deleitosa en sus habitantes, y los del calor, com-
puestos para globos cuyos seres se habían de gozar en las lla-
mas, y revolvieron los principios de la divinidad, el espíritu

[13] *alanceándose:* los geniecillos habían convertido en sus juegos las va-
ras de las virtudes en las lanzas.

con la grosera materia, la arcilla y el fango, confundiendo en un mismo brebaje la impotencia y los deseos, la grandeza y la pequeñez, la vida y la muerte.

Aquellos elementos tan contrarios rabiaban al verse juntos en el fondo de la marmita.

XVII

Hecha la operación, uno de ellos, se arrancó una pluma de las alas, le cortó las barbas con los dientes y, mojando lo restante en el líquido, fue a inclinarse sobre el abismo sin fondo, y sopló, y apareció un mundo. Un mundo deforme, raquítico, oscuro, aplastado por los polos, que volteaba a medio ganchete [14], con montañas de nieve y arenales encendidos, con fuego en las entrañas y océanos en la superficie, con una humanidad frágil y presuntuosa, con aspiraciones de dios y flaquezas de barro. El principio de muerte, destruyendo cuanto existe, y el principio de vida con conatos de eternidad, reconstruyéndolo con sus mismos despojos: un mundo disparatado, absurdo, inconcebible: nuestro mundo en fin.

Los chiquillos que lo habían formado, al mirarle rodar en el vacío de un modo tan grotesco, le saludaron con una inmensa carcajada, que resonó en los ocho círculos del Edén.

XVIII

Brahma, al escuchar aquel ruido, volvió en sí y vio cuanto pasaba, y lo comprendió todo. La indignación llameó en sus pupilas. Su airado acento atronó el cielo y amedrentó a la

[14] *a medio ganchete:* es una expresión adverbial que significa «a medio hacer, sin acabar, imperfectamente».

turba de muchachos, que huyó sobrecogida y dispersa a pun-
tapiés, y ya tenía levantada la mano sobre aquella deforme
creación para destruirla, ya el solo amago había producido
en ella esa gran catástrofe, que aún recordamos con el nom-
bre de Diluvio, cuando uno de los *gandharvas,* el más tra-
vieso, pero el más mono, se arrojó a sus plantas diciendo
entre sollozos:

—¡Señor, señor, no nos rompas nuestro juguete!

XIX

Brahma es grave, porque es dios, y sin embargo, tuvo que
hacer un gran esfuerzo al oír estas palabras para no dejar re-
ventar la risa que le retozaba en los ojos. Al cabo, reponién-
dose, exclamó:

—¡Id, turba desalmada e incorregible! ¡Marchaos donde
no os vea más con vuestra deforme criatura! Ese mundo no
debe, no puede existir, porque en él hasta los átomos pelean
con los átomos [15], pero marchad, os repito. Mi esperanza es
que en poder vuestro no durará mucho...

Dijo Brahma, y los chiquillos, dándose empellones y rién-
dose descompasadamente y arrojando gritos descomunales,
se lanzaron en pos de nuestro globo, y este le da por aquí, el
otro le hurga por allá... Desde entonces ruedan con él por
el cielo, para asombro de los otros mundos y desesperación
de sus habitantes.

Por fortuna nuestra, Brahma lo dijo, y sucederá así. Nada
hay más delicado ni más temible que las manos de los chi-
quillos; en ellas el juguete no puede durar mucho.

[15] No podía saber Bécquer lo terrible que sería que átomos luchasen con
átomos en la humanidad de nuestra época.

LA ROSA DE PASIÓN

(LEYENDA RELIGIOSA [DE TOLEDO])

Leyenda y tradición a un tiempo (pues ambas palabras aparecen en la introducción que imprimimos en cursiva), Bécquer nos ofrece aquí el resumen literario de una de las *consejas* (como él las llama) de carácter folklórico sobre los judíos de Toledo. La figura del judío avaro y sin entrañas, que sacrifica a su propia hija, está descrita de acuerdo con la tradición teatral europea de Shakespeare y de Molière (R. Benítez, 1971, pág. 33). Bécquer escribe como si lo que dice el judío en la narración pudiera interpretarse teatralmente sobre un escenario. Como indica en la introducción, la informante del periodista es, en este caso, «una muchacha muy buena y muy bonita» que, con manifiesta ingenuidad, se afana por acumular maldades sobre Daniel Leví. No hay, pues, intención antisemita en el hecho de que Bécquer recoja esta *conseja,* término que acoge, según la definición de M. Moliner en su *Diccionario,* la narración de un suceso fantástico que se refiere como sucedido en tiempo lejano. El relato conviene con la intención de las leyendas recogidas por Bécquer, que se limita a darles forma a su manera, tal como las oye, dejando el encanto de lo que se cuenta a cargo de la muchacha, que tiene en sus manos la rosa de pasión, símbolo de Sara, la conversa mártir, una metamorfosis, aquí de signo cristiano. Este relato apareció en *El Contemporáneo* el día 24 de marzo de 1864.

Una tarde de verano, y en un jardín de Toledo, me refirió esta singular historia una muchacha muy buena y muy bonita.

Mientras me explicaba el misterio de su forma especial, besaba las hojas y los pistilos que iba arrancando, uno a uno, de la flor que da nombre a esta leyenda [1].

Si yo la pudiera referir con el suave encanto y la tierna sencillez que tenía en su boca, os conmovería, como a mí me conmovió, la historia de la infeliz Sara.

Ya que esto no es posible, ahí va lo que de esa piadosa tradición se me acuerda en este instante.

I

En una de las callejas [2] más oscuras y tortuosas de la ciudad imperial, empotrada y casi escondida entre la alta torre morisca de una antigua parroquia muzárabe y los sombríos y blasonados muros de una casa solariega, tenía hace muchos años su habitación raquítica, tenebrosa y miserable como su dueño, un judío llamado Daniel Leví [3].

Era este judío rencoroso y vengativo, como todos los de su raza, pero más que ninguno engañador e hipócrita.

[1] Sobre esta flor, véase lo que decimos en la nota última de esta *Leyenda* cuando Bécquer la llama *flor de pasión,* como es el título de la misma.

[2] Según Vidal Benito, en *Bécquer y Toledo* (ob. cit. en la bibliografía pág. 29) es la calle de San Ildefonso, y la torre que menciona es la mudéjar de la iglesia de Santa Leocadia.

[3] Obsérvese cómo Bécquer, en el mismo comienzo de su relato, reúne para caracterizar a Toledo la indicación de ciudad *imperial* (Siglos de Oro), la mención de la torre *morisca* (mudéjar) de la parroquia que él califica como *muzárabe,* de la casa *solariega* (propia de cristianos viejos) y de la casa del *judío.* Es posible que el nombre de Daniel Leví se lo inspirase un Samuel Leví, víctima de la codicia de Pedro I.

Dueño, según los rumores del vulgo, de una inmensa fortuna, veíasele, no obstante, todo el día acurrucado en el sombrío portal de su vivienda, componiendo y aderezando cadenillas de metal, cintos viejos o guarniciones rotas, con las que traía un gran tráfico entre los truhanes [4] del Zocodover, las revendedoras del Postigo y los escuderos pobres [5].

Aborrecedor implacable de los cristianos y de cuanto a ellos pudiera pertenecer, jamás pasó junto a un caballero principal o un canónigo de la Primada [6] sin quitarse una y hasta diez veces el mugriento bonetillo que cubría su cabeza calva y amarillenta, ni acogió en su tenducho a uno de sus habituales parroquianos sin agobiarle a fuerza de humildes salutaciones, acompañadas de aduladoras sonrisas.

La sonrisa de Daniel había llegado a hacerse proverbial en toda Toledo, y su mansedumbre, a prueba de las jugarretas más pesadas y las burlas y rechiflas de sus vecinos, no conocía límites.

Inútilmente los muchachos, para desesperarlo, tiraban piedras a su tugurio; en vano los pajecillos y hasta los hombres de armas del próximo palacio pretendían aburrirle, llamándole con los nombres más injuriosos, o las viejas devotas de la feligresía se santiguaban al pasar por el dintel de su puerta, como si viesen al mismo Lucifer en persona.

Daniel sonreía eternamente, con una sonrisa extraña e indescriptible. Sus labios delgados y hundidos se dilataban a la sombra de su nariz desmesurada y corva como el pico de un

[4] *truhanes:* pícaros, gente de mal vivir.

[5] *escuderos pobres:* pudiera ser una referencia al episodio tercero del *Lazarillo de Tormes,* cuyo protagonista es un escudero pobre al que sirve Lázaro.

[6] *Primada:* título que se dio a la archidiócesis de Toledo después de la Reconquista, pues su prelado ocupa el primer lugar entre el alto clero de España.

aguilucho, y aunque de sus ojos pequeños, verdes, redondos y casi ocultos entre las espesas cejas brotaba una chispa de mal reprimida cólera, seguía impasible golpeando con su martillito de hierro el yunque donde aderezaba las mil baratijas mohosas y, al parecer, sin aplicación alguna, de que se componía su tráfico.

Sobre la puerta de la casucha del judío, y dentro de un marco de azulejos de vivos colores, se abría un ajimez [7] árabe, resto de las antiguas construcciones de los moros toledanos. Alrededor de las caladas franjas del ajimez, y enredándose por la columnilla de mármol que lo partía en dos huecos iguales, subía desde el interior de la vivienda una de esas plantas trepadoras que se mecen verdes y llenas de savia y lozanía sobre los ennegrecidos muros de los edificios ruinosos.

En la parte de la casa que recibía una dudosa luz por los estrechos vanos de aquel ajimez, único abierto en el musgoso y grietado paredón de la calleja, habitaba Sara, la hija predilecta [8] de Daniel.

Cuando los vecinos del barrio pasaban por delante de la tienda del judío y veían por casualidad a Sara tras las celosías de su ajimez morisco y a Daniel acurrucado junto a su yunque, exclamaban en alta voz, admirados de las perfecciones de la hebrea:

—¡Parece mentira que tan ruin tronco haya dado de sí tan hermoso vástago! [9].

Porque, en efecto, Sara era un prodigio de belleza. Tenía los ojos grandes y rodeados de un sombrío cerco de pestañas

[7] *ajimez:* palabra muy del gusto de Bécquer, como hemos comprobado, en el sentido de ventana con arcos y una columna en medio.

[8] *predilecta:* como es hija única, hay que entender que era lo que más quería de entre sus riquezas.

[9] *vástago:* persona que desciende de otra.

negras, en cuyo fondo brillaba el punto de luz de su ardiente pupila como una estrella en el cielo de una noche oscura. Sus labios, encendidos y rojos, parecían recortados hábilmente de un paño de púrpura por las invisibles manos de un hada. Su tez era blanca, pálida y transparente como el alabastro de la estatua de un sepulcro. Contaba apenas dieciséis años, y ya se veía grabada en su rostro esa dulce tristeza de las inteligencias precoces, y ya hinchaban su seno y se escapaban de su boca esos suspiros que anuncian el vago despertar del deseo.

Los judíos más poderosos de la ciudad, prendados de su maravillosa hermosura, la habían solicitado para esposa; pero la hebrea, insensible a los homenajes de sus adoradores y a los consejos de su padre, que la instaba para que eligiese un compañero antes de quedar sola en el mundo, se mantenía encerrada en un profundo silencio, sin dar más razón de su extraña conducta que el capricho de permanecer libre.

Al fin, un día, cansado de sufrir los desdenes de Sara y sospechando que su eterna tristeza era indicio cierto de que en su corazón abrigaba algún secreto importante, uno de sus adoradores se acercó a Daniel y le dijo:

—¿Sabes, Daniel que entre nuestros hermanos se murmura de tu hija?

El judío levantó un instante los ojos de su yunque, suspendió su continuo martilleo y, sin mostrar la menor emoción, preguntó a su interpelante:

—¿Y qué dicen de ella?

—Dicen —prosiguió su interlocutor—, dicen... ¡Qué sé yo! Muchas cosas... Entre otras, que tu hija está enamorada de un cristiano...

Al llegar a este punto, el desdeñado amante de Sara se detuvo para ver el efecto que sus palabras hacían en Daniel.

Daniel levantó de nuevo sus ojos, le miró un rato fija-

mente, sin decir palabra, y, bajando otra vez la vista para seguir su interrumpida tarea, exclamó:

—¿Y quién dice que eso no es una calumnia?

—Quien los ha visto conversar más de una vez en esta misma calle, mientras tú asistes al oculto sanedrín [10] de nuestros rabinos —insistió el joven hebreo, admirado de que sus sospechas primero, y después sus afirmaciones, no hiciesen mella en el ánimo de Daniel.

Este, sin abandonar su ocupación, fija la mirada en el yunque, sobre el que después de dejar a un lado el martillo se ocupaba en bruñir el broche de metal de una guarnición con una pequeña lima, comenzó a hablar en voz baja y entrecortada, como si maquinalmente fuesen repitiendo su[s] labio[s] las ideas que cruzaban por su mente.

—¡Je, je, je! —decía, riéndose de una manera extraña y diabólica—. ¿Conque a mi Sara, al orgullo de la tribu, al báculo [11] en que se apoya mi vejez, piensa arrebatármela un perro cristiano? ¿Y vosotros creéis que lo hará? ¡Je! ¡Je! —continuaba, siempre hablando para sí y siempre riéndose, mientras la lima chirriaba cada vez con más fuerza, mordiendo el metal con sus dientes de acero—. ¡Je! ¡Je! ¡Pobre Daniel, dirán los míos, ya chochea! ¿Para qué quiere ese viejo moribundo y decrépito esa hija tan hermosa y tan joven, si no sabe guardarla de los codiciosos ojos de nuestros enemigos?... ¡Je, je, je! ¿Crees tú, por ventura, que Daniel duerme? ¿Crees tú, por ventura, que si mi hija tiene un amante..., que bien puede ser, y ese amante es cristiano y procura seducirla, y la seduce, que todo es posible, y proyecta huir con ella, que tam-

[10] *sanedrín:* entre los judíos, consejo de ancianos que tratan o examinan las cuestiones tocantes al gobierno o religión de la comunidad.

[11] *báculo:* bastón o cayado, más bien propio de las personas representativas, como obispos.

bién es fácil, y huye mañana, por ejemplo, lo cual cabe dentro de lo humano; crees tú que Daniel se dejará así arrebatar su tesoro?... ¿Crees tú que no sabrá vengarse?

—Pero —exclamó interrumpiéndole el joven— ¿sabéis acaso...?

—Sé —dijo Daniel, levantándose y dándole un golpecito en la espalda—, sé más que tú, que nada sabes ni nada sabrías si no hubiese llegado la hora de decirlo todo... Adiós; avisa a nuestros hermanos para que cuanto antes se reúnan. Esta noche, dentro de una o dos horas, yo estaré con ellos. ¡Adiós!

Y esto diciendo, Daniel empujó suavemente a su interlocutor hacia la calle, recogió sus trebejos muy despacio y comenzó a cerrar con dobles cerrojos y aldabas la puerta de la tiendecilla.

El ruido que produjo esta al encajarse rechinando sobre sus premiosos goznes impidió al que se alejaba oír el rumor de las celosías del ajimez, que en aquel punto cayeron de golpe, como si la judía acabara de retirarse de su alféizar.

II

Era noche de Viernes Santo, y los habitantes de Toledo, después de haber asistido a las Tinieblas [12] en su magnífica catedral, acababan de entregarse al sueño, o referían al amor de la lumbre consejas [13] parecidas a la del *Cristo de la Luz* que, robado por unos judíos, dejó un rastro de sangre por el cual se descubrió el crimen; o la historia del *Santo Niño de la*

[12] *Tinieblas:* Oficio religioso de maitines y laudes en el último triduo de la Semana Santa; en Toledo tenía singular solemnidad e intervenían coros de niños.

[13] *consejas:* relatos folklóricos como el que Bécquer cuenta en esta Leyenda.

Guardia, en quien los implacables enemigos de nuestra fe renovaron la cruel Pasión de Jesús.

Reinaba en la ciudad un silencio profundo, interrumpido a intervalos, ya por las lejanas voces de los guardias nocturnos que en aquella época velaban en derredor del alcázar, ya por los gemidos del viento, que hacía girar las veletas de las torres o zumbaba entre las torcidas revueltas de las calles, cuando el dueño de un barquichuelo que se mecía amarrado a un poste cerca de los molinos, que parecen como incrustados al pie de las rocas que baña el Tajo, y sobre las que se asienta la ciudad, vio aproximarse a la orilla, bajando trabajosamente por uno de los estrechos senderos que desde lo alto de los muros conducen al río [14], una persona a quien, al parecer, aguardaba con impaciencia.

—¡Ella es! —murmuró entre dientes el barquero—. ¡No parece sino que esta noche anda revuelta toda esa endiablada raza de judíos!... ¿Dónde diantres se tendrán dada cita con Satanás, que todos acuden a mi barca, teniendo tan cerca el puente?... No, no irán a nada bueno cuando así evitan toparse de manos a boca con los hombres de armas de San Cervantes [15], pero, en fin, ello es que me dan buenos dineros a ganar, y a su alma su palma [16], que yo en nada entro ni salgo.

Esto diciendo, el buen hombre, sentándose en su barca, aparejó los remos, y cuando Sara, que no era otra la persona

[14] El paso del río podía verificarse en barca, y se bajaba por la calle del Barco y al otro lado del río había efectivamente una fuerte pendiente hasta la Cabeza del Moro.

[15] El castillo de San Cervantes o Servando (como también se le llamó y así prefieren los editores de 1871) perteneció, desde que se lo entregó Alfonso VIII, a los caballeros templarios hasta la extinción de la Orden, y luego fue rehecho en 1380 por el arzobispo Tenorio.

[16] *cada alma, su palma:* refrán que significa que cada cual lleve lo propio.

a quien al parecer había aguardado hasta entonces, hubo saltado al barquichuelo, soltó la amarra que lo sujetaba y comenzó a bogar en dirección a la orilla opuesta.

—¿Cuántos han pasado esta noche? —preguntó Sara al barquero apenas se hubieron alejado de los molinos y como refiriéndose a algo de que ya habían tratado anteriormente.

—Ni los he podido contar —respondió el interpelado—; ¡un enjambre! Parece que esta noche será la última que se reúnen.

—¿Y sabes de qué tratan y con qué objeto abandonan la ciudad a estas horas?

—Lo ignoro...; pero ello es que aguardan a alguien que debe de llegar esta noche. Yo no sé para qué le aguardarán, aunque presumo que para nada bueno.

Después de este breve diálogo, Sara se mantuvo algunos instantes sumida en un profundo silencio y como tratando de coordinar sus ideas. «No hay duda —pensaba entre sí—; mi padre ha sorprendido nuestro amor y prepara alguna venganza horrible. Es preciso que yo sepa adónde van, qué hacen, qué intentan. Un momento de vacilación podría perderle.»

Cuando Sara se puso un instante en pie, y como para alejar las horribles dudas que la preocupaban, se pasó la mano por la frente, que la angustia había cubierto de un sudor glacial, la barca tocaba a la orilla opuesta.

—Buen hombre —exclamó la hermosa hebrea, arrojando algunas monedas a su conductor y señalando un camino estrecho y tortuoso que subía serpenteando por entre las rocas—, ¿es ese el camino que siguen?

—Ese es, y cuando llegan a la *Cabeza del Moro* [17], desapa-

[17] La Cabeza del Moro está en lo alto de la cuesta, y allí cerca según V. Benito (ob. cit., pág. 28) hubo una antigua ermita sobre la que se edificó un monasterio, entonces arruinado.

recen por la izquierda. Después, el diablo y ellos sabrán adónde se dirigen —respondió el barquero.

Sara se alejó en la dirección que este le había indicado. Durante algunos minutos se la vio aparecer y desaparecer alternativamente entre aquel oscuro laberinto de rocas oscuras y cortadas a pico; después, y cuando hubo llegado a la cima llamada la *Cabeza del Moro,* su negra silueta se dibujó un instante sobre el fondo azul del cielo y, por último, desapareció entre las sombras de la noche.

III

Siguiendo el camino donde hoy se encuentra la pintoresca ermita de la Virgen del Valle, y como a dos tiros de ballesta del picacho que el vulgo conoce en Toledo por la *Cabeza del Moro,* existían aún en aquella época los ruinosos restos de una iglesia bizantina [18], anterior a la conquista de los árabes.

En el atrio, que dibujaban algunos pedruscos diseminados por el suelo, crecían zarzales y hierbas parásitas, entre los que yacía, medio oculto, ya el destrozado capitel de una columna, ya un sillar groseramente esculpido con hojas entrelazadas, endriagos horribles o grotescos e informes figuras humanas. Del templo sólo quedaban en pie los muros laterales y algunos arcos rotos y cubiertos de hiedra.

Sara, a quien parecía guiar un sobrenatural presentimiento, al llegar al punto que le había señalado su conductor, vaciló algunos instantes indecisa acerca del camino que de-

[18] *iglesia bizantina:* la terminología artística de la época de Bécquer es confusa en comparación con el significado actual de estas palabras. Se usó *bizantino* para lo que hoy llamamos *románico,* que no es anterior a la llegada de los árabes. Quiere decir «muy vieja». Véase Francisco López Estrada, *La cultura del románico,* en la *Historia de España. Ramón Menéndez Pidal,* Madrid, Espasa Calpe, 1995, t. XI, págs. XVI-XVIII.

bía seguir; pero, por último, se dirigió con paso firme y resuelto hacia las abandonadas ruinas de la iglesia.

En efecto, su instinto no la había engañado. Daniel, que ya no sonreía; Daniel, que no era ya el viejo débil y humilde, sino que, antes bien, respirando cólera de sus pequeños y redondos ojos, parecía animado del espíritu de la venganza, rodeado de una multitud como él, ávida de saciar su sed de odio en uno de los enemigos de su religión, estaba allí y parecía multiplicarse dando órdenes a los unos, animando en el trabajo a los otros, disponiendo, en fin, con una horrible solicitud los aprestos necesarios para la consumación de la espantosa obra que había estado meditando días y días, mientras golpeaba impasible el yunque en su covacha de Toledo.

Sara, que en favor de la oscuridad había logrado llegar hasta el atrio de la iglesia, tuvo que hacer un esfuerzo supremo para no arrojar un grito de horror al penetrar en su interior con la mirada.

Al rojizo resplandor de una fogata que proyectaba la forma de aquel círculo infernal en los muros del templo, había creído ver que algunos hacían esfuerzos por levantar en alto una pesada cruz, mientras otros tejían una corona con las ramas de los zarzales o aplastaban sobre una piedra las puntas de enormes clavos de hierro. Una idea espantosa cruzó por su mente: recordó que a los de su raza los habían acusado más de una vez de misteriosos crímenes; recordó vagamente la aterradora historia del *Niño Crucificado,* que ella hasta entonces había creído una grosera calumnia inventada por el vulgo para apostrofar y zaherir a los hebreos.

Pero ya no le cabía duda alguna; allí, delante de sus ojos, estaban aquellos horribles instrumentos de martirio, y los feroces verdugos sólo aguardaban la víctima.

Sara, llena de una santa indignación, rebosando en generosa ira y animada de esa fe inquebrantable en el verdadero Dios que su amante le había revelado, no pudo contenerse a la vista

de aquel espectáculo y, rompiendo por entre la maleza que la ocultaba, presentóse de improviso en el dintel [19] del templo.

Al verla aparecer, los judíos arrojaron un grito de sorpresa, y Daniel, dando un paso hacia su hija, en ademán amenazante, la preguntó con voz ronca:

—¿Qué buscas aquí, desdichada?

—Vengo a arrojar sobre vuestras frentes —dijo Sara con voz firme y resuelta— todo el baldón de vuestra infame obra, y vengo a deciros que en vano esperáis la víctima para el sacrificio, si ya no es que intentáis cebar en mí vuestra sed de sangre, porque el cristiano a quien aguardáis no vendrá porque yo le he prevenido de vuestras asechanzas.

—¡Sara! —exclamó el judío, rugiendo de cólera—. Sara, eso no es verdad; tú no puedes habernos hecho traición, hasta el punto de revelar nuestros misteriosos ritos, y si es verdad que los has revelado, tú no eres mi hija...

—No; ya no lo soy; he encontrado otro padre, un padre todo amor para los suyos, un padre a quien vosotros clavasteis en una afrentosa cruz y que murió en ella por redimirnos, abriéndonos para una eternidad las puertas del cielo. No; ya no soy vuestra hija, porque soy cristiana y me avergüenzo de mi origen.

Al oír estas palabras, pronunciadas con esa enérgica entereza que sólo pone el cielo en boca de los mártires, Daniel, ciego de furor, se arrojó sobre la hermosa hebrea y, derribándola en tierra y asiéndola por los cabellos, la arrastró, como poseído de un espíritu infernal, hasta el pie de la cruz [20], que

[19] *dintel:* aquí es bien claro que Bécquer, como en otros lugares de las *Leyendas,* confunde *dintel,* que es la parte superior de las puertas y ventanas, con *umbral,* que es la parte inferior o escalón en la puerta o entrada de una casa.

[20] Sara muere en la cruz, como el Niño de la Guardia de la *conseja* que se mencionó antes; se trata, pues, de una nueva versión literaria de esta tradición religiosa extendida por Europa.

parecía abrir sus descarnados brazos para recibirla, exclamando al dirigirse a los que la rodeaban:

—Ahí os la entrego; haced vosotros justicia de esa infame que ha vendido su honra, su religión y sus hermanos.

IV

Al día siguiente, cuando las campanas de la catedral asordaban los aires tocando a gloria y los honrados vecinos de Toledo se entretenían en tirar ballestazos a los Judas de paja [21], ni más ni menos que como todavía lo hacen en algunas de nuestras poblaciones, Daniel abrió la puerta de su tenducho, como tenía de costumbre, y con su eterna sonrisa en los labios comenzó a saludar a los que pasaban, sin dejar por eso de golpear en el yunque con su martillito de hierro; pero las celosías del morisco ajimez de Sara no volvieron a abrirse, ni nadie vio más a la hermosa hebrea recostada en su alféizar de azulejos de colores...

*

Cuentan que algunos años después un pastor trajo al arzobispo una flor hasta entonces nunca vista, en la cual se veían figurados todos los atributos del martirio del Salvador del mundo, flor extraña y misteriosa, que había crecido y enredado sus tallos por entre los ruinosos muros de la derruida iglesia.

Cavando en aquel lugar, y tratando de inquirir el origen de aquella maravilla, añaden que se halló el esqueleto de

[21] Costumbre folklórica consistente en que, durante la Semana Santa, se cuelga un muñeco de paja, al que la gente, sobre todo los niños, golpea y luego quema con gran alborozo.

una mujer, y enterrados con ella otros tantos atributos divi-
nos como la flor tenía.

 El cadáver, aunque nunca se pudo averiguar de quién era,
se conservó por largos años con veneración especial en la
ermita de San Pedro el Verde[22]*, y a la flor, que hoy se ha he-*
cho bastante común, la llamaron Rosa de Pasión[23].

 [22] La ermita existió en la Vega Baja (como indica V. Benito, ob. cit.,
pág. 31), pero Bécquer no la conoció porque ya estaba arruinada en el si-
glo XVIII. Se trataba de un beaterio. Todo queda, pues, muy en el aire, como
era la intención de Bécquer.
 [23] Esta flor, llamada generalmente *pasionaria,* es la de unas plantas her-
báceas de la familia de las pasifloráceas. Se cultiva en los jardines como una
enredadera (tal como Bécquer indica al final, que sus tallos se enredan en los
muros de la iglesia caída), y tiene diversas variedades con vistosas flores,
con una compleja corona de filamentos en el interior de la corola. El nombre
popular de *pasionaria* procede de la semejanza que se ha establecido entre
partes de la flor y objetos relacionados con la Crucifixión de Cristo; así, los
tres estilos son los tres clavos, el ovario, y los estilos representan el azote,
los estambres según unos las cinco llagas, y según otros los clavos, la corona
se compara con la de espinas de Cristo, el receptáculo, con el cáliz de la
amargura, etc. Téngase en cuenta que al principio de la leyenda Bécquer dice
que la joven que se la cuenta es «muy buena» (en el sentido de religiosa)
y que mientras explicaba el «misterio de su forma especial», nos dice que
«besaba las hojas y los pistilos». Con la explicación de la flor, que Bécquer
no nos da porque supone que la conoce el lector, oye de labios de la mucha-
cha la «piadosa leyenda». No se trata, pues, de una clase de rosa, sino de esta
pasionaria o *flor de pasión,* que se encuentra en los jardines andaluces.

EL BESO

(LEYENDA TOLEDANA)

Esta leyenda se publicó en *La América,* de Madrid, el 27 de agosto de 1863. Bécquer había dado noticia arqueológica de las estatuas de don Pedro López de Ayala y doña Elvira de Castañeda; dice de ellas que «están labradas en riquísimo mármol de Carrara y representan dos figuras de tamaño natural arrodilladas ante un reclinatorio». El efecto que le producían estas estatuas lo cuenta en el fragmento *La mujer de piedra* y en la conocida Rima LXXVI (74); la obra de arte es un prodigio del cincel que actúa en Bécquer como un acicate literario.

La belleza de la escultura se combina en esta leyenda con el tema folklórico de la estatua animada que impide un sacrilegio (como en la leyenda del Cristo de la Vega o en el *Tenorio* de Zorrilla), sólo que en este caso todo ocurre en el plano humano, pues el guantelazo de don Pedro castiga el intento de profanar los labios de doña Elvira.

Bécquer sitúa el relato en tiempos de la invasión francesa de Napoleón, y cuenta los hechos como si se tratase de una novela histórica, en la que abunda el diálogo, salvo al final, donde de repente y para asombro del lector, vuelve al dominio de la leyenda. Y el propio Bécquer, en su función como relator, sólo asoma diciendo que en Toledo «tuvo lugar el suceso que voy a referir». La *Leyenda* sólo sitúa unos hitos, pocos, en el conjunto artístico de la ciudad; así la mención de San Juan de los Reyes (monumento descrito en la *Historia de los templos de España*), el Zocodover y un convento, premeditadamente confuso, donde ocurre la parte sustancial de la

acción. Su pasión por la arqueología se manifiesta cuando dice que entonces (en los tiempos del paso de los franceses por Toledo) y en el presente que vive él y los que lo leen, la ciudad es un montón de ruinas para los que no sienten el arte. Esta indiferencia había llegado a ser vandalismo con ocasión de la violencia de la guerra.

La lucha por la independencia de la nación española está en el fondo del relato, pero Bécquer no cuenta batallas o hechos heroicos, sino que todo pasa en el cansancio de la retaguardia, en la ocupada Toledo, en donde han de convivir franceses y españoles, y entre oficiales del ejército francés, en un paréntesis de reposo. El protagonista es un joven capitán en el que Bécquer ha representado alguna de sus secretas aspiraciones: es como su contrafigura. El capitán se siente fascinado por la hermosura de la dama esculpida, lo mismo que Bécquer había sentido amor intelectual por otras figuras femeninas semejantes. Es posible que lo que tiene de anómalo el joven francés entre la tropa invasora es algo en lo que Bécquer también participe: el oculto deseo de besar los labios de la dama hermosa puede que fuera común a ambos. Incluso puede que en Bécquer fuese una criatura real, pero tan lejana a él y diferente que para el caso contaría como si hubiese sido de piedra, y él también hubiera querido besarla aun a cambio de la muerte.

El extraño caso y la evocación de un Toledo aún más romántico en la violencia de la invasión constituyen el aliciente del relato: la circunstancia histórica, premeditadamente confusa, actúa sólo como caja de resonancia de los oscuros deseos de un poeta que soñaba demasiado.

I

Cuando una parte del ejército francés se apoderó a principios de este siglo de la histórica Toledo, sus jefes, que no ignoraban el peligro a que se exponían en las poblaciones españolas diseminándose en alojamientos separados, comenzaron por habilitar para cuarteles los más grandes y mejores edificios de la ciudad.

Después de ocupado el suntuoso Alcázar de Carlos V, echóse mano de la casa de Consejos, y cuando esta no pudo contener más gente, comenzaron a invadir el asilo de las comunidades religiosas, acabando a la postre por transformar en cuadras hasta las iglesias consagradas al culto. En esta conformidad se encontraban las cosas en la población donde tuvo lugar el suceso que voy a referir, cuando una noche, ya a hora bastante avanzada, envueltos en sus oscuros capotes de guerra y ensordeciendo las estrechas y solitarias calles que conducen desde la Puerta del Sol a Zocodover con el choque de sus armas y el ruidoso golpear de los cascos de sus corceles, que sacaban chispas de los pedernales, entraron en la ciudad hasta unos cien dragones de aquellos, altos, arrogantes y fornidos, de que todavía nos hablan con admiración nuestras abuelas.

Mandaba la fuerza un oficial bastante joven, el cual iba como a distancia de unos treinta pasos de su gente, hablando a media voz con otro, también militar, a lo que podía colegirse por su traje.

Este, que caminaba a pie delante de su interlocutor, llevando en la mano un farolillo, parecía servirle de guía por entre aquel laberinto de calles oscuras, enmarañadas y revueltas.

—En verdad —decía el jinete a su acompañante— que si el alojamiento que se nos prepara es tal y como me le pintas, casi, casi sería preferible arrancharnos [1] en el campo o en medio de una plaza.

—¿Y qué queréis, mi capitán? —contestó el guía, que, efectivamente, era un sargento aposentador—. En el Alcázar no cabe ya un grano de trigo, cuanto más un hombre. De San Juan

[1] *arrancharse,* como propone J. Estruch *(Leyendas,* pág. 254), mejor que lo que dice el *Diccionario* de la Academia, aquí es un término del lenguaje militar y usado en la América española, que significa «acomodarse, instalarse».

de los Reyes no digamos, porque hay celdas de fraile en las que duermen quince húsares. El convento adonde voy a conduciros no era mal local; pero hará cosa de tres o cuatro días nos cayó aquí como de las nubes una de las columnas volantes que recorren la provincia, y gracias que hemos podido conseguir que se amontonen por los claustros y dejen libre la iglesia.

—En fin —exclamó el oficial después de un corto silencio y como resignándose con el extraño alojamiento que la casualidad le deparaba—, más vale incómodo que ninguno. De todas maneras, si llueve, que no será difícil según se agrupan las nubes, estaremos a cubierto, y algo es algo.

Interrumpida la conversación en este punto, los jinetes, precedidos del guía, siguieron en silencio el camino adelante hasta llegar a una plazuela, en cuyo fondo se destacaba la negra silueta del convento con su torre morisca, su campanario de espadañas, su cúpula ojival y sus tejados de crestas desiguales y oscuras.

—He aquí vuestro alojamiento —exclamó el aposentador al divisarle, y dirigiéndose al capitán que, después que hubo mandado hacer alto a su tropa, echó pie a tierra, tomó el farolillo de manos del guía y se dirigió hacia el punto que este le señalaba.

Como quiera que la iglesia del convento estaba completamente desmantelada, los soldados que ocupaban el resto del edificio habían creído que las puertas le eran ya poco menos que inútiles, y un tablero hoy, otro mañana, habían ido arrancándolas pedazo a pedazo para hacer hogueras con que calentarse por las noches.

Nuestro joven oficial no tuvo, pues, que torcer llaves ni descorrer cerrojos para penetrar en el interior del templo.

A la luz del farolillo, cuya dudosa claridad se perdía entre las espesas sombras de las naves y dibujaba con gigantescas proporciones sobre el muro la fantástica silueta del sargento aposentador, que iba precediéndole, recorrió la iglesia de arriba abajo y escudriñó una por una todas sus desiertas capi-

llas, hasta que, una vez hecho cargo del local, mandó echar pie a tierra a su gente y, hombres y caballos revueltos, fue acomodándola como mejor pudo.

Según dejamos dicho, la iglesia estaba completamente desmantelada: en el altar mayor pendían aún de las altas cornisas los rotos jirones del velo con que lo habían cubierto los religiosos al abandonar aquel recinto; diseminados por las naves véianse algunos retablos adosados al muro, sin imágenes en las hornacinas; en el coro se dibujaban con un ribete de luz los extraños perfiles de la oscura sillería de alerce[2]; en el pavimento, destrozado en varios puntos, distinguíanse aún anchas losas sepulcrales llenas de timbres[3], escudos y largas inscripciones góticas, y allá a lo lejos, en el fondo de las silenciosas capillas y a lo largo del crucero, se destacaban confusamente entre la oscuridad, semejantes a blancos e inmóviles fantasmas, las estatuas de piedra que, unas tendidas, otras de hinojos sobre el mármol de sus tumbas, parecían ser los únicos habitantes del ruinoso edificio.

A cualquiera otro menos molido que el oficial de dragones, el cual traía una jornada de catorce leguas en el cuerpo, o menos acostumbrado a ver estos sacrilegios como la cosa más natural del mundo, hubiéranle bastado dos adarmes[4] de imaginación para no pegar los ojos en toda la noche en aquel oscuro e imponente recinto, donde las blasfemias de los soldados, que se quejaban en voz alta del improvisado cuartel; el metálico golpe de sus espuelas, que resonaban sobre las anchas losas sepulcrales del pavimento; el ruido de los caba-

[2] *alerce:* madera del árbol de este nombre, de la familia de las coníferas.

[3] *timbre:* es la insignia que se graba encima de los escudos de armas para indicar los diversos grados de la nobleza.

[4] *adarme:* peso de la farmacia que equivale a 179 centigramos, y por extensión, como aquí, cantidad muy pequeña de algo, aunque no pueda pesarse.

llos, que piafaban impacientes, cabeceando y haciendo sonar las cadenas con que estaban sujetos a los pilares, formaban un rumor extraño y temeroso que se dilataba por todo el ámbito de la iglesia y se reproducía cada vez más confuso, repetido de eco en eco en sus altas bóvedas.

Pero nuestro héroe, aunque joven, estaba ya tan familiarizado con estas peripecias de la vida de campaña que, apenas hubo acomodado a su gente, mandó colocar un saco de forraje al pie de la grada del presbiterio y, arrebujándose como mejor pudo en su capote y echando la cabeza en el escalón, a los cinco minutos roncaba con más tranquilidad que el mismo rey José[5] en su palacio de Madrid.

Los soldados, haciéndose almohadas de las monturas, imitaron su ejemplo, y poco a poco fue apagándose el murmullo de sus voces.

A la media hora sólo se oían los ahogados gemidos del aire que entraba por las rotas vidrieras de las ojivas del templo, el atolondrado revolotear de las aves nocturnas que tenían sus nidos en el dosel de piedra de las esculturas de los muros y el alternado rumor de los pasos del vigilante que se paseaba, envuelto en los anchos pliegues de su capote, a lo largo del pórtico.

II

En la época a que se remonta la relación de esta historia, tan verídica como extraordinaria, lo mismo que al presente, para los que no sabían apreciar los tesoros del arte que encierran sus muros, la ciudad de Toledo no era más que un poblachón destartalado, antiguo, ruinoso e insufrible.

[5] Se refiere a José Bonaparte (1768-1844), el hermano mayor de Napoleón, que fue rey de España desde 1808, y al que el pueblo conocía por *Pepe Botella*.

Los oficiales del ejército francés, que, a juzgar por los actos de vandalismo con que dejaron en ella triste y perdurable memoria de su ocupación, de todo tenían menos de artistas o arqueólogos, no hay para qué decir que se fastidiaban soberanamente en la vetusta ciudad de los Césares.

En esta situación de ánimo, la más insignificante novedad que viniese a romper la monótona quietud de aquellos días eternos e iguales era acogida con avidez entre los ociosos; así es que la promoción al grado inmediato de uno de sus camaradas, la noticia del movimiento estratégico de una columna volante, la salida de un correo de gabinete o la llegada de una fuerza cualquiera a la ciudad convertíase en tema fecundo de conversación y objeto de toda clase de comentarios, hasta tanto que otro incidente venía a sustituirle, sirviendo de base a nuevas quejas, críticas y suposiciones.

Como era de esperar, entre los oficiales que, según tenían de costumbre, acudieron al día siguiente a tomar el sol y a charlar un rato en el Zocodover, no se hizo platillo de otra cosa que de la llegada de los dragones, cuyo jefe dejamos en el anterior capítulo durmiendo a pierna suelta y descansando de las fatigas de su viaje.

Cerca de una hora hacía que la conversación giraba alrededor de este asunto, y ya comenzaba a interpretarse de diversos modos la ausencia del recién venido, a quien uno de los presentes, antiguo compañero suyo de colegio, había citado para el Zocodover, cuando en una de las bocacalles de la plaza apareció al fin nuestro bizarro capitán, despojado de su ancho capotón de guerra, luciendo un gran casco de metal, con penacho de plumas blancas, una casaca azul turquí[6] con

[6] *azul turquí:* un tono de azul, propio de las telas; era palabra que se usaba en las revistas de modas para describir trajes lujosos, como ocurre aquí con la casaca del capitán, al que poco antes Bécquer adjetivó de *nues-*

vueltas rojas y un magnífico mandoble con vaina de acero, que resonaba arrastrándose al compás de sus marciales pasos y del golpe seco y agudo de sus espuelas de oro.

Apenas le vio su camarada, salió a su encuentro para saludarle, y con él se adelantaron casi todos los que a la sazón se encontraban en el corrillo, en quienes había despertado la curiosidad y la gana de conocerle los pormenores que ya habían oído referir acerca de su carácter original y extraño.

Después de los estrechos abrazos de costumbre y de las exclamaciones, plácemes y preguntas de rigor en estas entrevistas; después de hablar largo y tendido sobre las novedades que andaban por Madrid, la varia fortuna de la guerra y los amigotes [7] muertos o ausentes, rodando de uno en otro asunto, la conversación vino a parar al tema obligado, esto es, las penalidades del servicio, la falta de distracciones de la ciudad y el inconveniente de los alojamientos.

Al llegar a este punto, uno de los de la reunión que, por lo visto, tenía noticia del mal talante con que el joven oficial se había resignado a acomodar su gente en la abandonada iglesia, le dijo con aire de zumba:

—Y a propósito de alojamiento: ¿qué tal se ha pasado la noche en el que ocupáis?

—Ha habido de todo —contestó el interpelado—, pues si bien es verdad que no he dormido gran cosa, el origen de mi vigilia merece la pena de la velada. El insomnio junto a una mujer bonita no es seguramente el peor de los males.

—¡Una mujer! —repitió su interlocutor, como admirán-

tro (del relator y del lector, al que quiere atraer dentro del relato) *bizarro capitán,* aquí descrito con gran lujo de riquezas militares para favorecer la presentación del protagonista.

[7] *amigotes:* este aumentativo, intercalado en la objetividad informativa del relato, da un tono conversacional al mismo, con el objeto de que el lector participe del jolgorio descrito; es un recurso novelístico.

dose de la buena fortuna del recién venido—. Eso es lo que se llama llegar y besar el santo.

—Será tal vez algún antiguo amor de la corte que le sigue a Toledo para hacerle más soportable el ostracismo [8] —añadió otro de los del grupo.

—¡Oh, no! —dijo entonces el capitán—. Nada menos que eso. Juro, a fe de quien soy, que no la conocía y que nunca creí hallar tan bella patrona en tan incómodo alojamiento. Es todo lo que se llama una verdadera aventura.

—¡Contadla! ¡Contadla! —exclamaron en coro los oficiales que rodeaban al capitán.

Y como este se dispusiera a hacerlo así, todos prestaron la mayor atención a sus palabras, mientras él comenzó la historia en estos términos:

—Dormía esta noche pasada como duerme un hombre que trae en el cuerpo trece leguas de camino, cuando he aquí que en lo mejor del sueño me hizo despertar sobresaltado e incorporarme sobre el codo un estruendo horrible, un estruendo tal, que me ensordeció un instante para dejarme después los oídos zumbando cerca de un minuto, como si un moscardón me cantase a la oreja. Como os habréis figurado, la causa de mi susto era el primer golpe que oía de esa endiablada campana gorda, especie de sochantre [9] de bronce, que los canónigos de Toledo han colgado en su catedral con el laudable

[8] *ostracismo:* lo dice el oficial porque se sentía desterrado en Toledo, lejos de la corte de Madrid. Es palabra que procede de la terminología política de Grecia, en donde los atenienses escribían en un tejuelo en forma de ostra el nombre de la persona que condenaban al destierro.

[9] *sochantre:* galicismo procedente de *chanteur* con el que se designa al que dirige el coro en los oficios divinos; *chantre* es palabra usada en las *Partidas* y en el *Libro de Buen Amor.* Aquí la comparación es jocosa, propio de un militar francés de la ocupación, que así hace alarde ante los otros oficiales; y esto es un hábil contraste con la trágica culminación de la anécdota que se inicia con estas risas. Véase la *Rima* LXVII, v. 14.

propósito de matar a disgustos a los necesitados de reposo. Renegando entre dientes de la campana y del campanero que la toca, disponíame, una vez apagado aquel insólito y temeroso rumor, a coger nuevamente el hilo del interrumpido sueño, cuando vino a herir mi imaginación y a ofrecerse ante mis ojos una cosa extraordinaria. A la dudosa luz de la luna que entraba en el templo por el estrecho ajimez del muro de la capilla mayor vi una mujer arrodillada junto al altar.

Los oficiales se miraron entre sí con expresión entre asombrada e incrédula. El capitán, sin atender al efecto que su narración producía, continuó de este modo:

—No podéis figuraros nada semejante a aquella nocturna y fantástica visión que se dibujaba confusamente en la penumbra de la capilla, como esas vírgenes pintadas en los vidrios de colores que habréis visto alguna vez destacarse a lo lejos, blancas y luminosas, sobre el oscuro fondo de las catedrales. Su rostro ovalado, en donde se veía impreso el sello de una leve y espiritual demacración; sus armoniosas facciones, llenas de una suave y melancólica dulzura; su intensa palidez, las purísimas líneas de su contorno esbelto, su ademán reposado y noble, su traje blanco y flotante, me traían a la memoria esas mujeres que yo soñaba cuando casi era un niño. ¡Castas y celestes imágenes, quimérico objeto del vago amor de la adolescencia! Yo me creía juguete de una alucinación y, sin quitarle un punto los ojos, ni aun osaba respirar, temiendo que un soplo desvaneciese el encanto. Ella permanecía inmóvil. Antojábaseme, al verla tan diáfana y luminosa, que no era una criatura terrenal, sino un espíritu que, revistiendo por un instante la forma humana, había descendido en el rayo de la luna, dejando en el aire y en pos de sí la azulada estela que desde el alto ajimez bajaba verticalmente hasta el pie del opuesto muro, rompiendo la oscura sombra de aquel recinto lóbrego y misterioso.

—Pero... —exclamó interrumpiéndole su camarada de co-

legio que, comenzando por echar a broma la historia, había concluido interesándose con su relato—. ¿Cómo estaba allí aquella mujer? ¿No la [10] dijiste nada? ¿No te explicó su presencia en aquel sitio?

—No me determiné a hablarla porque estaba seguro que no había de contestarme, ni verme, ni oírme.

—¿Era sorda?

—¿Era ciega?

—¿Era muda? [11] —exclamaron a un tiempo tres o cuatro de los que escuchaban la relación.

—Lo era todo a la vez —exclamó al fin el capitán, después de un momento de pausa—, porque era... de mármol.

Al oír el estupendo desenlace de tan extraña aventura, cuantos había en el corro prorrumpieron en una ruidosa carcajada, mientras uno de ellos dijo al narrador de la peregrina historia, que era el único que permanecía callado y en una grave actitud:

—¡Acabáramos de una vez! Lo que es de ese género tengo yo más de un millar, un verdadero serrallo [12], en San Juan de los Reyes [13]. Serrallo que desde ahora pongo a vuestra disposición, ya que, a lo que parece, tanto os da de una mujer de carne como de piedra.

[10] *la dijiste:* obsérvese el violento laísmo. Resulta impropio de Bécquer, que es andaluz, y parece atribuible, en todo caso, a la imprenta del periódico.

[11] Las tres interrogaciones se corresponden con los tres verbos que ha usado el que había hablado.

[12] *serrallo:* es el lugar de la casa en el que los musulmanes tienen a sus mujeres y concubinas; procede del italiano *serraglio* y este del persa. Usada por Cervantes y Lope, es palabra que se difundió en el Romanticismo, sobre todo por medio de la ópera.

[13] *San Juan de los Reyes:* la mejor de las iglesias de Toledo, construida en tiempos de los Reyes Católicos en el estilo gótico. Como dice el oficial francés, sufrió grandes destrozos con ocasión de la entrada de los franceses en Toledo.

—¡Oh, no! —continuó el capitán sin alterarse en lo más mínimo por las carcajadas de sus compañeros—. Estoy seguro que no pueden ser como la mía. La mía es una verdadera dama castellana que, por un milagro de la escultura, parece que no la han enterrado en su sepulcro, sino que aún permanece en cuerpo y alma de hinojos sobre la losa que le cubre, inmóvil, con las manos juntas en ademán suplicante, sumergida en un éxtasis de místico amor.

—De tal modo te explicas, que acabarás por probarnos la verosimilitud de la fábula de Galatea [14].

—Por mi parte, puedo deciros que siempre la creí una locura; mas desde anoche comienzo a comprender la pasión del escultor griego.

—Dadas las especiales condiciones de tu nueva dama, creo que no tendrás inconveniente en presentarnos a ella. De mí sé decir que ya no vivo hasta ver esa maravilla. Pero... ¿qué diantres te pasa?... Diríase que esquivas la presentación. ¡Ja, ja, ja! Bonito fuera que ya te tuviésemos hasta celoso.

—Celoso —se apresuró a decir el capitán—, celoso... De los hombres, no... Mas ved, sin embargo, hasta dónde llega mi extravagancia. Junto a la imagen de esa mujer, también de mármol, grave y al parecer con vida como ella, hay un guerrero... Su marido, sin duda... Pues bien: lo voy a decir todo, aunque os moféis de mi necedad... Si no hubiera temido que me tratasen de loco, creo que ya la habría hecho cien veces pedazos.

Una nueva y aún más ruidosa carcajada de los oficiales sa-

[14] *Galatea:* se refiere a la fábula de Pigmalión y Galatea. El escultor Pigmalión, enemigo de mujeres, labró sin embargo una estatua tan hermosa, de la que se enamoró, y pidió a Venus una esposa que fuese semejante a ella, y entonces la diosa animó el mármol (Ovidio, *Metamorfosis,* 10, fáb. 9).

ludó esta original revelación del estrambótico enamorado de la dama de piedra.

—Nada, nada; es preciso que la veamos —decían los unos.

—Sí, sí; es preciso saber si el objeto corresponde a tan alta pasión —añadían los otros.

—¿Cuándo nos reunimos a echar un trago en la iglesia en que os alojáis? —exclamaron los demás.

—Cuando mejor os parezca. Esta misma noche, si queréis —respondió el joven capitán, recobrando su habitual sonrisa, disipada un instante por aquel relámpago de celos—. A propósito: con los bagajes he traído hasta un par de docenas de botellas de *champagne* [15]; verdadero *champagne,* restos de un regalo hecho a nuestro general de brigada, que, como sabéis, es algo pariente.

—¡Bravo! ¡Bravo! —exclamaron los oficiales a una voz prorrumpiendo en alegres exclamaciones.

—¡Se beberá vino del país!

—¡Y cantaremos una canción de Ronsard! [16].

—Y hablaremos de mujeres, a propósito de la dama del anfitrión.

—Conque... ¡hasta la noche!

—¡Hasta la noche!

III

Ya hacía largo rato que los pacíficos habitantes de Toledo habían cerrado con llave y cerrojo las pesadas puertas de sus antiguos caserones; la campana gorda de la catedral anun-

[15] *champagne:* se reconoce que este vino es propio de los franceses y que bebiéndolo recuerden a la patria.

[16] *Ronsard:* Pierre de Ronsard (1524-1585) es un poeta lírico francés del Renacimiento, uno de los del grupo de la Pléyade. Sin embargo, parece difícil que los oficiales franceses acudiesen a un clásico en esta ocasión.

ciaba la hora de la queda [17], y en lo alto del alcázar, conver-
tido en cuartel, se oía el último toque de silencio de los clari-
nes, cuando diez o doce oficiales que poco a poco habían ido
reuniéndose en el Zocodover tomaron el camino que conduce
desde aquel punto al convento en que se alojaba el capitán,
animados más con la esperanza de apurar las prometidas bo-
tellas que con el deseo de conocer la maravillosa escultura.

La noche había cerrado sombría y amenazadora. El cielo
estaba cubierto de nubes de color de plomo. El aire, que
zumbaba encarcelado en las estrechas y retorcidas calles,
agitaba la moribunda luz del farolillo de los retablos o hacía
girar con un chirrido agudo las veletas de hierro de las torres.

Apenas los oficiales dieron vista a la plaza en que se ha-
llaba situado el alojamiento de su nuevo amigo, este, que les
aguardaba impaciente, salió a encontrarles y, después de
cambiar algunas palabras a media voz, todos penetraron jun-
tos en la iglesia, en cuyo lóbrego recinto la escasa claridad
de una linterna luchaba trabajosamente con las oscuras y es-
pesísimas sombras.

—¡Por quien soy —exclamó uno de los convidados, ten-
diendo a su alrededor la vista—, que el local es de los menos
a propósito del mundo para una fiesta!

—Efectivamente —dijo otro—. Nos traes a conocer a una
dama, y apenas si con mucha dificultad se ven los dedos de
la mano.

—Y, sobre todo, hace un frío que no parece sino que esta-
mos en la Siberia —añadió un tercero, arrebujándose en el
capote.

[17] *queda:* toque de campana que indicaba que era hora de recogerse a
las casas; téngase en cuenta que Toledo estaba ocupada por las fuerzas fran-
cesas. Recuérdese que antes la gran campana de Toledo despertó al oficial
que es protagonista del hecho legendario. Bécquer llena así de sonidos de
campanas el relato.

—Calma, señores, calma —interrumpió el anfitrión—. Calma, que a todo se proveerá. ¡Eh, muchacho! —prosiguió, dirigiéndose a uno de sus asistentes—, busca por ahí un poco de leña y enciéndenos una buena fogata en la capilla mayor.

El asistente, obedeciendo las órdenes de su capitán, comenzó a descargar golpes en la sillería del coro, y después que hubo reunido una gran cantidad de leña, que fue apilando al pie de las gradas del presbiterio, tomó la linterna y se dispuso a hacer un auto de fe con aquellos fragmentos tallados de riquísimas labores, entre las que se veían, por aquí, parte de una columnilla salomónica; por allá, la imagen de un santo abad, el torso de una mujer o la disforme cabeza de un grifo asomado entre hojarasca.

A los pocos minutos, una gran claridad que de improviso se derramó por todo el ámbito de la iglesia anunció a los oficiales que había llegado la hora de comenzar el festín.

El capitán, que hacía los honores de su alojamiento con la misma ceremonia que hubiera hecho los de su casa, exclamó, dirigiéndose a los convidados:

—Si gustáis, pasaremos al *buffet* [18].

Sus camaradas, afectando la mayor gravedad, respondieron a la invitación con un cómico saludo, y se encaminaron a la capilla mayor precedidos del héroe de la fiesta, que al llegar a la escalinata se detuvo un instante y, extendiendo la mano en dirección al sitio que ocupaba la tumba, les dijo con la finura más exquisita:

—Tengo el placer de presentaros a la dama de mis pensa-

[18] *buffet:* es un término tomado directamente del francés en el sentido de *ambigú* o lugar en el que se sirven comidas y bebidas, preparado para este fin. Se justifica por tratarse de soldados franceses, pero el término era un galicismo propio de los que seguían la moda de Francia.

mientos. Creo que convendréis conmigo en que no he exagerado su belleza.

Los oficiales volvieron los ojos al punto que les señalaba su amigo, y una exclamación de asombro se escapó involuntariamente de todos los labios.

En el fondo de un arco sepulcral revestido de mármoles negros, arrodillada delante de un reclinatorio, con las manos juntas y la cara vuelta hacia el altar, vieron, en efecto, la imagen de una mujer tan bella, que jamás salió otra igual de manos de un escultor, ni el deseo pudo pintarla en la fantasía más soberanamente hermosa.

—En verdad que es un ángel —exclamó uno de ellos.

—¡Lástima que sea de mármol! —añadió otro.

—No hay duda que, aunque no sea más que la ilusión de hallarse junto a una mujer de este calibre, es lo suficiente para no pegar los ojos en toda la noche.

—¿Y no sabéis quién es ella? —preguntaron algunos de los que contemplaban la estatua al capitán, que sonreía satisfecho de su triunfo.

—Recordando un poco del latín que en mi niñez supe, he conseguido a duras penas descifrar la inscripción de la tumba —contestó el interpelado—, y, a lo que he podido colegir, pertenece a un título de Castilla, famoso guerrero que hizo la campaña de Italia con el Gran Capitán. Su nombre lo he olvidado; mas su esposa, que es la que veis, se llama doña Elvira de Castañeda, y, por mi fe que si la copia se parece al original, debió ser la mujer más notable de su siglo.

Después de estas breves explicaciones, los convidados, que no perdían de vista el principal objeto de la reunión, procedieron a destapar algunas de las botellas, y, sentándose alrededor de la lumbre, empezó a andar el vino a la ronda.

A medida que las libaciones se hacían más numerosas y frecuentes y el vapor del espumoso *champagne* comenzaba a trastornar las cabezas, crecían la animación, el ruido y la al-

gazara de los jóvenes, de los cuales, estos arrojaban a los monjes de granito adosados a los pilares los cascos de las botellas vacías, y aquellos cantaban a toda voz canciones báquicas y escandalosas, mientras los de más allá prorrumpían en carcajadas, batían las palmas en señal de aplauso o disputaban entre sí con blasfemias y juramentos.

El capitán bebía en silencio como un desesperado y sin apartar los ojos de la estatua de doña Elvira.

Iluminada por el rojizo resplandor de la hoguera, y a través del confuso velo que la embriaguez había puesto delante de su vista, parecíale que la marmórea imagen se transformaba a veces en una mujer real: parecíale que entreabría los labios como murmurando una oración, que se alzaba su pecho como oprimido y sollozante, que cruzaba las manos con más fuerza, que sus mejillas se coloreaban, en fin, como si se ruborizase ante aquel sacrílego y repugnante espectáculo.

Los oficiales, que advirtieron la taciturna tristeza de su camarada, le sacaron del éxtasis en que se encontraba sumergido y, presentándole una copa, exclamaron en coro:

—¡Vamos, brindad vos, que sois el único que no lo ha hecho en toda la noche!

El joven tomó la copa y, poniéndose de pie y alzándola en alto, dijo encarándose con la estatua del guerrero arrodillado junto a doña Elvira:

—¡Brindo por el emperador y brindo por la fortuna de sus armas, merced a las cuales hemos podido venir hasta el fondo de Castilla a cortejarle su mujer, en su misma tumba, a un vencedor de Ceriñola! [19].

[19] El capitán no estaba muy firme en Historia, pues la batalla de Ceriñola la ganó Gonzalo Fernández de Córdoba, el Gran Capitán, a las tropas francesas del Duque de Nemours en 1503; y esto no corresponde a la época de los representados en las tumbas. El exceso de *champagne* justifica el error del brindis patriótico y fanfarrón.

Los militares acogieron el brindis con una salva de aplausos, y el capitán, balanceándose, dio algunos pasos hacia el sepulcro.

—No... —prosiguió dirigiéndose siempre a la estatua del guerrero y con esa sonrisa estúpida propia de la embriaguez—, no creas que te tengo rencor alguno porque veo en ti un rival. Al contrario, te admiro como a un marido paciente, ejemplo de longanimidad y mansedumbre, y a mi vez quiero también ser generoso. Tú serías bebedor, a fuer de soldado. No se ha de decir que te he dejado morir de sed viéndonos vaciar veinte botellas... ¡Toma!

Y esto diciendo, llevóse la copa a los labios y, después de humedecérselos en el licor que contenía, le arrojó el resto a la cara, prorrumpiendo en una carcajada estrepitosa al ver cómo caía el vino sobre la tumba, goteando de las barbas de piedra del inmóvil guerrero.

—¡Capitán! —exclamó en aquel punto uno de sus camaradas en tono de zumba—. Cuidado con lo que hacéis... Mirad que esas bromas con la gente de piedra suelen costar caras. Acordaos de lo que aconteció a los húsares del quinto en el monasterio de Poblet... Los guerreros del claustro, dicen que pusieron mano una noche a sus espadas de granito y dieron que hacer a los que se entretenían en pintarles bigotes con carbón.

Los jóvenes acogieron con grandes carcajadas esta ocurrencia; pero el capitán, sin hacer caso de sus risas continuó, siempre fijo en la misma idea:

—¿Creéis que yo le hubiera dado el vino, a no saber que se tragaba al menos el que le cayese en la boca?... ¡Oh, no!... Yo no creo, como vosotros, que esas estatuas son un pedazo de mármol tan inerte hoy como el día en que lo arrancaron de la cantera. Indudablemente, el artista, que es casi un dios, le da a su obra un soplo de vida que no logra hacer que ande y se mueva, pero que le infunde una vida incomprensible y ex-

traña, vida que yo no me explico bien, pero que la siento, sobre todo cuando bebo un poco.

—¡Magnífico! —exclamaron sus camaradas—. Bebe y prosigue.

El oficial bebió y, fijando sus ojos en la imagen de doña Elvira, prosiguió con una exaltación creciente:

—¡Miradla!... ¡Miradla!... ¿No veis esos cambiantes rojos de sus carnes mórbidas y transparentes?... ¿No parece que por debajo de esa ligera epidermis azulada y suave de alabastro circula un fluido de luz color de rosa?... ¿Queréis más vida?... ¿Queréis más realidad?...

—¡Oh, sí, seguramente! —dijo uno de los que le escuchaban—. Quisiéramos que fuese de carne y hueso.

—¡Carne y hueso!... ¡Miseria, podredumbre!... —exclamó el capitán—. Yo he sentido en una orgía arder mis labios y mi cabeza. Yo he sentido este fuego que corre por las venas hirviente como la lava de un volcán, cuyos vapores caliginosos turban y trastornan el cerebro y hacen ver visiones extrañas. Entonces, el beso de esas mujeres materiales me quemaba como un hierro candente, y las apartaba de mí con disgusto, con horror, hasta con asco, porque entonces, como ahora, necesitaba un soplo de brisa del mar para mi frente calurosa, beber hielo y besar nieve... Nieve teñida de suave luz, nieve colorada por un dorado rayo de sol... Una mujer blanca, hermosa y fría, como esa mujer de piedra que parece incitarme con su fantástica hermosura, que parece que oscila al compás de la llama y me provoca entreabriendo sus labios y ofreciéndome un tesoro de amor... ¡Oh, sí! Un beso..., sólo un beso tuyo podrá calmar el ardor que me consume.

—¡Capitán! —exclamaron algunos de los oficiales al verle dirigirse hacia la estatua como fuera de sí, extraviada la vista y con pasos inseguros—. ¿Qué locura vais a hacer? ¡Basta de bromas y dejad en paz a los muertos!

El joven ni oyó siquiera las palabras de sus amigos, y, tambaleando y como pudo, llegó a la tumba y aproximóse a la estatua; pero al tenderle los brazos resonó un grito de horror en el templo. Arrojando sangre por ojos, boca y nariz, había caído desplomado y con la cara deshecha al pie del sepulcro.

Los oficiales, mudos y espantados, ni se atrevían a dar un paso para prestarle socorro.

En el momento en que su camarada intentó acercar sus labios ardientes a los de doña Elvira, habían visto al inmóvil guerrero levantar la mano y derribarle con una espantosa bofetada de su guantelete [20] de piedra.

[20] *guantelete:* se llama así a la manopla o parte de la armadura que protegía la mano. Es invención de Bécquer para dar una culminación fulminante a esta orgía romántica de macabro desenfreno.

EL RAYO DE LUNA

(LEYENDA SORIANA)

Publicada en *El Contemporáneo* los días 12 y 13 de febrero de 1862. En la introducción personal, Bécquer sitúa las coordenadas del relato: lo que escribe parece y pudo ser cuento o historia, es decir, ficción o realidad. No se relaciona con ningún acontecimiento histórico, sino con la experiencia de un noble señor, aficionado a la poesía, ocasión, pues, de sugerir afinidades con él mismo. La acción ocurre en la Edad Media, y así el autor la enmarca con referencias a la arquitectura (chimeneas góticas, galerías y ventanas ojivales), a la guerra de los moros y a la poesía provenzal. La sitúa en Soria, después de la caída de los templarios. Bécquer estuvo en Soria * y tuvo ocasión de conocer los lugares que cita en la narración. Lo que cuenta parece una leyenda compuesta de levísimos elementos como son, por una parte, la obsesión de un caballero solitario (como el personaje descrito por Heine en el Prólogo de su *Intermezzo,* accesible a Bécquer por una traducción francesa, según R. Pageard,

* Véase en la bibliografía *Bécquer y Soria,* en especial los artículos de José Antonio Pérez-Rioja, «Los Bécquer en Soria y Soria en la vida y la obra de los Bécquer» (págs. 9-30), y Heliodoro Carpintero, «Geografía literaria soriana de Gustavo Adolfo Bécquer (págs. 31-52). Un estudio estructural entre el plano formal y el de contenido se encuentra en el artículo de Miguel Olivera Giménez, «Un análisis de prosa becqueriana: «El rayo de luna», *Gustavo Adolfo Bécquer (Estudios reunidos en conmemoración del Centenario 1870-1970),* La Plata, Universidad, 1971, págs. 95-115.

Bécquer, pág. 182); y, por otra, la transformación e identificación de una mujer con un rayo de luna (como se intuye en la *Rima XV* [60]), un tema muy propio del Romanticismo nocturno. Si bien el motivo es lírico, Bécquer hace presente que su propósito es entretener a los lectores; lo que dice de la *filosofía lacrimosa* se refiere a que lo que cuenta pudo haber sido el argumento de una extensa novela histórica de condición folletinesca, pero él prefirió, como siempre, la quintaesencia de un relato breve, contenido en un artículo de periódico.

Yo no sé si esto es una historia que parece cuento o un cuento que parece historia; lo que puedo decir es que en su fondo hay una verdad, una verdad muy triste, de la que acaso yo seré uno de los últimos en aprovecharme, dadas mis condiciones de imaginación.

Otro, con esta idea, tal vez hubiera hecho un tomo de filosofía lacrimosa; yo he escrito esta leyenda, que, a los que nada vean en su fondo, al menos podrá entretenerles un rato.

I

Era noble; había nacido entre el estruendo de las armas, y el insólito clamor de una trompa de guerra no le hubiera hecho levantar la cabeza un instante, ni apartar sus ojos un punto del oscuro pergamino en que leía la última cántiga [1] de un trovador.

Los que quisieran encontrarle no lo debían buscar en el anchuroso patio de su castillo, donde los palafreneros [2] do-

[1] *cántiga:* cantiga, composición poética medieval, de carácter lírico o narrativo.

[2] *palafreneros:* son los criados que llevan las cabalgaduras por el freno, mozos de caballos.

maban los potros, los pajes enseñaban a volar a los halcones y los soldados se entretenían los días de reposo en afilar el hierro de su lanza contra una piedra.

—¿Dónde está Manrique? ¿Dónde está vuestro señor? —preguntaba algunas veces su madre.

—No sabemos —respondían sus servidores—; acaso estará en el claustro del monasterio de la Peña [3], sentado al borde de una tumba, prestando oído a ver si sorprende alguna palabra de la conversación de los muertos; o en el puente, mirando correr una tras otra las olas del río por debajo de sus arcos; o acurrucado en la quiebra de una roca y entretenido en contar las estrellas del cielo, en seguir una nube con la vista o contemplar los fuegos fatuos que cruzan como exhalaciones sobre el haz de las lagunas. En cualquiera parte estará, menos en donde esté todo el mundo [4].

En efecto, Manrique amaba la soledad, y la amaba de tal modo que algunas veces hubiera deseado no tener sombra, porque su sombra no le siguiese a todas partes.

Amaba la soledad porque en su seno, dando rienda suelta a la imaginación, forjaba un mundo fantástico, habitado por extrañas creaciones, hijas de sus delirios y sus ensueños de poeta, porque Manrique era poeta; tanto, que nunca le habían satisfecho las formas en que pudiera encerrar sus pensamientos y nunca los había encerrado al escribirlos.

Creía que entre las rojas ascuas del hogar habitaban espíritus de fuego de mil colores, que corrían como insectos de oro

[3] *Monasterio de la Peña:* así, en términos generales, con un nombre indeterminado pero que conviene a un monasterio. Un poco más adelante se refiere al Duero, a su paso por Soria, para afirmar la condición de la leyenda soriana.

[4] Bécquer parece que se retrata a sí mismo en este joven aficionado a la soledad, ensoñado, contrario a lo que son las corrientes de la moda común, poeta aunque no hubiese escrito un verso.

a lo largo de los troncos encendidos, o danzaban en una luminosa ronda de chispas en la cúspide de las llamas, y se pasaba las horas muertas sentado en un escabel[5], junto a la alta chimenea gótica inmóvil y con los ojos fijos en la lumbre.

Creía que en el fondo de las ondas del río, entre los musgos de la fuente y sobre los vapores del lago vivían unas mujeres misteriosas, hadas, sílfides u ondinas[6], que exhalaban lamentos y suspiros o cantaban y se reían en el monótono rumor del agua, rumor que oía en silencio, intentando traducirlo.

En las nubes, en el aire, en el fondo de los bosques, en las grietas de las peñas imaginaba percibir formas o escuchar sonidos misteriosos, formas de seres sobrenaturales, palabras ininteligibles que no podía comprender.

¡Amar! Había nacido para soñar el amor, no para sentirlo. Amaba a todas las mujeres un instante: a esta porque era rubia, a aquella porque tenía los labios rojos, a la otra porque se cimbreaba, al andar, como un junco.

Algunas veces llegaba su delirio hasta el punto de quedarse una noche entera mirando a la luna, que flotaba en el cielo entre un vapor de plata, o [a] las estrellas, que temblaban a lo lejos como los cambiantes de las piedras preciosas. En aquellas largas noches de poético insomnio exclamaba:

—Si es verdad, como el prior de la Peña me ha dicho, que es posible que esos puntos de luz sean mundos; si es verdad que en ese globo de nácar que rueda sobre las nubes habitan gentes, ¡qué mujeres tan hermosas serán las mujeres de esas regiones luminosas! Y yo no podré verlas, y yo no podré

[5] *escabel:* silla pequeña y sin respaldo, de fácil transporte.

[6] Otra vez se testimonia la preferencia de Bécquer (como romántico) por la mitología nórdica: *hadas,* seres benéficos con poderes de magia y adivinación; *sílfides,* espíritus del aire; y *ondinas,* espíritus de las aguas del lago en las montañas.

amarlas... ¿Cómo será su hermosura?... ¿Cómo será su amor?...

Manrique no estaba aún lo bastante loco para que le siguiesen los muchachos, pero sí lo suficiente para hablar y gesticular a solas, que es por donde se empieza.

II

Sobre el Duero, que pasaba lamiendo las carcomidas y oscuras piedras de las murallas de Soria, hay un puente que conduce de la ciudad al antiguo convento de los Templarios[7], cuyas posesiones se extendían a lo largo de la opuesta margen del río.

En la época a que nos referimos, los caballeros de la orden habían ya abandonado sus históricas fortalezas; pero aún quedaban en pie los restos de los anchos torreones de sus muros; aún se veían, como en parte se ven hoy, cubiertos de hiedras y campanillas blancas, los macizos arcos de su claustro, las prolongadas galerías ojivales de sus patios de armas, en las que suspiraba el viento con un gemido, agitando las altas yerbas.

En los huertos y en los jardines, cuyos senderos no hollaban[8] hacía muchos años las plantas de los religiosos, la vegetación, abandonada de sí misma, desplegaba todas sus

[7] *templarios:* orden de caballería que inicialmente tuvo como propósito asegurar los caminos de los peregrinos hasta los Santos Lugares de Jerusalén. Creció muy aprisa y acumuló grandes riquezas, y sus miembros fueron acusados en medio de un gran escándalo hasta que en 1312 Clemente V la disolvió. Por la polémica histórica que llevaba consigo, la historia de los templarios fue un asunto muy explotado por los románticos.

[8] *hollar:* pisar, dejar las huellas en un suelo; de donde, profanar, humillar.

galas, sin temor de que la mano del hombre la mutilase, creyendo embellecerla.

Las plantas trepadoras subían encaramándose por los añosos troncos de los árboles; las sombrías calles de álamos, cuyas copas se tocaban y se confundían entre sí, se habían cubierto de céspedes; los cardos silvestres y las ortigas brotaban en medio de los enarenados caminos, y en los trozos de fábrica[9] próximos a desplomarse, el jaramago, flotando al viento como el penacho de una cimera[10], y las campanillas blancas y azules, balanceándose como en un columpio sobre sus largos y flexibles tallos, pregonaban la victoria de la destrucción y la ruina.

Era de noche; una noche de verano, templada, llena de perfumes y de rumores apacibles, y con una luna blanca y serena en mitad de un cielo azul, luminoso.

Manrique, presa su imaginación de un vértigo de poesía[11], después de atravesar el puente, desde donde contempló un momento la negra silueta de la ciudad que se destacaba sobre el fondo de algunas nubes blanquecinas y ligeras arrolladas en el horizonte, se internó en las desiertas ruinas de los Templarios.

La medianoche tocaba a su punto. La luna, que se había ido remontando lentamente, estaba ya en lo más alto del cielo cuando, al entrar en una oscura alameda que conducía desde el derruido claustro a la margen del Duero, Manrique exhaló un grito, un grito leve, ahogado, mezcla extraña de sorpresa, de temor y de júbilo.

[9] *fábrica:* construcción, cuerpo de un edificio.
[10] *cimera:* el adorno de la parte superior de un yelmo o celada; aquí, un penacho de plumas.
[11] La poesía, según esto, es una impresión imaginada que se vive como un vértigo, y no la aplicación de una técnica artística; en contraste con esta poesía como actitud vital, Bécquer fue un poeta cuidadoso al escribir su obra y no le parecían bien las precipitaciones de la inspiración.

En el fondo de la sombría alameda había visto agitarse una cosa blanca que flotó un momento y desapareció en la oscuridad. La orla del traje de una mujer, de una mujer que había cruzado el sendero y se ocultaba entre el follaje, en el mismo instante en que el loco soñador de quimeras e imposibles penetraba en los jardines.

—¡Una mujer desconocida!... ¡En este sitio!... ¡A estas horas! Esa, esa es la mujer que yo busco —exclamó Manrique; y se lanzó en su seguimiento, rápido como una saeta.

III

Llegó al punto en que había visto perderse, entre la espesura de las ramas, a la mujer misteriosa. Había desaparecido. ¿Por dónde? Allá lejos, muy lejos, creyó divisar por entre los cruzados troncos de los árboles como una claridad o una forma blanca que se movía.

—¡Es ella, es ella, que lleva alas en los pies y huye como una sombra! —dijo, y se precipitó en su busca, separando con las manos las redes de yedra que se extendían como un tapiz de unos en otros álamos. Llegó, rompiendo por entre la maleza y las plantas parásitas, hasta una especie de rellano que iluminaba la claridad del cielo... ¡Nadie!—. ¡Ah!... por aquí, por aquí va —exclamó entonces—. Oigo sus pisadas sobre las hojas secas, y el crujido de su traje, que arrastra por el suelo y roza en los arbustos —y corría y corría como un loco, de aquí para allá, y no la veía—. Pero siguen sonando sus pisadas —murmuró otra vez—; creo que ha hablado; no hay duda, ha hablado... El viento, que suspira entre las ramas; las hojas, que parece que rezan en voz baja, me han impedido oír lo que ha dicho; pero no hay duda: va por ahí, ha hablado... ha hablado... ¿En qué idioma? No sé; pero es una lengua extranjera...

Y tornó a correr en su seguimiento. Afán inútil. Unas veces creyendo verla, otras pensando oírla; ya notando que las

ramas por entre las cuales había desaparecido se movían, aún ahora imaginando distinguir en la arena la huella de sus breves pies; luego, firmemente persuadido de que un perfume especial, que aspiraba a intervalos, era un aroma perteneciente a aquella mujer, que se burlaba de él complaciéndose en huirle por entre aquellas intrincadas malezas.

Vagó algunas horas de un lado a otro, fuera de sí, ya parándose para escuchar, ya deslizándose con las mayores precauciones sobre la hierba, ya en una carrera frenética y desesperada.

Avanzando, avanzando por entre los inmensos jardines que bordaban [12] la margen del río, llegó al fin al pie de las rocas sobre las que se eleva la ermita de San Saturio.

—Tal vez, desde esta altura podré orientarme para seguir mis pesquisas a través de ese confuso laberinto —exclamó, trepando de peña en peña con la ayuda de su daga.

Llegó a la cima. Desde ella se descubre la ciudad en lontananza [13] y una gran parte del Duero, que se retuerce a sus pies, arrastrando una corriente impetuosa y oscura por entre las corvas márgenes que lo encarcelan.

Manrique, una vez en lo alto de las rocas, tendió la vista a su alrededor, pero al tenderla y fijarla al cabo en un punto, no pudo contener una blasfemia.

La luz de la luna rielaba [14] chispeando en la estela que dejaba en pos de sí una barca que se dirigía a todo remo a la orilla opuesta.

[12] Cabe rectificar *bord[e]aban;* o entender *bordaban,* como propone J. Estruch *(Leyendas,* pág. 153), apoyándose en el sentido de «adornar».

[13] *lontananza:* a lo lejos; en una pintura las partes que quedan más lejos del tema principal de la misma.

[14] *rielaba: rielar* «brillar con luz trémula». Es voz literaria, usada desde el Romanticismo; así en la conocida «Canción del pirata» de Espronceda: «la luna en el mar riela,».

En aquella barca había creído distinguir una forma blanca y esbelta, una mujer sin duda, la mujer que había visto en los Templarios, la mujer de sus sueños, la realización de sus más locas esperanzas. Se descolgó de las peñas con la agilidad de un gamo, arrojó al suelo la gorra, cuya redonda y larga pluma podía embarazarle [15] para correr, y desnudándose del ancho capotillo [16] de terciopelo, partió como una exhalación hacia el puente.

Pensaba atravesarlo y llegar a la ciudad antes que la barca tocase en la orilla. ¡Locura! Cuando Manrique llegó, jadeante y cubierto de sudor, a la entrada, ya los que habían atravesado el Duero por la parte de San Saturio entraban en Soria por una de las puertas del muro, que en aquel tiempo llegaba hasta la margen del río, en cuyas aguas se retrataban sus pardas almenas.

IV

Aunque desvanecida su esperanza de alcanzar a los que habían entrado por el postigo de San Saturio, no por eso nuestro héroe perdió las de saber la casa que en la ciudad podía albergarlos. Fija en su mente esta idea, penetró en la población y, dirigiéndose hacia el barrio de San Juan, comenzó a vagar por sus calles a la ventura.

Las calles de Soria eran entonces, y lo son todavía, estrechas, oscuras y tortuosas. Un silencio profundo reinaba en ellas, silencio que sólo interrumpían, ora el lejano ladrido de un perro, ora el rumor de una puerta al cerrarse, ora el relincho de un corcel [17] que piafando hacía sonar la cadena que lo sujetaba al pesebre en las subterráneas caballerizas.

[15] *embarazarle:* producirle estorbo, dificultarle la carrera.
[16] *capotillo:* pequeña capa que sólo llega a la cintura.
[17] *corcel:* por caballo en el léxico romántico.

Manrique, con el oído atento a estos rumores de la noche, que unas veces le parecían los pasos de alguna persona que había doblado ya la última esquina de un callejón desierto; otras, voces confusas de gentes que hablaban a sus espaldas y que a cada momento esperaba ver a su lado, anduvo algunas horas corriendo al azar de un sitio a otro.

Por último, se detuvo al pie de un caserón de piedra, oscuro y antiquísimo, y al detenerse brillaron sus ojos con una indescriptible expresión de alegría. En una de las altas ventanas ojivales de aquel que pudiéramos llamar palacio se veía un rayo de luz templada y suave, que, pasando a través de unas ligeras colgaduras de seda color de rosa, se reflejaba en el negruzco y grieteado [18] paredón de la casa de enfrente.

—No cabe duda; aquí vive mi desconocida —murmuró el joven en voz baja y sin apartar un punto sus ojos de la ventana gótica—; aquí vive... Ella entró por el postigo de San Saturio... Por el postigo de San Saturio se viene a este barrio... En este barrio hay una casa donde, pasada la medianoche, aún hay gente en vela... En vela. ¿Quién sino ella, que vuelve de sus nocturnas excursiones, puede estarlo a estas horas?... No hay más; esta es su casa.

En esta firme persuasión, y revolviendo en su cabeza las más locas y fantásticas imaginaciones, esperó el alba frente a la ventana gótica, de la que en toda la noche no faltó la luz ni él separó la vista un momento.

Cuando llegó el día, las macizas puertas del arco que daba entrada al caserón, y sobre cuya clave se veían esculpidos los blasones de su dueño, giraron pesadamente sobre los goznes, con un chirrido prolongado y agudo. Un escudero apareció en el dintel [19] con un manojo de llaves en la mano, estregán-

[18] *grieteado:* hoy decimos *agrietado.*
[19] *dintel:* véase la nota 19 de *La rosa de pasión;* debió escribir *umbral.*

dose [20] los ojos y enseñando al bostezar una caja de dientes capaces de dar envidia a un cocodrilo.

Verlo Manrique y lanzarse a la puerta, todo fue obra de un instante.

—¿Quién habita en esta casa? ¿Cómo se llama ella? ¿De dónde es? ¿A qué ha venido a Soria? ¿Tiene esposo? Responde, responde, animal —esta fue la salutación que, sacudiéndole el brazo violentamente dirigió al pobre escudero, el cual, después de mirarle un buen espacio de tiempo con ojos espantados y estúpidos, le contestó en voz entrecortada por la sorpresa:

—En esta casa vive el muy honrado señor don Alonso de Valdecuellos, montero mayor de nuestro señor el rey, que, herido en la guerra contra moros, se encuentra en esta ciudad reponiéndose de sus fatigas.

—Pero ¿y su hija? —interrumpió el joven, impaciente—. ¿Y su hija, o su hermana, o su esposa, o lo que sea?

—No tiene ninguna mujer consigo.

—¡No tiene ninguna!... Pues ¿quién duerme allí en aquel aposento, donde toda la noche he visto arder una luz?

—¿Allí? Allí duerme mi señor don Alonso que, como se halla enfermo, mantiene encendida su lámpara hasta que amanece.

Un rayo cayendo de improviso a sus pies no le hubiera causado más asombro que el que le causaron estas palabras.

V

—Yo la he de encontrar, la he de encontrar; y si la encuentro, estoy casi seguro de que he de conocerla... ¿En qué? Eso es lo que no podré decir..., pero he de conocerla. El eco de su

[20] *estregándose:* la forma culta es *restregándose,* como rectificó la edición de 1871.

pisada o una sola palabra suya que vuelva a oír, un extremo de su traje, un solo extremo que vuelva a ver, me bastarán para conseguirlo. Noche y día estoy mirando flotar delante de mis ojos aquellos pliegues de una tela diáfana y blanquísima; noche y día me están sonando aquí dentro, dentro de la cabeza, el crujido de su traje, el confuso rumor de sus ininteligibles palabras. ¿Qué dijo?... ¿Qué dijo?... ¡Ah!, si yo pudiera saber lo que dijo, acaso...; pero aun sin saberlo, la encontraré...; la encontraré; me lo da el corazón, y mi corazón no me engaña nunca. Verdad es que ya he recorrido inútilmente todas las calles de Soria[21], que he pasado noches y noches al sereno, hecho poste de una esquina; que he gastado más de veinte doblas de oro en hacer charlar a dueñas y escuderos; que he dado agua bendita en San Nicolás a una vieja, arrebujada con tal arte en su manto de anascote[22], que se me figuró una deidad; y al salir de la Colegiata, una noche de maitines[23], he seguido como un tonto la litera del Arcediano, creyendo que el extremo de sus hopalandas[24] era el del traje de mi desconocida; pero no importa...; yo la he de encontrar, y la gloria de poseerla excederá seguramente al trabajo de buscarla.

¿Cómo serán sus ojos?... Deben de ser azules, azules y húmedos como el cielo de la noche; me gustan tanto los ojos de ese color; son tan expresivos, tan melancólicos, tan... Sí..., no hay duda: azules deben ser, azules son seguramente, y sus

[21] Aquí Bécquer anima el relato con una descripción que hace en primera persona el personaje de la ciudad medieval, dando así un toque de realismo histórico en este caso al relato, que hasta aquí había sido sólo lírico.

[22] *anascote:* tela fina de lana.

[23] *maitines:* es la primera de las horas canónicas que rezan los eclesiásticos, cuando aún no es de día; de ahí la confusión, del alocado señor.

[24] *hopalandas:* sotana que visten los eclesiásticos y también los estudiantes.

cabellos, negros, muy negros y largos para que floten... Me parece que los vi flotar aquella noche, al par que su traje, y eran negros...; no me engaño, no; eran negros.

—¡Y qué bien hacen unos ojos azules muy rasgados y adormidos, y una cabellera suelta, flotante y oscura, a una mujer alta...; porque... ella es alta, alta y esbelta como esos ángeles de las portadas de nuestras basílicas, cuyos ovalados rostros envuelven en un misterioso crepúsculo las sombras de sus doseles de granito! [25].

¡Su voz!... Su voz la he oído...; su voz es suave como el rumor del viento en las hojas de los álamos, y su andar acompasado y majestuoso como las cadencias de una música.

Y esa mujer, que es hermosa como el más hermoso de mis sueños de adolescente, que piensa como yo pienso, que gusta de lo que yo gusto, que odia lo que yo odio, que es un espíritu hermano de mi espíritu, que es el complemento de mi ser, ¿no se ha de sentir conmovida al encontrarme? ¿No me ha de amar como yo la amaré, como la amo ya, con todas las fuerzas de mi vida, con todas las facultades de mi alma?

Vamos, vamos al sitio donde la vi la primera y única vez que la he visto... Quién sabe si, caprichosa como yo, amiga de la soledad y el misterio, como todas las almas soñadoras, se complace en vagar por entre las ruinas en el silencio de la noche.

*

[25] *doseles:* el dosel es un bastidor de madera que sostiene un tapiz de adorno encima de una puerta, altar o trono. J. Estruch *(Leyendas,* pág. 157) propone que Bécquer usa la palabra por *doselete,* voladizo que se sitúa encima de las estatuas, que en este caso son de piedra.

Dos meses habían transcurrido desde que el escudero de don Alonso de Valdecuellos desengañó al iluso Manrique; dos meses durante los cuales en cada hora había formado un castillo en el aire, que la realidad desvanecía con un soplo; dos meses durante los cuales había buscado en vano a aquella mujer desconocida, cuyo absurdo amor iba creciendo en su alma, merced a sus aún más absurdas imaginaciones, cuando, después de atravesar, absorto en estas ideas, el puente que conduce a los Templarios, el enamorado joven se perdió entre las intrincadas sendas de sus jardines.

VI

La noche estaba serena y hermosa; la luna brillaba en toda su plenitud en lo más alto del cielo, y el viento suspiraba con un rumor dulcísimo entre las hojas de los árboles.

Manrique llegó al claustro, tendió la vista por su recinto y miró a través de las macizas columnas de sus arcadas... Estaba desierto.

Salió de él, encaminó sus pasos hacia la oscura alameda que conduce al Duero, y aún no había penetrado en ella, cuando de sus labios se escapó un grito de júbilo.

Había visto flotar un instante, y desaparecer, el extremo del traje blanco, del traje blanco de la mujer de sus sueños, de la mujer que ya amaba como un loco.

Corre, corre en su busca; llega al sitio en que la ha visto desaparecer; pero al llegar se detiene, fija los espantados ojos en el suelo, permanece un rato inmóvil; un ligero temblor nervioso agita sus miembros, un temblor que va creciendo, que va creciendo y ofrece los síntomas de una verdadera convulsión, y prorrumpe, al fin, en una carcajada, en una carcajada sonora, estridente, horrible.

Aquella cosa blanca, ligera, flotante, había vuelto a brillar

ante sus ojos; pero había brillado a sus pies un instante, no más que un instante.

Era un rayo de luna, un rayo de luna que penetraba a intervalos por entre la verde bóveda de los árboles cuando el viento movía las ramas.

...

Habían pasado algunos años. Manrique, sentado en un sitial, junto a la alta chimenea gótica de su castillo, inmóvil casi, y con una mirada vaga e inquieta como la de un idiota, apenas prestaba atención ni a las caricias de su madre ni a los consuelos de sus servidores.

—Tú eres joven, tú eres hermoso —le decía aquella—. ¿Por qué te consumes en la soledad? ¿Por qué no buscas una mujer a quien ames, y que amándote pueda hacerte feliz?

—¡El amor!... El amor es un rayo de luna —murmuraba el joven.

—¿Por qué no despertáis de ese letargo? —le decía uno de sus escuderos—. Os vestís de hierro de pies a cabeza; mandáis desplegar al aire vuestro pendón de ricohombre, y marchamos a la guerra. En la guerra se encuentra la gloria.

—¡La gloria!... La gloria es un rayo de luna.

—¿Queréis que os diga una cántiga, la última que ha compuesto mosén Arnaldo [26], el trovador provenzal?

—¡No! ¡No! —exclamó por último el joven, incorporándose colérico en su sitial—. No quiero nada...; es decir, sí quiero, quiero que me dejéis solo... Cántigas..., mujeres...,

[26] *Arnaldo* es un nombre muy común entre los trovadores provenzales; así Daniel Arnaldo, Arnaldo de Carcasona, de Cominges, de Mareuil, de Marsan, etc. Bécquer lo usa así de forma imprecisa porque su conocimiento de esta poesía era más de oídas que de lecturas eruditas.

glorias..., felicidad..., mentiras todo, fantasmas vanos que formamos en nuestra imaginación y vestimos a nuestro antojo, y los amamos y corremos tras ellos, ¿para qué?, ¿para qué? Para encontrar un rayo de luna.

Manrique estaba loco; por lo menos, todo el mundo lo creía así. A mí, por el contrario, se me figura que lo que había hecho era recuperar el juicio [27].

[27] El cierre de la leyenda es este comentario personal de Bécquer en que, con pocas palabras, identifica la locura con un conocimiento más profundo de la realidad, una intuición o iluminación espiritual que le hace comprender que el hombre puede perder el *sentido común* (o sea la visión ordinaria de la vida) si se empeña en encontrar un ideal entrevisto en una experiencia confusa de orden poético. Por eso el poeta encierra dentro de sí al loco que se desentiende de los afanes generales de la gente: mujeres, guerra y aun la misma poesía, ya escrita. R. Brown relaciona la desilusión del protagonista con el contenido de la *Rima* LXXII (5), *(Bécquer,* ob. cit., pág. 182).

EL GNOMO

(LEYENDA ARAGONESA)

Esta leyenda apareció en *La América* el 12 de enero de 1863. Parece que Bécquer escribió esta pieza literaria con precipitación, pues denota falta de unidad: se reúnen en ella una introducción costumbrista, de tintes idealizados (el viejo con las mozas del lugar), el cuento del pastor que penetra en la cueva de los gnomos, la diversa fortuna de Marta, la audaz, y Magdalena, la tímida, y la historia del rey de Aragón que salvó el reino con un tesoro procedente de las misteriosas cuevas. Todo este cúmulo de argumentos se articula en razón de su relación con unos seres, los gnomos, que se sitúan en las estribaciones del Moncayo, dentro de la montaña. Bécquer esta vez se vale de los *gnomos,* seres creados por la fantasía medieval, de origen cabalístico, y que dentro de las entrañas de la tierra guardan los metales, las piedras preciosas y los tesoros. Estos seres se corresponden en las creencias folklóricas europeas con los *lutins* franceses y los que menciona Bécquer puede que los haya tomado de los *duendes* del Pirineo *(petits, minairons,* etc.). Son de pequeño tamaño y, como escribe Bécquer, pueden cambiar el aspecto humano por el de los reptiles de las cuevas o los fuegos fatuos. Junto a este fondo folklórico, Bécquer pudo inspirarse también en uno de los cuentos de *Les Fées,* de Charles Perrault (traducidos al español en 1852), el de las hermanas que van a la fuente.

La leyenda pasa de la narración indirecta (parte primera, el viejo que entretiene a las mozas) a la directa con lo que acontece a las dos hermanas (cuya contraposición de rasgos es semejante a la que pre-

senta la Rima XI: «Yo soy ardiente, yo soy morena,...» frente a «Mi frente es pálida, mis trenzas de oro;...»). Las dos hermanas mantienen su disparidad que se prolonga luego en la parte dialogada entre los elementos de la naturaleza, el agua (que fascina y pierde a Marta) y el viento (que salva a Magdalena). Estas intervenciones del agua y el viento forman como sucesivos poemas en prosa en los que estos elementos refieren sus cualidades y condiciones.

Tantos filones argumentales como indiqué no se integran armónicamente en esta leyenda; Bécquer intenta la hispanización de los gnomos en las tierras de Aragón, pero el relato es más bien una suma de elementos formulísticos que no logran integrarse en una leyenda total.

I

Las muchachas del lugar volvían de la fuente con sus cántaros en la cabeza. Volvían cantando y riendo con un ruido y una algazara que sólo pudiera [1] compararse a la alegre algarabía de una banda de golondrinas cuando revolotean espesas como el granizo alrededor de la veleta de un campanario.

En el pórtico de la iglesia, y sentado al pie de un enebro, estaba el tío Gregorio. El tío Gregorio era el más viejecito del lugar. Tenía cerca de noventa navidades [2], el pelo blanco, la boca de risa, los ojos alegres y las manos temblonas. De niño fue pastor; de joven, soldado. Después cultivó una pequeña heredad, patrimonio de sus padres, hasta que, por último, le faltaron las fuerzas y se sentó tranquilo a esperar la muerte que ni temía ni deseaba. Nadie contaba un chascarrillo con más gracia que él, ni sabía historias más estupendas,

[1] En el texto que publicamos aparece en singular, aunque el verbo se refiera a un sujeto doble; en la ed. de R. Correa se imprime *pudieran* en plural para que el concierto gramatical sea correcto.

[2] *navidades:* lo común es contar por *primaveras* pero, por la edad del tío Gregorio, Bécquer traslada el modismo a las *navidades.*

ni traía a cuento tan oportunamente un refrán, una sentencia o un adagio[3].

Las muchachas, al verle, apresuraron el paso con ánimos de irle a hablar, y cuando estuvieron en el pórtico, todas comenzaron a suplicarle que les contase una historia con que entretener el tiempo que aún faltaba para hacerse [de][4] noche, que no era mucho, pues el sol poniente hería de soslayo la tierra y las sombras de los montes se dilataban por momentos a lo largo de la llanura.

El tío Gregorio escuchó sonriendo la petición de las muchachas, las cuales, una vez obtenida la promesa de que les referiría alguna cosa, dejaron los cántaros en el suelo y, sentándose a su alrededor, formaron un corro, en cuyo centro quedó el viejecito, que comenzó a hablarles de esta manera:

—No os contaré una historia, porque aunque se me acuerdan[5] algunas en este momento, atañen a cosas tan graves que ni vosotras, que sois unas locuelas, me prestaríais atención para escucharla, ni a mí, por lo avanzado de la tarde, me queda espacio para referirla[6]. Os daré en su lugar un consejo.

—¡Un consejo! —exclamaron las muchachas con aire de visible mal humor—. ¡Bah! No es para oír consejos para lo que nos hemos detenido. Cuando nos hagan falta, ya nos los dará el señor cura.

[3] *refrán, sentencia y adagio:* son los tres grados de la literatura aforística; es de suponer que el viejo supiera más de los primeros que de los otros, situados en un grado más elevado de la literatura; las *historias* serían las leyendas folklóricas que aquí nos importan.

[4] Añadimos el [de] como R. Correa y los sucesivos editores.

[5] *se me acuerdan:* es modismo popular que R. Correa y otros editores cambian por *recuerdan*. Lo dejamos así porque conviene mejor con el personaje que habla.

[6] *escucharla* y luego *referirla:* lo mismo hacen aquí los otros editores y pasan estos verbos a la forma de plural, pero preferimos dejar el lenguaje incorrecto gramaticalmente, pero expresivo.

—Es —prosiguió el anciano con su habitual sonrisa y su voz cascada y temblona— que el señor cura acaso no sabría dároslo en esta ocasión tan oportuno como os lo puede dar el tío Gregorio, porque él, ocupado en sus rezos y letanías, no habrá echado, como yo, de ver que cada día vais por agua a la fuente más temprano y volvéis más tarde.

Las muchachas se miraron entre sí con una imperceptible sonrisa de burla, no faltando alguna de las que estaban colocadas a sus espaldas que se tocase la frente con el dedo, acompañando su acción con un gesto significativo.

—¿Y qué mal encontráis en que nos detengamos en la fuente charlando un rato con las amigas y las vecinas...? —dijo una de ellas—. ¿Andan acaso chismes en el lugar porque los mozos salen al camino a echarnos flores o vienen a brindarse para traer nuestros cántaros hasta la entrada del pueblo?

—De todo hay —contestó el viejo a la moza que le había dirigido la palabra en nombre de sus compañeras—. Las viejas del lugar murmuran de que hoy vayan las muchachas a loquear y entretenerse a un sitio al cual ellas llegaban de prisa y temblando a tomar el agua, pues sólo de allí puede traerse, y yo encuentro mal perdáis[7] poco a poco el temor que a todos inspira el sitio donde se halla la fuente, porque podría acontecer que alguna vez os sorprendiese en él la noche.

El tío Gregorio pronunció estas últimas palabras con un tono tan lleno de misterio, que las muchachas abrieron los ojos espantadas para mirarle y, con mezcla de curiosidad y burla, tornaron a insistir:

—¡La noche! Pues ¿qué pasa de noche en ese sitio, que tales aspavientos hacéis y con tan temerosas y oscuras palabras

[7] *mal perdáis:* R. Correa y los otros intercalan un *que* que puede sobreentenderse en el habla coloquial.

nos habláis de lo que allí podría acontecernos? ¿Se nos comerán acaso los lobos?

—Cuando el Moncayo se cubre de nieve, los lobos, arrojados de sus guaridas, bajan en rebaños por su falda, y más de una vez los hemos oído aullar en horroroso concierto, no sólo en los alrededores de la fuente, sino en las mismas calles del lugar; pero no son los lobos los huéspedes más terribles del Moncayo. En sus profundas simas, en sus cumbres solitarias y ásperas, en su hueco seno, viven unos espíritus diabólicos que durante la noche bajan por sus vertientes como un enjambre, y pueblan el vacío y hormiguean en la llanura, y saltan de roca en roca, juegan entre las aguas o se mecen en las desnudas ramas de los árboles. Ellos son los que aúllan en las grietas de las peñas; ellos los que forman y empujan esas inmensas bolas de nieve que bajan rodando desde los altos picos y arrollan y aplastan cuanto encuentran a su paso; ellos los que llaman con el granizo a nuestros cristales en las noches de lluvia y corren como llamas azules y ligeras sobre el haz de los pantanos. Entre estos espíritus que, arrojados de las llanuras por las bendiciones y los exorcismos de la Iglesia, han ido a refugiarse a las crestas inaccesibles de las montañas, los hay de diferente naturaleza y que, al parecer, a nuestros ojos se revisten de formas variadas. Los más peligrosos, sin embargo, los que se insinúan con dulces palabras en el corazón de las jóvenes y las deslumbran con promesas magníficas, son los gnomos. Los gnomos viven en las entrañas de los montes. Conocen sus caminos subterráneos y, eternos guardadores de los tesoros que encierran, velan día y noche junto a los veneros [8] de los metales y las piedras preciosas. ¿Veis —prosiguió el viejo, señalando con el palo que le servía de apoyo la cumbre del Moncayo, que se

[8] *veneros:* criadero de los minerales dentro de la tierra.

levantaba a su derecha, destacándose oscuro y gigantesco so-
bre el cielo violado y brumoso del crepúsculo—, veis esa in-
mensa mole coronada aún de nieve? Pues en su seno tienen
su morada esos diabólicos espíritus. El palacio que habitan
es horroroso y magnífico a la vez.

Hace muchos años que un pastor, siguiendo a una res ex-
traviada, penetró por la boca de una de esas cuevas, cuyas en-
tradas cubren espesos matorrales y cuyo fin no ha visto nin-
guno. Cuando volvió al lugar estaba pálido como la muerte.
Había sorprendido el secreto de los gnomos, había respirado
su envenenada atmósfera y pagó su atrevimiento con la vida;
pero antes de morir refirió cosas estupendas[9]. Andando por
aquella caverna adelante había encontrado, al fin, unas gale-
rías subterráneas e inmensas, alumbradas con un resplandor
dudoso y fantástico, producido por la fosforescencia de las
rocas, semejantes allí a grandes pedazos de cristal cuajado en
mil formas caprichosas y extrañas. El suelo, la bóveda y las
paredes de aquellos extensos salones, obra de la naturaleza,
parecían jaspeados como los mármoles más ricos; pero las
vetas que los cruzaban eran de oro y de plata, y entre aque-
llas vetas brillantes se veían como incrustadas multitud de
piedras preciosas de todos colores y tamaños. Allí había ja-
cintos y esmeraldas en montón, y diamantes, y rubíes, y zafi-
ros y, qué sé yo, otras muchas piedras desconocidas que él no
supo nombrar, pero tan grandes y tan hermosas que sus ojos
se deslumbraron al contemplarlas. Ningún ruido exterior lle-
gaba al fondo de la fantástica caverna. Sólo se percibían a in-
tervalos unos gemidos largos y lastimosos del aire que dis-

[9] Observa M. García-Viñó (*Mundo y trasmundo...*, ob. cit., págs. 223-
224) que aquí dice que murió por haber conocido a los gnomos y un poco
más adelante indica que el sonido de las campanas le salvó cuando estaba a
punto de ceder a la codicia y llevarse parte de los tesoros.

curría por aquel laberinto encantado, un rumor confuso de fuego subterráneo que hervía comprimido, y murmullos de aguas corrientes que pasaban sin saberse por dónde.

El pastor, solo y perdido en aquella inmensidad, anduvo no sé cuántas horas sin hallar la salida, hasta que, por último, tropezó con el nacimiento del manantial cuyo murmullo había oído. Este brotaba del suelo como una fuente maravillosa, con un salto de agua coronado de espuma que caía formando una vistosa cascada y produciendo un murmullo sonoro al alejarse resbalando por entre las quebraduras de las peñas. A su alrededor crecían unas plantas nunca vistas, con hojas anchas y gruesas las unas, delgadas, y largas como cintas flotantes las otras.

Medio escondidos entre aquella húmeda frondosidad discurrían unos seres extraños, en parte hombres, en parte reptiles, o ambas cosas a la vez, pues transformándose continuamente, ora parecían criaturas humanas deformes y pequeñuelas, ora salamandras luminosas o llamas fugaces que danzaban en círculos sobre la cúspide del surtidor. Allí, agitándose en todas direcciones, corriendo por el suelo en forma de enanos repugnantes y contrahechos, encaramándose por las paredes, babeando y retorciéndose en figura de reptiles o bailando con apariencia de fuegos fatuos sobre el haz del agua, andaban los gnomos, señores de aquellos lugares, contando y removiendo sus fabulosas riquezas. Ellos saben dónde guardan los avaros esos tesoros que en vano buscan después los herederos; ellos conocen el lugar donde los moros, antes de huir, ocultaron sus joyas; y las alhajas que se pierden, las monedas que se extravían, todo lo que tiene algún valor y desaparece, ellos son los que lo buscan, lo encuentran y lo roban para esconderlo en sus guaridas, porque ellos saben andar todo el mundo por debajo de la tierra y por caminos secretos e ignorados. Allí tenían, pues, hacinados en montón toda clase de objetos raros y preciosos. Había joyas

de un valor inestimable, collares y gargantillas de perlas y piedras finas, ánforas de oro de forma antiquísima llenas de rubíes, copas cinceladas, armas ricas, monedas con bustos y leyendas imposibles de conocer o descifrar, tesoros, en fin, tan fabulosos e inmensos, que la imaginación apenas puede concebirlos. Y todo brillaba a la vez, lanzando unas chispas de colores y unos reflejos tan vivos, que parecía como que todo estaba ardiendo y se movía y temblaba. Al menos, el pastor refirió que así le había parecido.

Al llegar aquí, el anciano se detuvo un momento. Las muchachas, que comenzaron por oír la relación del tío Gregorio con una sonrisa de burla, guardaban entonces un profundo silencio, esperando a que continuase, con los ojos espantados, los labios ligeramente entreabiertos y la curiosidad y el interés pintados en el rostro. Una de ellas rompió al fin el silencio y exclamó sin poderse contener, entusiasmada al oír la descripción de las fabulosas riquezas que se habían ofrecido a la vista del pastor:

—Y qué, ¿no se trajo nada de aquello?

—Nada —contestó el tío Gregorio.

—¡Qué tonto! —exclamaron en coro las muchachas.

—El cielo le ayudó en aquel trance —prosiguió el anciano—, pues en el momento en que la avaricia, que a todo se sobrepone, comenzaba a disipar su miedo y, alucinado a la vista de aquellas joyas, de las cuales una sola bastaría a hacerle poderoso, el pastor iba a apoderarse de algunas, dice que oyó, ¡maravillaos del suceso!, oyó claro y distinto en aquellas profundidades, y a pesar de las carcajadas y las voces de los gnomos, del hervidero de fuego subterráneo, del rumor de las aguas corrientes y de los lamentos del aire, oyó, digo, como si estuviese al pie de la colina en que se encuentra, el clamor de la campana que hay en la ermita de Nuestra Señora del Moncayo. Al oír la campana, que tocaba el Avemaría, el pastor cayó al suelo invocando a la madre de nuestro Señor Jesu-

cristo, y, sin saber cómo ni por dónde, se encontró fuera de aquellos lugares y en el camino que conduce al pueblo, echado en una senda y preso de un gran estupor, como si hubiera salido de un sueño. Desde entonces se explicó todo el mundo por qué la fuente del lugar trae a veces entre sus aguas como un polvo finísimo de oro, y cuando llega la noche, en el rumor que produce se oyen palabras confusas, palabras engañosas con que los gnomos que la inficionan desde su nacimiento procuran seducir a los incautos que les prestan oídos, prometiéndoles riquezas y tesoros que han de ser su condenación.

Cuando el tío Gregorio llegaba a este punto de su historia ya la noche había entrado, y la campana de la iglesia comenzó a tocar las oraciones. Las muchachas se persignaron devotamente, murmuraron un Avemaría en voz baja, y después de despedirse del tío Gregorio, que les tornó a aconsejar que no perdieran el tiempo en la fuente, cada cual tomó su cántaro, y todas juntas salieron silenciosas y preocupadas del atrio de la iglesia. Ya lejos del sitio en que encontraron al viejecito, y cuando estuvieron en la plaza del lugar, donde habían de separarse, exclamó la más resuelta y decidora de ellas:

—¿Vosotras creéis algo de las tonterías que nos ha contado el tío Gregorio?

—¡Yo, no! —dijo una.

—¡Yo, tampoco! —exclamó otra.

—¡Ni yo! ¡Ni yo! —repitieron las demás, burlándose con risas de su credulidad de un momento.

El grupo de las mozuelas se disolvió, alejándose cada cual hacia uno de los extremos de la plaza. Luego que doblaron las esquinas de las diferentes calles que venían a desembocar a aquel sitio, dos muchachas, las únicas que no habían desplegado [10] aún los labios para protestar con sus burlas de la

[10] *desplegado:* parece que sería mejor *despegado*.

veracidad del tío Gregorio, y, preocupadas con la maravillosa relación, parecían absortas en sus ideas, se marcharon juntas, y con esa lentitud propia de las personas distraídas, por una calleja sombría, estrecha y tortuosa.

De aquellas dos muchachas, la mayor, que parecía tener unos veinte años, se llamaba Marta, y la más pequeña, que aún no había cumplido los dieciséis, Magdalena.

El tiempo que duró el camino, ambas guardaron un profundo silencio; pero cuando llegaron a los umbrales de su casa y dejaron los cántaros en el asiento de piedra del portal, Marta dijo a Magdalena:

—¿Y tú crees en las maravillas del Moncayo y en los espíritus de la fuente?...

—Yo —contestó Magdalena con sencillez—, yo creo en todo. ¿Dudas tú acaso?

—¡Oh, no! —se apresuró a interrumpir Marta—. Yo también creo en todo: en todo... lo que deseo creer.

II

Marta y Magdalena eran hermanas. Huérfanas desde los primeros años de la niñez, vivían miserablemente a la sombra de una parienta de su madre, que las había recogido por caridad, y que a cada paso les hacía sentir con sus dicterios [11] y sus humillantes palabras el peso de su beneficio. Todo parecía contribuir a que se estrechasen los lazos del cariño entre aquellas dos almas, hermanas, no sólo por el vínculo de la sangre, sino por los de la miseria y el sufrimiento, y, sin embargo, entre Marta y Magdalena existía una sorda emulación, una secreta antipatía, que sólo pudiera explicar el estudio de sus caracteres, tan en absoluta contraposición como sus tipos.

[11] *dicterios:* palabras violentas y duras.

Marta era altiva, vehemente en sus inclinaciones y de una rudeza salvaje en la expresión de sus afectos. No sabía ni reír ni llorar, y por eso ni había llorado ni reído nunca. Magdalena, por el contrario, era humilde, amante, bondadosa, y en más de una ocasión se la vio llorar y reír a la vez como los niños.

Marta tenía los ojos más negros que la noche, y de entre sus oscuras pestañas diríase que a intervalos saltaban chispas de fuego como de un carbón ardiente.

La pupila azul de Magdalena parecía nadar en un fluido de luz dentro del cerco de oro de sus pestañas rubias. Y todo era en ellas armónico con la diversa expresión de sus ojos. Marta, enjuta de carnes, quebrada de color, de estatura esbelta, movimientos rígidos y cabellos crespos y oscuros, que sombreaban su frente y caían por sus hombros como un manto de terciopelo, formaba un singular contraste con Magdalena, blanca, rosada, pequeña, infantil en su fisonomía y sus formas y con unas trenzas rubias que rodeaban sus sienes, semejantes al nimbo dorado de la cabeza de un ángel.

A pesar de la inexplicable repulsión que sentían la una por la otra, las dos hermanas habían vivido hasta entonces en una especie de indiferencia, que hubiera podido confundirse con la paz y el afecto. No habían tenido caricias que disputarse ni preferencias que envidiar, iguales en la desgracia y el dolor. Marta se había encerrado para sufrir en un egoísta y altivo silencio, y Magdalena, encontrando seco el corazón de su hermana, lloraba a solas cuando las lágrimas se agolpaban involuntariamente a sus ojos.

Ningún sentimiento era común entre ellas. Nunca se confiaron sus alegrías y pesares, y, sin embargo, el único secreto que procuraban esconder en lo más profundo del corazón se lo habían adivinado mutuamente, con ese instinto maravilloso de la mujer enamorada y celosa. Marta y Magdalena tenían, efectivamente, puestos sus ojos en un mismo hombre.

La pasión de la una era el deseo tenaz, hijo de un carácter

indomable y voluntarioso; en la otra, el cariño se parecía a esa vaga y espontánea ternura de la adolescencia, que, necesitando un objeto en que emplearse, ama el primero que se ofrece a su vista. Ambas guardaban el secreto de su amor, porque el hombre que lo había inspirado tal vez hubiera hecho mofa de un cariño que se podría interpretar como ambición absurda en unas muchachas plebeyas y miserables. Ambas, a pesar de la distancia que las separaba del objeto de su pasión, alimentaban una esperanza remota de poseerle.

Cerca del lugar, y sobre un alto que dominaba los contornos, había un antiguo castillo abandonado por sus dueños. Las viejas, en las noches de velada, referían una historia llena de maravillas acerca de sus fundadores. Contaban que hallándose el rey de Aragón en guerra con sus enemigos, agotados ya sus recursos, abandonado de sus parciales y próximo a perder el trono, se le presentó un día una pastorcita de aquella comarca y, después de revelarle la existencia de unos subterráneos por donde podía atravesar el Moncayo sin que se apercibiesen sus enemigos, le dio un tesoro en perlas finas, riquísimas piedras preciosas y barras de oro y plata, con las cuales el rey pagó sus mesnadas, levantó un poderoso ejército y, marchando por debajo de la tierra durante toda una noche, cayó al otro día sobre sus contrarios y los desbarató, asegurando la corona en su cabeza.

Después que hubo alcanzado tan señalada victoria, dicen que dijo el rey a la pastorcita: «Pídeme lo que quieras que, aun cuando fuese la mitad de mi reino, juro que te lo he de dar al instante». «Yo no quiero más que volverme a cuidar de mi rebaño», respondió la pastorcita. «No cuidarás sino de mis fronteras», le replicó el rey, y le dio el señorío de toda la raya y la [12] mandó edificar una fortaleza en el pueblo

[12] *la:* obsérvese el laísmo violento.

más fronterizo a Castilla, adonde se trasladó la pastora, casada ya con uno de los favoritos del rey, noble, galán, valiente y señor asimismo de muchas fortalezas y muchos feudos.

La estupenda relación del tío Gregorio acerca de los gnomos del Moncayo, cuyo secreto estaba en la fuente del lugar, exaltó nuevamente las locas fantasías de las dos enamoradas hermanas, completando, por decirlo así, la ignorada historia del tesoro hallado por la pastorcita de la conseja, tesoro cuyo recuerdo había turbado más de una vez sus noches de insomnio y de amargura, presentándose a su imaginación como un débil rayo de esperanza.

La noche siguiente a la tarde del encuentro con el tío Gregorio, todas las muchachas del lugar hicieron conversación en sus casas de la estupenda historia que les había referido. Marta y Magdalena guardaron un profundo silencio, y ni en aquella noche ni en todo el día que amaneció después volvieron a cambiar una sola palabra relativa al asunto, tema de todas las conversaciones y objeto de los comentarios de sus vecinas.

Cuando llegó la hora de costumbre, Magdalena tomó su cántaro y le dijo a su hermana:

—¿Vamos a la fuente?

Marta no contestó, y Magdalena volvió a decirle:

—¿Vamos a la fuente? Mira que si no nos apresuramos, se pondrá el sol antes de la vuelta.

Marta exclamó al fin, con acento breve y áspero:

—Yo no quiero ir hoy.

—Ni yo tampoco —añadió Magdalena después de un instante de silencio, durante el cual mantuvo los ojos clavados en los de su hermana, como si quisiera adivinar en ellos la causa de su resolución.

III

Las muchachas del lugar hacía cerca de una hora que estaban de vuelta en sus casas. La última luz del crepúsculo se había apagado en el horizonte y la noche comenzaba a cerrar de cada vez más oscura, cuando Marta y Magdalena, esquivándose mutuamente y cada cual por diverso camino, salieron del·pueblo con dirección a la fuente misteriosa. La fuente brotaba escondida entre unos riscos cubiertos de musgos en el fondo de una larga alameda de álamos [13].

Después que se fueron apagando poco a poco los rumores del día y ya no se escuchaba el lejano eco de la voz de los labradores que vuelven, caballeros en sus yuntas, cantando al compás del timón del arado que arrastran por la tierra; después que se dejó de percibir el monótono ruido de las esquilillas del ganado, y las voces de los pastores, y el ladrido de los perros que reúnen las reses, y sonó en la torre del lugar la postrera campanada del toque de oraciones, reinó ese doble y augusto silencio de la noche y la soledad, silencio lleno de murmullos extraños y leves, que lo hacen aún más perceptible.

Marta y Magdalena se deslizaron por entre el laberinto de los árboles y, protegidas por la oscuridad, llegaron sin verse al fin de la alameda. Marta no conocía el temor, y sus pasos eran firmes y seguros. Magdalena temblaba con sólo el ruido que producían sus pies al hollar las hojas secas que tapizaban el suelo.

Cuando las dos hermanas estuvieron junto a la fuente, el viento de la noche comenzó a agitar las copas de los álamos, y al murmullo de sus soplos desiguales parecía responder el agua del manantial con un rumor compasado y uniforme.

[13] Es una redundancia, descuido del autor que usó *alameda* pensando en *fila;* R. Correa corrige *larga alameda.*

Marta y Magdalena prestaron atención a aquellos ruidos que pasaban bajo sus pies como un susurro constante y sobre sus cabezas como un lamento que nacía y se apagaba para tornar a crecer y dilatarse por la espesura. A medida que transcurrían las horas, aquel sonar eterno del aire y del agua empezó a producirles una extraña exaltación, una especie de vértigo que, turbando la vista y zumbando en el oído, parecía trastornarles por completo.

Entonces, a la manera que se oye hablar entre sueños con un eco lejano y confuso, les pareció percibir entre aquellos rumores sin nombre y sonidos inarticulados, como los de un niño que quiere y no puede llamar a su madre; luego, palabras que se repetían una vez y otra, siempre [las mismas] [14]; después, frases inconexas y dislocadas, sin orden ni sentido, y, por último..., por último, comenzaron a hablar el viento vagando entre los árboles y el agua saltando de risco en risco [15].

Y hablaban así:

EL AGUA

¡Mujer!... ¡Mujer!... ¡Óyeme..., óyeme y acércate para oírme, que yo besaré tus pies mientras tiemblo al copiar tu imagen en el fondo sombrío de mis ondas! ¡Mujer!... Óyeme, que mis murmullos son palabras.

[14] *las mismas:* el primer texto trae *la misma;* preferimos corregir así, aunque también puede ser *lo mismo,* como trae la edición de 1871.

[15] Bécquer prepara en este párrafo el diálogo de los elementos de la naturaleza con las hermanas; con acierto va graduando desde un rumor lejano hasta la palabra articulada e inteligible, con un gran sentido musical y más precisamente operístico. El diálogo que viene está escrito en una prosa poética, una tercera situación entre el verso y el curso prosístico, que pretende no ser real ni imaginada, sino interpretación formal de la oscura comunicación de la naturaleza, animada con estas voces. De esta manera convierte en prosa artística un recurso folklórico, propio de los cuentos populares.

EL VIENTO

¡Niña!... Niña gentil, levanta tu cabeza; déjame en paz besar tu frente, en tanto que agito tus cabellos. Niña gentil, escúchame, que yo sé hablar también y te murmuraré al oído frases cariñosas.

MARTA

¡Oh! ¡Habla, habla, que yo te comprenderé, porque mi inteligencia flota en un vértigo como flotan tus palabras indecisas! Habla, misteriosa corriente.

MAGDALENA

Tengo miedo. ¡Aire de la noche, aire de perfumes, refresca mi frente, que arde! Dime algo que me infunda valor, porque mi espíritu vacila.

EL AGUA

Yo he cruzado el tenebroso seno de la tierra, he sorprendido el secreto de su maravillosa fecundidad y conozco todos los fenómenos de sus entrañas, donde germinan las futuras creaciones. Mi rumor adormece y despierta. Despierta tú, que lo comprendes.

EL VIENTO

Yo soy el aire que mueven los ángeles con sus alas inmensas al cruzar por el espacio. Yo amontono en el Occidente las nubes que ofrecen al sol un lecho de púrpura, y traigo al amanecer, con las neblinas que se deshacen en gotas, una lluvia de perlas sobre las flores. Mis suspiros son un bálsamo. Ábreme tu corazón y le inundaré de felicidad.

MARTA

Cuando yo oí por primera vez el murmullo de una corriente subterránea, no en balde me inclinaba a la tierra prestándole oído. Con ella iba un misterio que yo debía comprender al cabo.

MAGDALENA

Suspiros del viento, yo os conozco. Vosotros me acariciabais dormida cuando, fatigada del llanto, me rendía al sueño en mi niñez, y vuestro amor se me figuraban las palabras de una madre que arrulla a su hija.

*

El agua enmudeció por algunos instantes, y no sonaba sino como agua que se rompe entre peñas. El viento calló también, y su ruido no fue otra cosa que ruido de hojas movidas. Así pasó algún tiempo, y después volvieron a hablar, y hablaron así:

EL AGUA

Después de filtrarme gota a gota a través del filón de oro de una mina inagotable; después de correr por un lecho de plata y saltar como sobre guijarros entre un sinnúmero de zafiros y amatistas, arrastrando en vez de arenas, diamantes y rubíes, me he unido en misterioso consorcio a un genio. Rica con su poder y con las ocultas virtudes de las piedras preciosas y los metales, de cuyos átomos vengo saturada, puedo ofrecerte cuanto ambicionas. Yo tengo la fuerza de un conjuro, el poder de un talismán y la virtud de las siete piedras y los siete colores.

EL VIENTO

Yo vengo de vagar por la llanura, y como la abeja que vuelve a la colmena con su botín de perfumadas mieles, traigo suspiros de mujer, plegarias de niño, palabras de casto amor y aroma de nardos y azucenas silvestres. Yo no he recogido a mi paso más que perfumes y ecos de armonías. Mis tesoros son inmateriales; pero ellos dan la paz del alma y la vaga felicidad de los sueños venturosos.

*

Mientras su hermana, atraída como por un encanto, se inclinaba al borde de la fuente para oír mejor, Magdalena se iba indistintamente separando de los riscos entre los cuales brotaba el manantial.

Ambas tenían sus ojos fijos, la una en el fondo de las aguas, la otra en el fondo del cielo.

Y exclamaba Magdalena, mirando brillar los luceros en la altura:

—Esos son los nimbos de la luz de los ángeles invisibles que nos custodian.

En tanto decía Marta, viendo temblar en la linfa de la fuente el reflejo de las estrellas:

—Esas son las partículas de oro que arrastra el agua en su misterioso curso.

El manantial y el viento que por segunda vez habían enmudecido un instante, tornaron a hablar, y dijeron:

EL AGUA

Remonta mi corriente, desnúdate del temor como de una vestidura grosera, y osa traspasar los umbrales de lo desconocido. Yo he adivinado que tu espíritu es de la esencia de los espíritus superiores. La envidia te habrá arrojado tal vez del cielo para revolcarte en el lodo de la miseria. Yo veo, sin embargo, en tu frente sombría un sello de altivez que te hace digna de nosotros, espíritus fuertes y libres... Ven; yo te voy a enseñar palabras mágicas de tal virtud que, al pronunciarlas, se abrirán las rocas y te brindarán con los diamantes que están en su seno, como las perlas en las conchas que sacan del fondo del mar los pescadores. Ven; te daré tesoros para que vivas feliz y, más tarde, cuando se quiebre la cárcel que lo aprisiona, tu espíritu se asimilará a los nuestros, que son espíritus hermanos, y todos confundidos seremos la fuerza motora, el rayo vital de la creación, que circula como un fluido por sus arterias subterráneas.

El viento

El agua lame la tierra y vive en el cieno. Yo discurro por las regiones etéreas y vuelo en el espacio sin límites. Sigue los movimientos de tu corazón, deja que tu alma suba como la llama y las azules espirales del humo. ¡Desdichado el que, teniendo alas, desciende a las profundidades para buscar el oro, pudiendo remontarse a la altura para encontrar amor y sentimiento! Vive oscura como la violeta, que yo te traeré en un beso fecundo el germen vivificante de otra flor hermana tuya y rasgaré las nieblas para que no falte un rayo de sol que ilumine tu alegría. Vive oscura, vive ignorada, que cuando tu espíritu se desate, yo lo subiré a las regiones de la luz en una nube roja.

*

Callaron el viento y el agua y apareció el gnomo. El gnomo era como un hombrecillo transparente; una especie de enano de luz semejante a un fuego fatuo, que se reía a carcajadas, sin ruido, y saltaba de peña en peña y mareaba con su vertiginosa movilidad. Unas veces se sumergía en el agua y continuaba brillando en el fondo como una joya de piedras de mil colores; otras salía a la superficie y agitaba los pies y las manos, y sacudía la cabeza a un lado y a otro con una rapidez que tocaba en prodigio.

Marta vio al gnomo y le estuvo siguiendo con la vista extraviada en todas sus extravagantes evoluciones, y cuando el diabólico espíritu se lanzó a lo [16] último por entre las escabrosidades del Moncayo como una llama que corre, agitando su cabellera de chispas, sintió una especie de atracción irresistible y siguió tras él con una carrera frenética.

[16] *a lo último:* el texto periodístico dice *al último.* R. Correa prefirió rectificar *al fin.*

—¡Magdalena! —decía en tanto el aire, que se alejaba lentamente.

Y Magdalena, paso a paso y como una sonámbula guiada en el sueño por una voz amiga, siguió tras la ráfaga, que iba suspirando por la llanura. Después todo quedó otra vez en silencio en la oscura alameda, y el viento y el agua siguieron sonando con los murmullos y los rumores de siempre.

IV

Magdalena tornó al lugar pálida y llena de asombro. A Marta la esperaron en vano toda la noche.

Cuando llegó la tarde del otro día, las muchachas encontraron un cántaro roto al borde de la fuente de la alameda. Era el cántaro de Marta, de la cual nunca volvió a saberse. Desde entonces las muchachas del lugar van por agua tan temprano que madrugan con el sol. Algunas me han asegurado que de noche se ha oído en más de una ocasión el llanto de Marta, cuyo espíritu vive aprisionado en la fuente. Yo [17] *no sé qué crédito dar a esta última parte de la historia, porque la verdad es que desde entonces ninguno se ha atrevido a penetrar para oírlo en la alameda después del toque del Avemaría.*

[17] Aunque Bécquer no se haya mostrado al principio del relato de esta *Leyenda,* aquí se manifiesta de una manera declarada en este *yo.* Se infiere, por tanto, que él recogió la leyenda en algún lugar de Aragón y elaboró la narración.

EL «MISERERE»

(LEYENDA RELIGIOSA [DE NAVARRA])

Esta *Leyenda,* calificada como *religiosa* lo mismo que la de *Rosa de pasión,* apareció en *El Contemporáneo* el 17 de abril de 1862. La ocasión era conveniente para un periódico de orientación conservadora como este; a mediados de abril es el tiempo propio para que, durante la Semana Santa, aparezca en sus páginas una leyenda religiosa.

Esta vez Bécquer escribe una leyenda en la que la música es el eje del relato. Escritor y pintor probados, era también aficionado a esta otra bella arte, aunque no dominase su técnica. En el relato asocia la música con la cultura alemana por cuanto los apuntes que hay en el viejo *Miserere* están en esta lengua. Son pocos porque el texto de la partitura —nos cuenta— es corto y, además, incompleto. La escribió, junto con las desarticuladas notas, un romero germánico en un rapto de pasión musical que acabó por conducirle a la locura. La leyenda no está fijada cronológicamente: los sucesos que motivaron el incendio del derruido monasterio están en un pasado impreciso, y luego tampoco se indica el tiempo de la visita del romero músico, aunque todo tenga un aire medieval, pues es la época en que se levantan los monasterios y se celebran las romerías. Bécquer encontró —de acuerdo con lo que nos relata— los cuadernos musicales en la abadía de Fitero. Este monasterio de la orden cisterciense fue fundado por Alfonso VII de Castilla en este pueblo navarro. Es una joya arquitectónica, y cerca de él hay balnearios renombrados, como el mismo Bécquer dejó escrito en la otra leyenda de

La Cueva de la Mora. El motivo de la leyenda está en las ruinas de un monasterio incendiado. El mayor acierto de la narración es, como Bécquer reitera, el poder de la música en relación con las piedras, como en el antiguo mito de Anfión. El coro de voces de los monjes hace el milagro de recomponer las paredes caídas y rehacer el ambiente del lugar en la plenitud de su esplendor monástico. Así Bécquer cuenta una construcción a la inversa, dando marcha atrás a la destrucción del tiempo. Tanta sería la belleza de aquellos cantos, la atracción por la música no oída pero intuida con la imaginación, que Bécquer ofrece lo que no tiene, un *mundo,* aun a riesgo de acercarse él mismo a una locura que, en último término, es una intuición integral y misteriosa de la portentosa hermosura de los cánticos.

Esta leyenda se basa en un motivo folklórico general en Europa: los monjes que perecieron en forma violenta retornan al oficio religioso en el que les sorprendió la muerte; Heine tiene una poesía basada en este tema, aplicada a unas monjas que también cantan el *Miserere.* El tratamiento de este asunto, enhebrado en el argumento del músico peregrino, resulta propicio para una exhibición de motivos románticos en donde se reúnen la exaltación de la música y la constitución de un ambiente de terror creciente para acabar resolviéndose en la locura.

Para la aportación del sentido estético y del sentimiento musical de Bécquer, manifiesto en sus *Leyendas,* véase Josefina García, *Music as a formative Element in Gustavo Adolfo Bécquer's Prosa Works,* Texas, The University of Texas at Dallas, 1987, en especial el capítulo III «Verbal Music in "Maese Pérez el organista" and El *Miserere»,* págs. 39-71.

Hace algunos meses que, visitando la célebre abadía de Fitero y ocupándome en revolver algunos volúmenes en su abandonada biblioteca, descubrí en uno de sus rincones dos o tres cuadernos de música bastante antiguos, cubiertos de polvo y hasta comenzados a roer por los ratones.

Era un Miserere [1].

Yo no sé la música; pero le tengo tanta afición que, aun sin entenderla, suelo coger a veces la partitura de una ópera y me paso las horas muertas hojeando sus páginas, mirando los grupos de notas más o menos apiñadas, las rayas, los semicírculos, los triángulos y las especies de etcéteras que llaman llaves, y todo esto sin comprender una jota ni sacar maldito el provecho.

Consecuente con mi manía, repasé los cuadernos, y lo primero que me llamó la atención fue que, aunque en la última página había esta palabra latina, tan vulgar en todas las obras, finis [2]*, la verdad era que el* Miserere *no estaba terminado, porque la música no alcanzaba sino hasta el décimo versículo [3].*

Esto fue, sin duda, lo que me llamó la atención primeramente; pero luego que me fijé un poco en las hojas de música, me chocó más aún el observar que en vez de esas palabras italianas que ponen [en todas], como maestoso, allegro, ritardando, più vivo, a piacere [4] *había unos renglones escri-*

[1] El *Miserere:* es el solemne Salmo 50 de David que la Iglesia ha adoptado como una de las más profundas expresiones del alma pecadora que reconoce su falta y pide perdón por ella a la misericordia de Dios. Este patético Salmo se rezaba en los laudes todos los días, excepto el domingo. Ha sido un texto tentador para los músicos; para la Capilla del Vaticano, Gregorio Allegri (1582-1652) compuso con la letra un coro, y otro Tomás Baj (1650-1714). Hay una anécdota en la vida de Mozart en la que se cuenta que, estando prohibida la copia de la música de Allegri, él la oyó y luego consiguió recordar la melodía y transcribirla.

[2] *finis:* es la palabra que se situaba al final de las obras latinas para indicar que habían terminado.

[3] En su relato, Bécquer sólo cita tres versículos, que traduciremos cuando aparezcan en el texto.

[4] Son términos italianos que se usan para indicar la manera de la interpretación.

tos con letra muy menuda y en alemán[5], *de los cuales algunos servían para advertir cosas tan difíciles de hacer como esto: «Crujen..., crujen los huesos, y de sus médulas ha de parecer que salen los alaridos»; o esta otra: «La cuerda aúlla sin discordar, el metal atruena sin ensordecer; por eso suena todo y no se confunde nada, y todo es la humanidad que solloza y gime»; o la más original de todas, sin duda, recomendaba al pie del último versículo: «Las notas son huesos cubiertos de carne; lumbre inextinguible, los cielos y su armonía..., ¡fuerza!..., fuerza y dulzura».*

—¿*Sabéis qué es esto?* —*pregunté a un viejecito que me acompañaba, al acabar de medio traducir estos renglones, que parecían frases escritas por un loco.*

El anciano me contó entonces la leyenda que voy a referiros.

I

Hace ya muchos años, en una noche lluviosa y oscura, llegó a la puerta claustral de esta abadía un romero[6] y pidió un poco de lumbre para secar sus ropas, un pedazo de pan con que satisfacer su hambre y un albergue cualquiera donde esperar la mañana y proseguir con la luz del sol su camino.

Su modesta colación, su pobre lecho y su encendido hogar puso el hermano a quien se hizo esta demanda a la disposición del caminante, al cual, después que se hubo repuesto de su cansancio, interrogó acerca del objeto de su romería y del punto a que se encaminaba.

[5] *en alemán:* Bécquer pone aquí de manifiesto que conoce algo de la lengua alemana; es importante que asocie una afición desmedida por la música con un personaje de formación y cultura alemanas. (Véanse págs. 373 y 374.)

[6] *romero:* los europeos iban en romería a Santiago; aquí no se especifica cuál era el lugar de la peregrinación.

—Yo soy músico —respondió el interpelado—. He nacido muy lejos de aquí, y en mi patria gocé un día de gran renombre. En mi juventud hice de mi arte un arma poderosa de seducción y encendí con él pasiones que me arrastraron a un crimen [7]. En mi vejez quiero convertir al bien las facultades que he empleado para el mal, redimiéndome por donde mismo pude condenarme.

Como las enigmáticas palabras del desconocido no pareciesen del todo claras al hermano lego, en quien ya comenzaba la curiosidad a despertarse, e instigado por esta continuara en sus preguntas, su interlocutor prosiguió de este modo:

—Lloraba yo en el fondo de mi alma la culpa que había cometido; mas al intentar pedirle a Dios misericordia no encontraba palabras para expresar dignamente mi arrepentimiento, cuando un día se fijaron mis ojos por casualidad sobre un libro santo. Abrí aquel libro, y en una de sus páginas encontré un gigante grito de contrición verdadera, un salmo de David, el que comienza: *Miserere mei, Deus!* Desde el instante en que hube leído sus estrofas, mi único pensamiento fue hallar una forma musical tan magnífica, tan sublime, que bastase a contener el grandioso himno de dolor del Rey Profeta. Aún no la he encontrado; pero si logro expresar lo que siento en mi corazón, lo que oigo confusamente en mi cabeza, estoy seguro de hacer un *Miserere* tal y tan maravilloso que no hayan oído otro semejante los nacidos; tal y tan desgarrador que al escuchar el primer acorde los arcángeles dirán conmigo, cubiertos los ojos de lágrimas y dirigiéndose al Señor: «¡Misericordia!», y el Señor la tendrá de su pobre criatura.

[7] Como indica R. Benítez (1971, pág. 217) «el uso de facultades musicales con malos propósitos es motivo común en los relatos folklóricos».

El romero, al llegar a este punto de su narración, calló por un instante y después, exhalando un suspiro, tornó a coger el hilo de su discurso. El hermano lego, algunos dependientes de la abadía y dos o tres pastores de la granja de los frailes que formaban círculo alrededor del hogar, le escuchaban en un profundo silencio.

—Después —continuó— de recorrer toda Alemania, toda Italia y la mayor parte de este país clásico para la música religiosa, aún no he oído un *Miserere* en que pueda inspirarme, ni uno, ni uno, y he oído tantos que puedo decir que los he oído todos.

—¿Todos? —dijo entonces, interrumpiéndole, uno de los rabadanes[8]—. ¿A que no habéis oído aún el *Miserere de la Montaña?*

—¡El *Miserere de la Montaña!* —exclamó el músico con aire de extrañeza—. ¿Qué *Miserere* es ese?

—¿No dije? —murmuró el campesino, y luego prosiguió con una entonación misteriosa—: Ese *Miserere,* que sólo oyen por casualidad los que, como yo, andan día y noche tras el ganado por entre breñas y peñascales, es toda una historia, una historia muy antigua, pero tan verdadera como, al parecer, increíble.

Es el caso que en lo más fragoso de esas cordilleras de montañas que limitan el horizonte del valle, en el fondo del cual se halla la abadía, hubo hace muchos años, ¡qué digo muchos años!, muchos siglos, un monasterio famoso cuyo[9] monasterio, a lo que parece, edificó a sus expensas un señor con los bienes que había de legarle a su hijo, al cual desheredó al morir, en pena de sus maldades. Hasta aquí todo fue

[8] *rabadán:* el mayoral del rebaño, al que luego llama *campesino.*
[9] Obsérvese el mal uso de *cuyo* por *el cual;* el que habla es un rabadán del campo.

bueno; pero es el caso que este hijo, que por lo que se verá más adelante debió ser la piel del diablo, si no era el mismo diablo en persona, sabedor de que sus bienes estaban en poder de los religiosos y de que su castillo se había transformado en iglesia, reunió a unos cuantos bandoleros, camaradas suyos en la vida de perdición que emprendiera al abandonar la casa de sus padres, y una noche de Jueves Santo, en que los monjes se hallaban en el coro, y en el punto y hora en que iban a comenzar o habían comenzado el *Miserere*, pusieron fuego al monasterio, entraron a saco la iglesia, y a este quiero, a aquel no, se dice que no dejaron fraile a vida. Después de esta atrocidad se marcharon los bandidos, y su instigador con ellos, a dónde no se sabe, a los profundos tal vez. Las llamas redujeron el monasterio a escombros; de la iglesia aún quedan en pie las ruinas sobre el cóncavo peñón de donde nace la cascada que, después de estrellarse de peñón en peñón, forma el riachuelo que viene a bañar los muros de esta abadía.

—Pero —interrumpió impaciente el músico— ¿y el *Miserere*?

—Aguardaos —continuó con gran sorna el rabadán—, que todo irá por partes.

Dicho lo cual, siguió así su historia:

—Las gentes de los contornos se escandalizaron del crimen: de padres a hijos y de hijos a nietos se refirió con horror en las largas noches de velada; pero lo que mantiene más viva su memoria es que todos los años, tal noche como en la que se consumó, se ven brillar luces a través de las rotas ventanas de la iglesia, y se oyen como una especie de música extraña y unos cantos lúgubres y aterradores que se perciben a intervalos en las ráfagas del aire. Son los monjes, los cuales, muertos tal vez sin hallarse preparados para presentarse en el tribunal de Dios limpios de toda culpa, vienen aún del purgatorio a impetrar su misericordia cantando el *Miserere*.

Los circunstantes se miraron unos a otros con muestras de incredulidad; sólo el romero, que parecía vivamente preocupado con la narración de la historia, preguntó con ansiedad al que la había referido:

—¿Y decís que ese portento se repite aún?

—Dentro de tres horas comenzará sin falta alguna, porque precisamente esta noche es la del Jueves Santo y acaban de dar las ocho en el reloj de la abadía.

—¿A qué distancia se encuentra el monasterio?

—A una legua y media escasa.

—Pero ¿qué hacéis? ¿Adónde vais con una noche como esta? ¡Estáis dejado de la mano de Dios! —exclamaron todos al ver que el romero, levantándose de su escaño y tomando el bordón [10], abandonaba el hogar [11] para dirigirse a la puerta.

—¿Adónde voy? A oír esa maravillosa música, a oír el grande, el verdadero *Miserere,* el *Miserere* de los que vuelven al mundo después de muertos y saben lo que es morir en el pecado.

Y esto diciendo, desapareció de la vista del espantado lego y de los no menos atónitos pastores.

El viento zumbaba y hacía crujir las puertas, como si una mano poderosa pugnase por arrancarlas de sus quicios; la lluvia caía en turbiones [12], azotando los vidrios de las ventanas, y de cuando en cuando la luz de un relámpago iluminaba por un instante todo el horizonte que desde ellas se descubría.

Pasado el primer momento de estupor:

—¡Está loco! —exclamó el lego.

[10]　*bordón:* bastón de los peregrinos, de gran altura y una contera de hierro.
[11]　*hogar:* el fuego de la chimenea.
[12]　*turbiones:* fuertes rachas de lluvia, caídas con violencia intermitente.

—¡Está loco! —repitieron los pastores, y atizaron de nuevo la lumbre y se agruparon alrededor del hogar.

II

Después de una o dos horas de camino, el misterioso personaje que calificaron de loco en la abadía, remontando la corriente del riachuelo que le indicó el rabadán de la historia, llegó al punto en que se levantaban, negras e imponentes, las ruinas del monasterio.

La lluvia había cesado; las nubes flotaban en oscuras bandas, por entre cuyos jirones se deslizaba a veces un furtivo rayo de luz pálida y dudosa; y el aire, al azotar los fuertes machones [13] y extenderse por los desiertos claustros, diríase que exhalaba gemidos. Sin embargo, nada sobrenatural, nada extraño venía a herir la imaginación. Al que había dormido más de una noche sin otro amparo que las ruinas de una torre abandonada o un castillo solitario; al que había arrostrado en su larga peregrinación cien y cien tormentas, todos aquellos ruidos le eran familiares.

Las gotas de agua que se filtraban por entre las grietas de los rotos arcos y caían sobre las losas con un rumor acompasado, como el de la péndola de un reloj; los gritos del búho, que graznaba refugiado bajo el nimbo de piedra de una imagen de pie aún en el hueco de un muro; el ruido de los reptiles, que, despiertos de su letargo por la tempestad, sacaban sus disformes cabezas de los agujeros donde duermen o se arrastraban por entre los jaramagos y los zarzales que crecían al pie del altar, entre las junturas de las lápidas sepulcrales que formaban el pavimento de la iglesia, todos esos extraños y misteriosos murmullos del campo, de la soledad y de la no-

[13] *machón:* la parte de los pilares básicos en una edificación.

che, llegaban perceptibles al oído del romero, que, sentado sobre la mutilada estatua de una tumba, aguardaba ansioso la hora que debiera realizarse el prodigio [14].

Transcurrió tiempo y tiempo, y nada se percibió: aquellos mil confusos rumores seguían sonando y combinándose de mil maneras distintas, pero siempre los mismos.

«¡Si me habrá engañado!», pensó el músico; pero en aquel instante se oyó un ruido nuevo, un ruido inexplicable en aquel lugar, como el que produce un reloj algunos segundos antes de sonar la hora: ruido de ruedas que giran, de cuerdas que se dilatan, de maquinaria que se agita sordamente y se dispone a usar de su misteriosa vitalidad mecánica, y sonó una campanada..., dos..., tres..., hasta once.

En el derruido templo no había campana, ni reloj, ni torre ya siquiera.

Aún no había expirado, debilitándose de eco en eco, la última campanada; todavía se escuchaba su vibración temblando en el aire, cuando los doseles de granito que cobijaban las esculturas, las gradas de mármol de los altares, los sillares de las ojivas, los calados antepechos del coro, los festones de tréboles de las cornisas, los negros machones de los muros, el pavimento, las bóvedas, la iglesia entera comenzó a iluminarse espontáneamente, sin que se viese una antorcha, un cirio o una lámpara que derramase aquella insólita claridad.

Parecía como un esqueleto de cuyos huesos amarillos se

[14] Esta descripción del monasterio caído, después de la lluvia, en la noche, es un buen testimonio de cómo Bécquer sabe interpretar la belleza de las ruinas cristianas. Y a continuación Bécquer pasa de la mención del rumor confuso a los crujidos de la maquinaria del reloj, que acaban en las campanadas, once aquí, las que se oyen y que dejan una vibración que va apagándose en el aire. Tratándose aquí de contar un misterio musical, este preludio sonoro es un acierto.

desprende ese gas fosfórico que brilla y humea en la oscuri-
dad con una luz azulada, inquieta y medrosa.

Todo pareció animarse, pero con ese movimiento galvá-
nico que imprime a la muerte contracciones que parodian
la vida [15], movimiento instantáneo, más horrible aún que la
inercia del cadáver que agita con su desconocida fuerza. Las
piedras se reunieron a las piedras; el ara, cuyos rotos frag-
mentos se veían antes esparcidos sin orden, se levantó intacta,
como si acabase de dar en ella su último golpe de cincel el
artífice, y a par del ara se levantaron las derribadas capillas,
los rotos capiteles y las destrozadas e inmensas series de ar-
cos que, cruzándose y enlazándose caprichosamente entre sí,
formaron con sus columnas un laberinto de pórfido.

Una vez reedificado el templo, comenzó a oírse un acorde
lejano que pudiera confundirse con el zumbido del aire, pero
que era un conjunto de voces lejanas y graves que parecían
salir del seno de la tierra e irse elevando poco a poco, hacién-
dose cada vez más perceptible.

El osado peregrino comenzaba a tener miedo, pero con su
miedo luchaba aún su fanatismo por todo lo desusado y ma-
ravilloso, y alentado por él dejó la tumba sobre que reposaba,
se inclinó al borde del abismo por entre cuyas rocas saltaba
el torrente, despeñándose con un trueno incesante y espan-
toso, y sus cabellos se erizaron de horror.

Mal envueltos en los jirones de sus hábitos, caladas las ca-
puchas, bajo los pliegues de las cuales contrastaban con sus
descarnadas mandíbulas y los blancos dientes las oscuras ca-
vidades de los ojos de sus calaveras, vio los esqueletos de los
monjes, que fueron arrojados desde el pretil de la iglesia a

[15] Obsérvese este aspecto de la modernidad de Bécquer que también se
vale de la comparación con lo que eran los primeros experimentos de la elec-
tricidad.

aquel precipicio, salir del fondo de las aguas y, agarrándose con los largos dedos de sus manos de hueso a las grietas de las peñas, trepar por ellas hasta tocar el borde, diciendo con voz baja y sepulcral, pero con una desgarradora expresión de dolor, el primer versículo del salmo de David:

—*Miserere mei, Deus, secundum magnam misericordiam tuam!* [16].

Cuando los monjes llegaron al peristilo [17] del templo, se ordenaron en dos hileras y, penetrando en él, fueron a arrodillarse en el coro, donde, con voz más levantada y solemne, prosiguieron entonando los versículos del salmo. La música sonaba al compás de sus voces: aquella música era el rumor distante del trueno, que, desvanecida la tempestad, se alejaba murmurando; era el zumbido del aire que gemía en la concavidad del monte; era el monótono ruido de la cascada que caía sobre las rocas, y la gota de agua que se filtraba, y el grito del búho escondido, y el roce de los reptiles inquietos. Todo esto era la música y algo más que no puede explicarse ni apenas concebirse; algo más que parecía como el eco de un órgano que acompañaba los versículos del gigante himno de contrición del rey salmista, con notas y acordes tan gigantes como sus palabras terribles.

Siguió la ceremonia; el músico, que la presenciaba absorto y aterrado, creía estar fuera del mundo real, vivir en esa región fantástica del sueño, en que todas las cosas se revisten de formas extrañas y fenomenales.

Un sacudimiento terrible vino a sacarle de aquel estupor que embargaba todas las facultades de su espíritu. Sus nervios saltaron al impulso de una conmoción fortísima, sus

[16] «Apiádate de mí, oh Dios, según es grande tu misericordia.» Es el tercer versículo.

[17] *peristilo:* galería de columnas.

dientes chocaron, agitándose con un temblor imposible de reprimir, y el frío penetró hasta en la medula de los huesos.

Los monjes pronunciaban en aquel instante estas espantosas palabras del *Miserere*:

—*In iniquitatibus conceptus sum: et in peccatis concepit me mater mea* [18].

Al resonar este versículo y dilatarse sus ecos retumbando de bóveda en bóveda, se levantó un alarido tremendo, que parecía un grito de dolor arrancado a la humanidad entera por la conciencia de sus maldades; un grito horroroso, formado de todos los lamentos del infortunio, de todos los aullidos de la desesperación, de todas las blasfemias de la impiedad; concierto monstruoso, digno intérprete de los que viven en el pecado y fueron concebidos en la iniquidad.

Prosiguió el canto, ora tristísimo y profundo, ora semejante a un rayo de sol que rompe la nube oscura de una tempestad, haciendo suceder a un relámpago de terror otro relámpago de júbilo, hasta que, merced a una transformación súbita, la iglesia resplandeció bañada en luz celeste; las osamentas de los monjes se vistieron de sus carnes; una aureola luminosa brilló en derredor de sus frentes; se rompió la cúpula, y a través de ella se vio el cielo como un océano de lumbre abierto a la mirada de los justos.

Los serafines, los arcángeles, los ángeles y las jerarquías acompañaban con el himno de gloria este versículo, que subía entonces al trono del Señor como una tromba armónica, como una gigantesca espiral de sonoro incienso:

—*Auditui meo dabis gaudium et laetitian: et exultabunt ossa humiliata* [19].

[18] «Fui formado en la maldad, y en pecado me concibió mi madre.» Versículo séptimo.

[19] «Haz que sienta el gozo y la alegría; y saltarán de gozo estos huesos que fueron humillados.» Versículo décimo.

En este punto, la claridad deslumbradora cegó los ojos del romero, sus sienes latieron con violencia, zumbaron sus oídos y cayó sin conocimiento por tierra, y no oyó más.

III

Al día siguiente, los pacíficos monjes de la abadía de Fitero, a quienes el hermano lego había dado cuenta de la extraña visita de la noche anterior, vieron entrar por sus puertas, pálido y como fuera de sí, al desconocido romero.

—¿Oísteis, al cabo, el *Miserere?* —le preguntó con cierta mezcla de ironía el lego, lanzando a hurtadillas una mirada de inteligencia a sus superiores.

—Sí —respondió el músico.

—¿Y qué tal os ha parecido?

—Lo voy a escribir. Dadme un asilo en vuestra casa —prosiguió dirigiéndose al abad—, un asilo y pan por algunos meses, y voy a dejaros una obra inmortal del arte, un *Miserere* que borre mis culpas a los ojos de Dios, eternice mi memoria y eternice con ella la de esta abadía.

Los monjes, por curiosidad, aconsejaron al abad que accediese a su demanda. El abad, por compasión aun creyéndole un loco, accedió, al fin, a ella y el músico, instalado ya en el monasterio, comenzó su obra.

Noche y día trabajaba con un afán incesante. En mitad de su tarea se paraba y parecía como escuchar algo que sonaba en su imaginación, y se dilataban sus pupilas, saltaba en el asiento y exclamaba:

—¡Eso es; así, así, no hay duda..., así! —y proseguía escribiendo notas con una rapidez febril, que dio en más de una ocasión que admirar a los que le observaban sin ser vistos.

Escribió los primeros versículos y los siguientes y hasta la mitad del salmo; pero al llegar al último que había oído en la montaña le fue imposible proseguir.

Escribió uno, dos, cien, doscientos borradores: todo inútil. Su música no se parecía a aquella música ya anotada y el sueño huyó de sus párpados y perdió el apetito, y la fiebre se apoderó de su cabeza, y se volvió loco, y se murió en fin, sin poder terminar el *Miserere,* que, como una cosa extraña, guardaron los frailes a su muerte y aún se conservara hoy en el archivo de la abadía.

*

Cuando el viejecito concluyó de contarme esta historia, no pude menos de volver otra vez los ojos al empolvado y antiguo manuscrito del Miserere, *que aún estaba abierto sobre una de las mesas.*

In peccatis concepit me mater mea...

Estas eran las palabras de la página que tenía ante mi vista, y que parecía mofarse de mí con sus notas, sus llaves y sus garabatos ininteligibles para los legos en la música.
Por haberlas podido leer, hubiera dado un mundo.
¿Quién sabe si no será una locura?

LA CRUZ DEL DIABLO

[LEYENDA CATALANA]

Esta leyenda se publicó en *La Crónica de Ambos Mundos,* de Madrid, los días 21 y 28 de octubre y el 11 de noviembre de 1860. En un aviso sobre su publicación se la denomina «preciosa novela». Cabe situarla en el grupo de la novela gótica, tan propia de la narración europea destinada a producir en el lector una impresión de terror. Se trata de la primera leyenda cuyas dimensiones van acomodándose a lo que sería el grupo literario que Bécquer cultiva, pues la que antes había escrito, *El caudillo de las manos rojas,* que tituló *Tradición india,* es mucho más amplia que las demás y de un exotismo patente. Ocurre también que esta leyenda comienza con una narración personal del relator —el poeta, que manifiesta su ansia ensoñadora— que sirve como introducción al cuerpo de la materia narrativa de ficción; esta materia, como en otros casos, no se relaciona con una base folklórica determinada, pero sí con un fondo de esta naturaleza elaborado por el escritor. Bécquer combina la «invención» novelística que cabe en el margen de la materia tratada con el aire propio de un cuento popular, elevado a una altura literaria conveniente para los lectores del periódico. El epígrafe introductor descubre el propósito: de boca en boca, se dice, es como un cuento para pasar el rato. Y en ese caso no se siente obligado a una estricta versión folklórica y trata la cuestión a su aire, a la manera de una leyenda

Bécquer —nos cuenta— va de viaje y cerca de Bellver, en las estribaciones del Pirineo, en el valle del río Segre, se detiene ante una

cruz del camino. En el albergue, a la noche y de sobremesa, el guía cuenta entonces «la historia de la cruz del Diablo». El narrador pretende arroparse con la autoridad imprecisa de *crónicas, fábulas* y *hablillas,* yendo así de la historia posible al cuento de entretenimiento. El relato se sitúa en una vaga Edad Media (en tiempo de moros y de Cruzadas) y tiene como hilo la siniestra conducta de un señor feudal del Urgellet, un *mal caballero,* como se le llama. Una cruz que sea del diablo es una contradicción, y este es el motivo del relato. La maldad del caballero en cuestión llega a ser tal, que sus actos son siempre de condición diabólica hasta el punto que el diablo se mete en su cuerpo y aun dentro de su armadura. Cuando lo matan, la armadura sola sigue haciendo de las suyas dirigiendo a un grupo de bandidos. El pueblo le hace frente, no con las armas con las que es invencible, sino con las oraciones de San Bartolomé.

A R. Brown le parece que pudiera ser «la más pobre de sus leyendas en materia poética e imaginativa» (1963, pág. 169). Sin embargo, es una pieza que ya contiene los elementos sustanciales que han de conformar las sucesivas leyendas. El tono narrativo es inseguro en el sentido de que, por una parte, Bécquer como autor se transparenta en el relato del guía, pero no deja de darle una cierta participación en la exposición del caso. Esta consiste en algunos modismos coloquiales que se intercalan en el curso del relato literario y, sobre todo, en cierto desgarro socarrón con el que quiere evitar que la narración se eleve en exceso. Esta combinación, aquí no enteramente lograda, es una de las claves de las futuras leyendas y consiste en establecer una cierta tensión entre la modernidad de un hombre muy siglo XIX y la condición romántica del caso narrado en tanto prima en él la imaginación y fantasía que eran propias de la personalidad de Bécquer.

La leyenda no parece tener un origen determinado. La afición de Bécquer por estos relatos folklóricos y su aprovechamiento para la narración literaria de orden fantástico se hace cada vez más patente; y de esto es posible que hablase con sus amigos, sobre todo con Ferrán. En *La cruz del valle,* zarzuela en la que colaboró Bécquer (1860), hay un acercamiento a tradiciones populares cercanas. Por el ambiente, R. Pageard (1990, pág. 285) la relaciona con la corriente europea de Walter Scott, Nodier y Mérimée. J. Estruch *(Le-*

yendas, 1993, pág.16) se refiere a creencias del Gorg Negre, en el Montseny catalán, que recoge Pablo Piferrer en sus *Recuerdos y bellezas de España* (Barcelona, 1839). Bécquer comienza radicando la primera de sus *Leyendas* de España con una que sitúa en Cataluña.

> Que lo creas o no, me importa bien poco.
> Mi abuelo se lo narró a mi padre, mi padre
> me lo ha referido a mí, y yo te lo cuento ahora,
> siquiera no sea más que por pasar el rato.

I

El crepúsculo comenzaba a extender sus ligeras alas de vapor sobre las pintorescas orillas del Segre, cuando, después de una fatigosa jornada, llegamos a Bellver, término de nuestro viaje.

Bellver es una pequeña población situada a la falda de una colina, por detrás de la cual se ven elevarse, como las gradas de un colosal anfiteatro de granito, las empinadas y nebulosas crestas de los Pirineos.

Los blancos caseríos que la rodean, salpicados aquí y allá sobre una ondulante sábana de verdura, parecen a lo lejos un bando de palomas que han abatido su vuelo para apagar su sed en las aguas de la ribera.

Una pelada roca, a cuyos pies tuercen estas su curso, y sobre cuya cima se notan aún remotos vestigios de construcción, señala la antigua línea divisoria entre el condado de Urgel y el más importante de sus feudos.

A la derecha del tortuoso sendero que conduce a este punto, remontando la corriente del río y siguiendo sus curvas y frondosas márgenes, se encuentra una cruz.

El asta y los brazos son de hierro; la redonda base en que se apoya, de mármol, y la escalinata que a ella conduce, de oscuros y mal unidos fragmentos, de sillería.

La destructora acción de los años, que ha cubierto de orín el metal, ha roto y carcomido la piedra de este monumento, entre cuyas hendiduras crecen algunas plantas trepadoras que suben enredándose hasta coronarlo, mientras una vieja y corpulenta encina la sirve de dosel.

Yo había adelantado algunos minutos a mis compañeros de viaje y, deteniendo mi escuálida cabalgadura, contemplaba en silencio aquella cruz, muda y sencilla expresión de las creencias y la piedad de otros siglos.

Un mundo de ideas se agolpó a mi imaginación en aquel instante. Ideas ligerísimas sin forma determinada, que unían entre sí, como un invisible hilo de luz, la profunda soledad de aquellos lugares, el alto silencio de la naciente noche y la vaga melancolía de mi espíritu [1].

Impulsado de un sentimiento religioso, espontáneo e indefinible, eché maquinalmente pie a tierra, me descubrí y comencé a buscar en el fondo de mi memoria una de aquellas oraciones que me enseñaron cuando niño; una de aquellas oraciones que, cuando más tarde se escapan involuntarias de nuestros labios, parece que aligeran el pecho oprimido y, semejantes a las lágrimas, alivian el dolor, que también toma estas formas para evaporarse.

Ya había comenzado a murmurarla, cuando de improviso

[1] Bécquer se describe a sí mismo en estas partes simuladamente biográficas de la *Leyenda*. Recuérdese que en la *Rima V* había desgranado los *yoes* de su identidad como poeta comenzando por esta estrofa: «Espíritu sin nombre, / indefinible esencia, / yo vivo con la vida / sin formas de la idea.» Aquí, aunque narrador en prosa, escribe como poeta en términos semejantes para que el relato legendario que luego ha de recoger tenga como narrador quien sabe percibir el misterio que emana del lugar que describe. El lector, aunque no crea lo que le cuentan (como indicó el propio Bécquer en el epígrafe inicial), con este preámbulo queda prendido por el encanto de la fantasía de un relato que le contará un escritor que es poeta y periodista.

sentí que me sacudían con violencia por los hombros. Volví la cara: un hombre estaba al lado mío.

Era uno de nuestros guías, natural del país, el cual, con una indescriptible expresión de terror pintada en el rostro, pugnaba por arrastrarme consigo y cubrir mi cabeza con el fieltro que aún tenía en mis manos.

Mi primera mirada, mitad de asombro, mitad de cólera, equivalía a una interrogación enérgica, aunque muda.

El pobre hombre, sin cejar en su empeño de alejarme de aquel sitio, contestó a ella con estas palabras, que entonces no pude comprender, pero en las que había un acento de verdad que me sobrecogió:

—¡Por la memoria de su madre! ¡Por lo más sagrado que tenga en el mundo, señorito, cúbrase usted la cabeza y aléjese más que de prisa de esta cruz! ¡Tan desesperado está usted que, no bastándole la ayuda de Dios, recurre a la del demonio!

Yo permanecí un rato mirándole en silencio. Francamente, creí que estaba loco; pero él prosiguió con igual vehemencia:

—Usted busca la frontera; pues bien: si delante de esa cruz le pide usted al cielo que le preste ayuda, las cumbres de los montes vecinos se levantarán en una sola noche hasta las estrellas invisibles, sólo porque no encontremos la raya en toda nuestra vida.

Yo no pude menos de sonreírme.

—¿Se burla usted?... ¿Cree acaso que esa es una cruz santa, como la del porche de nuestra iglesia?...

—¿Quién lo duda?

—Pues se engaña usted de medio a medio; porque esa cruz, salvo lo que tiene de Dios, está maldita...; esa cruz pertenece a un espíritu maligno, y por eso la llaman La cruz del Diablo.

—¡La cruz del Diablo! —repetí, cediendo a sus instancias, sin darme cuenta a mí mismo del involuntario temor que co-

menzó a apoderarse de mi espíritu, y que me rechazaba como
una fuerza desconocida de aquel lugar—. ¡La cruz del Dia-
blo! ¡Nunca ha herido mi imaginación una amalgama más
disparatada de dos ideas tan absolutamente enemigas!... ¡Una
cruz... y del diablo! ¡Vaya, vaya! ¡Fuerza será que en llegando
a la población me expliques este monstruoso absurdo!

Durante este corto diálogo, nuestros camaradas, que ha-
bían picado sus cabalgaduras, se nos reunieron al pie de la
cruz; yo les expliqué en breves palabras lo que acababa de
sucederme: monté nuevamente en mi rocín, y las campanas
de la parroquia llamaban lentamente a la oración cuando
nos apeamos en el más recóndito y lóbrego de los paradores
de Bellver.

II

Las llamas rojas y azules se enroscaban chisporroteando
a lo largo del grueso tronco de encina que ardía en el ancho
hogar; nuestras sombras, que se proyectaban temblando so-
bre los ennegrecidos muros, se empequeñecían o tomaban
formas gigantescas, según la hoguera despedía resplandores
más o menos brillantes; el vaso de saúco, ora vacío, ora
lleno, y no de agua, como cangilón de noria había dado tres
veces la vuelta en derredor del círculo que formábamos junto
al fuego, y todos esperaban con impaciencia la historia de
La cruz del Diablo, que, a guisa de postres de la frugal cena
que acabábamos de consumir, se nos había prometido,
cuando nuestro guía tosió por dos veces, se echó al coleto un
último trago de vino, limpióse con el revés de la mano la
boca y comenzó de este modo:

—Hace mucho tiempo, mucho tiempo, yo no sé cuánto,
pero los moros ocupaban aún la mayor parte de España, se
llamaban condes nuestros reyes, y las villas y aldeas pertene-

cían en feudo a ciertos señores que, a su vez, prestaban homenaje a otros más poderosos, cuando acaeció lo que voy a referir a ustedes.

Concluida esta breve introducción histórica, el héroe de la fiesta guardó silencio durante algunos segundos, como para coordinar sus recuerdos, y prosiguió así:

—Pues es el caso que en aquel tiempo remoto esta villa y algunas otras formaban parte del patrimonio de un noble barón, cuyo castillo señorial se levantó por muchos siglos sobre la cresta de un peñasco que baña el Segre, del cual toma su nombre.

Aún testifican la verdad de mi relación algunas informes ruinas que, cubiertas de jaramago y musgo, se alcanzan a ver sobre su cumbre desde el camino que conduce a este pueblo.

No sé si, por ventura o desgracia, quiso la suerte que este señor, a quien por su crueldad detestaban sus vasallos, y por sus malas cualidades ni el rey admitía en la corte, ni sus vecinos en el hogar, se aburriese de vivir solo con su mal humor y sus ballesteros en lo alto de la roca en que sus antepasados colgaron su nido de piedra.

Devanábase noche y día los sesos en busca de alguna distracción propia de su carácter, lo cual era bastante difícil después de haberse cansado, como ya lo estaba, de mover guerra a sus vecinos, apalear a sus servidores y ahorcar a sus súbditos.

En esta ocasión, cuentan las crónicas que se le ocurrió, aunque sin [que esto fuera] [2] ejemplar, una idea feliz.

Sabiendo que los cristianos de otras poderosas naciones se aprestaban a partir juntos en una formidable armada a un país maravilloso para conquistar el sepulcro de Nuestro Señor Je-

[2] Parece que faltan algunas palabras, y añadimos las que ayudan a completar el sentido.

sucristo, que los moros tenían en su poder, se determinó a
marchar en su seguimiento.

Si realizó esta idea con objeto de purgar sus culpas, que
no eran pocas, derramando su sangre en tan justa empresa, o
con el de trasplantarse a un punto donde sus malas mañas no
[se] conociesen, se ignora; pero la verdad del caso es que,
con gran contentamiento de grandes y chicos, de vasallos y
de iguales, allegó cuanto dinero pudo, redimió a sus pue-
blos del señorío mediante una gruesa cantidad, y no conser-
vando de propiedad suya más que el peñón del Segre y las
cuatro torres del castillo, herencia de sus padres, desapareció
de la noche a la mañana.

La comarca entera respiró en libertad durante algún
tiempo, como si despertara de una pesadilla.

Ya no colgaban de los árboles de sus sotos, en vez de fru-
tos, racimos de hombres; las muchachas del pueblo no te-
mían al salir con su cántaro en la cabeza a tomar agua de la
fuente del camino, ni los pastores llevaban sus rebaños al Se-
gre por sendas impracticables y ocultas, temblando encontrar
a cada revuelta de la trocha a los ballesteros de su muy
amado[3] señor.

Así transcurrió el espacio de tres años; la historia del *Mal
caballero*[4], que sólo por este nombre se le conocía, comen-
zaba a pertenecer al exclusivo dominio de las viejas, que en
las eternas veladas del invierno las relataban[5] con voz hueca
y temerosa a los asombrados chicos: las madres asustaban a

[3] Lo de *amado* se dice por ironía; y luego *agradable,* un poco más ade-
lante.

[4] *Mal caballero:* así en cursiva en la edición periodística, probable-
mente por referirse a una historia ya conocida.

[5] *las relataban:* obsérvese la falta de concordancia que existe en el ar-
tículo y en la edición de 1871, I, pág. 127; antes dijo *historia* y ahora el pro-
nombre va en plural por referirse a las *historias* del caballero, en plural.

los pequeñuelos incorregibles o llorones diciéndoles: «¡Que viene el señor del Segre!»[6], cuando he aquí que no sé si un día o una noche, si caído del cielo o abortado de los profundos, el temido señor apareció efectivamente[7] y, como suele decirse, en carne y hueso, en mitad de sus antiguos vasallos.

Renuncio a describir el efecto de esta agradable sorpresa. Ustedes se lo podrán figurar, mejor que yo pintarlo, sólo con decirles que tornaba reclamando sus vendidos derechos; que si malo se fue, peor volvió, y si pobre y sin crédito se encontraba antes de partir a la guerra, ya no podía contar con más recursos que su despreocupación, su lanza y una media docena de aventureros tan desalmados y perdidos como su jefe.

Como era natural, los pueblos se resistieron a pagar tributos que a tanta costa habían redimido; pero el señor puso fuego a sus heredades, a sus alquerías y a sus mieses.

Entonces apelaron a la justicia del rey; pero el señor se burló de las cartas-leyes de los condes soberanos, las clavó en el postigo de sus torres y colgó a los farautes[8] de una encina.

Exasperados, y no encontrando otra vía de salvación por último, se pusieron de acuerdo entre sí, se encomendaron a la Divina Providencia y tomaron las armas, pero el señor reunió a sus secuaces, llamó en su ayuda al diablo, se encaramó a su roca y se preparó a la lucha.

Esta comenzó terrible y sangrienta. Se peleaba con todas armas, en todos sitios y a todas horas, con la espada y el fuego, en la montaña y en la llanura, en el día y durante la noche. Aquello no era pelear para vivir: era vivir para pelear.

[6] La exclamación está construida sobre lo que se dice a los niños para asustarlos: «¡Que viene el coco!»

[7] *efectivamente:* Bécquer juega con este vocablo propio de la lengua leguleyesca, pues a continuación usa el modismo *en carne y hueso,* como explicación del mismo.

[8] *farautes:* emisarios o mensajeros.

Al cabo, triunfó la causa de la justicia. Oigan ustedes cómo:

Una noche oscura, muy oscura, en que no se oía ni un rumor en la tierra ni brillaba un solo astro en el cielo, los señores de la fortaleza, engreídos por una reciente victoria, se repartían el botín y, ebrios con el vapor de los licores, en mitad de la loca y estruendosa orgía, entonaban sacrílegos cantares en loor de su infernal patrono.

Como dejo dicho, nada se oía en derredor del castillo, excepto el eco de las blasfemias, que palpitaban perdidas en el sombrío seno de la noche, como palpitan las almas de los condenados envueltas en los pliegues del huracán de los infiernos.

Ya los descuidados centinelas habían fijado algunas veces sus ojos en la villa, que reposaba silenciosa, y se habían dormido sin temor a una sorpresa, apoyados en el grueso tronco de sus lanzas, cuando he aquí que algunos aldeanos, resueltos a morir y protegidos por la sombra, comenzaron a escalar el enhiesto peñón del Segre, a cuya cima tocaron a punto de la medianoche.

Una vez en la cima, lo que faltaba por hacer fue obra de poco tiempo: los centinelas salvaron de un solo salto el valladar [9] que separa al sueño de la muerte; el fuego, aplicado con teas de resina al puente y al rastrillo, se comunicó con la rapidez del relámpago a los muros, y los escaladores, favorecidos por la confusión y abriéndose paso entre las llamas, dieron fin con los habitantes de aquella guarida en un abrir y cerrar de ojos. Todos perecieron.

Cuando el cercano día comenzó a blanquear las altas copas de los enebros, humeaban aún los calcinados escombros de las desplomadas torres; y a través de sus anchas brechas,

[9] *valladar:* cerca de barro, piedras o estacas que separa los campos.

chispeando al herirla la luz, y colgada de uno de los negros pilares de la sala del festín, era fácil divisar la armadura del temido jefe, cuyo cadáver, cubierto de sangre y de polvo, yacía entre los desgarrados tapices y las calientes cenizas, confundido con [los] [10] de sus oscuros compañeros.

[III]

El tiempo pasó; comenzaron los zarzales a rastrear por los desiertos patios, la hiedra a enredarse en los oscuros machones [11] y las campanillas azules a mecerse colgadas de las ruinosas almenas. Los desiguales soplos de la brisa, el graznido de las aves nocturnas y el rumor de los reptiles que se deslizaban entre las altas hierbas turbaban sólo de vez en cuando el silencio de muerte de aquel lugar maldecido; los insepultos huesos de sus antiguos moradores blanqueaban al rayo de la luna, y aún podía verse el haz de armas del señor del Segre colgado del negro pilar de la sala del festín.

Nadie osaba tocarle, pero corrían mil fábulas acerca de aquel abandonado objeto, causa incesante de hablillas [12] y terrores para los que le miraban llamear durante el día, herido por la luz del sol, o creían percibir en las altas horas de la noche el metálico son de sus piezas, que chocaban entre sí cuando las movía el viento, con un gemido prolongado y triste.

A pesar de todos los cuentos que a propósito de la armadura se fraguaron, y que en voz baja se repetían unos a otros los habitantes de los alrededores, no pasaban de cuentos, y el

[10] *[los]:* la versión periodística tras *el;* corregimos como la edición de 1871.

[11] *machones:* los pilares que sostienen una construcción.

[12] *hablillas:* de su raíz etimológica *fábula,* en diminutivo, son cuentos breves que van de boca en boca.

único mal [13] positivo que de ello resultó se redujo entonces a una dosis de miedo más que regular, que cada uno de por sí se esforzaba en disimular lo posible, haciendo, como decirse suele, de tripas corazón [14].

Si de aquí no hubiera pasado la cosa, nada se habría perdido. Pero el diablo, que a lo que parece no se encontraba satisfecho de su obra, sin duda con el permiso de Dios, y a fin de hacer purgar a la comarca algunas culpas, volvió a tomar cartas en el asunto.

Desde este momento las fábulas, que hasta aquella época no pasaron de un rumor vago y sin viso alguno de verosimilitud, comenzaron a tomar consistencia y a hacerse de día en día más probables.

En efecto, hacía algunas noches que todo el pueblo había podido observar un extraño fenómeno.

Entre las sombras, a lo lejos, ya subiendo las retorcidas cuestas del peñón del Segre, ya vagando entre las ruinas del castillo, ya cerniéndose, al parecer, en los aires, se veían correr, cruzarse, esconderse y tornar a aparecer para alejarse en distintas direcciones, unas luces misteriosas y fantásticas, cuya procedencia nadie sabía explicar.

Esto se repitió por tres o cuatro noches durante el intervalo de un mes, y los confusos aldeanos esperaban, ansiosos, el resultado de aquellos conciliábulos diabólicos que ciertamente no se hizo aguardar mucho, cuando tres o cuatro alquerías incendiadas, varias reses desaparecidas y los cadáveres de algu-

[13] *más positivo:* así aparece en el artículo y en la primera edición de 1871, pág. 129; parece mejor convertir *más* en *mal,* y con esto resulta una expresión conversacional en la que se refuerza el término *positivo,* de implicaciones filosóficas en la época.

[14] *hacer de tripas corazón:* otra frase coloquial que Bécquer usa con la intención de poner el tono del relato a la altura del que lo cuenta.

nos caminantes despeñados en los precipicios pusieron en alarma todo el territorio en diez leguas a la redonda.

Ya no quedó duda alguna. Una banda de malhechores se albergaba en los subterráneos del castillo.

Estos, que sólo se presentaban al principio muy de tarde en tarde y en determinados puntos del bosque que aún en el día se dilata a lo largo de la ribera, concluyeron por ocupar casi todos los desfiladeros de las montañas, emboscarse en los caminos, saquear los valles y descender como un torrente a la llanura, donde, a este quiero, a este no quiero, no dejaban títere con cabeza.

Los asesinatos se multiplicaban, las muchachas desaparecían, los niños eran arrancados de las cunas, a pesar de los lamentos de sus madres, para servirlos en diabólicos festines, en que, según la creencia general, los vasos sagrados sustraídos de las profanadas iglesias servían de copa.

El terror llegó a apoderarse de los ánimos en un grado tal, que al toque de oraciones nadie se aventuraba a salir de su casa, en la que no siempre se creían seguros de los bandidos del peñón.

Mas ¿quiénes eran estos? ¿De dónde habían venido? ¿Cuál era el nombre de su misterioso jefe? He aquí el enigma que todos querían explicar y que nadie podía resolver hasta entonces, aunque se observase, desde luego, que la armadura del señor feudal había desaparecido del sitio que antes ocupara y posteriormente varios labradores hubiesen afirmado que el capitán de aquella desalmada gavilla marchaba a su frente, cubierto con una que, de no ser la misma, se le asemejaba en un todo.

Cuanto queda repetido, si se le despoja de esa parte de fantasía con que el miedo abulta y completa sus creaciones favoritas, nada tiene en sí de sobrenatural y extraño.

¿Qué cosa más corriente en unos bandidos que las ferocidades con que estos se distinguían, ni más natural que el apoderarse su jefe de las abandonadas armas del señor del Segre?

Sin embargo, algunas revelaciones hechas antes de morir por uno de sus secuaces, prisionero en las últimas refriegas, acabaron de colmar la medida, preocupando el ánimo de los más incrédulos. Poco más o menos, el contenido de su confesión fue este:

«—Yo —dijo— pertenezco a una noble familia. Los extravíos de mi juventud, mis locas prodigalidades y mis crímenes, por último, atrajeron sobre mi cabeza la cólera de mis deudos y la maldición de mi padre, que me desheredó al expirar. Hallándome solo y sin recursos de ninguna especie, el diablo, sin duda, debió sugerirme la idea de reunir algunos jóvenes que se encontraban en una situación idéntica a la mía, los cuales, seducidos con la promesa de un porvenir de disipación, libertad y abundancia, no vacilaron un instante en suscribir a mis designios. Estos se reducían a formar una banda de jóvenes de buen humor, despreocupados y poco temerosos del peligro, que desde allí en adelante vivirían alegremente del producto de su valor y a costa del país, hasta tanto que Dios se sirviera disponer de cada uno de ellos conforme a su voluntad, según hoy a mí me sucede. Con este objeto, señalamos esta comarca para teatro de nuestras expediciones futuras y escogimos como punto el más a propósito para nuestras reuniones el abandonado castillo del Segre, lugar seguro no tanto para su posición fuerte y ventajosa como por hallarse defendido contra el vulgo por las supersticiones y el miedo. Congregados una noche bajo sus ruinosas arcadas, alrededor de una hoguera que iluminaba con su rojizo resplandor las desiertas galerías, trabóse una acalorada disputa sobre cuál de nosotros había de ser elegido jefe. Cada uno alegó sus méritos: yo expuse mis derechos; ya los unos murmuraban entre sí con ojeadas amenazadoras, ya los otros, con voces descompuestas por la embriaguez, habían puesto la mano sobre el pomo de sus puñales para dirimir la cuestión, cuando de repente oímos un extraño crujir de armas

acompañado de pisadas huecas y sonantes, que de cada vez se hacían más distintas. Todos arrojamos a nuestro alrededor una inquieta mirada de desconfianza; nos pusimos de pie y desnudamos nuestros aceros, determinados a vender caras las vidas, pero no pudimos por menos de permanecer inmóviles al ver adelantarse con paso firme e igual un hombre de elevada estatura, completamente armado de la cabeza al pie y cubierto el rostro con la visera del casco, el cual, desnudando su montante[15], que dos hombres podrían apenas manejar, y poniéndole sobre uno de los carcomidos fragmentos de las rotas arcadas, exclamó con una voz hueca y profunda, semejante al rumor de una caída de aguas subterráneas: "Si alguno de vosotros se atreve a ser el primero mientras yo habite en el castillo del Segre, que tome esa espada, signo del poder". Todos guardamos silencio, hasta que, transcurrido el primer momento de estupor, le proclamamos a grandes voces nuestro capitán, ofreciéndole una copa de nuestro vino, la cual rehusó por señas acaso por no descubrirse la faz, que en vano procuramos distinguir a través de las rejillas de hierro que la ocultaba a nuestros ojos. No obstante, aquella noche pronunciamos el más formidable de los juramentos, y a la siguiente dieron principio nuestras nocturnas correrías. En ellas, nuestro misterioso jefe marcha siempre delante de todos. Ni el fuego le ataja, ni los peligros le intimidan, ni las lágrimas le conmueven. Nunca despliega sus labios; pero cuando la sangre humea en nuestras manos, como cuando los templos se derrumban calcinados por las llamas; cuando las mujeres huyen espantadas entre las ruinas, y los niños arrojan gritos de dolor, y los ancianos perecen a nuestros golpes, contesta con una carcajada de feroz alegría a los gemidos, las

[15] *montante:* espada de gran tamaño cuya empuñadura está preparada para que pueda manejarse con ambas manos por su peso y dimensiones.

imprecaciones y los lamentos. Jamás se desnuda de sus armas ni abate la visera de su casco después de la victoria, ni participa del festín, ni se entrega al sueño. Las espadas que le hieren se hunden entre las piezas de su armadura, y ni le causan la muerte ni se retiran teñidas en sangre; el fuego enrojece su espaldar y su cota, y aún prosigue impávido entre las llamas, buscando nuevas víctimas; desprecia el oro, aborrece la hermosura y no le inquieta la ambición. Entre nosotros, unos le creen un extravagante; otros, un noble arruinado, que por un resto de pudor se tapa la cara, y no falta quien se encuentra convencido de que es el mismo diablo en persona [16].»

El autor de estas revelaciones murió con la sonrisa de la mofa en los labios y sin arrepentirse de sus culpas. Varios de sus iguales le siguieron en diversas épocas al suplicio, pero el temible jefe, a quien continuamente se unían nuevos prosélitos, no cesaba en sus desastrosas empresas.

Los infelices habitantes de la comarca, y de cada vez más aburridos y desesperados, no acertaban ya con la determinación que debería tomarse para concluir de un todo con aquel orden de cosas, cada día más insoportable y triste.

Inmediato a la villa, y oculto en el fondo de un espeso bosque, vivía a esta sazón, en una pequeña ermita dedicada a San Bartolomé [17], un santo hombre, de costumbres piadosas y ejemplares, a quien el pueblo tuvo siempre en olor de santidad merced a sus saludables consejos y acertadas predicciones.

Este venerable ermitaño, a cuya prudencia y proverbial sabiduría encomendaron los vecinos de Bellver la resolución de este difícil problema, después de implorar la misericordia di-

[16] *el diablo en persona:* así se reconoce la transmutación del personaje: el diablo se ha metido en él y lo ha condenado a la maldad eterna.

[17] San Bartolomé es uno de los doce apóstoles que evangelizó el Oriente y al que se atribuyen estos poderes contra el demonio; también se refiere a este santo en *La corza blanca.*

vina por medio de su santo patrono, que, como ustedes no igno-
rarán, conoce al diablo muy de cerca y en más de una ocasión
le ha atado bien corto, les aconsejó que se emboscasen durante
la noche al pie del pedregoso camino que sube serpenteando
por la roca en cuya cima se encontraba el castillo, encargándo-
les al mismo tiempo que, ya allí, no hiciesen uso de otras armas
para aprehenderlo que de una maravillosa oración que les hizo
aprender de memoria, y con la cual aseguraban las crónicas que
San Bartolomé había hecho al diablo su prisionero.

Púsose en planta el proyecto, y su resultado excedió a cuan-
tas esperanzas se habían concebido, pues aún no iluminaba el
sol del otro día la alta torre de Bellver, cuando sus habitantes,
reunidos en grupos en la plaza mayor, se contaban unos a otros,
con aire de misterio, cómo aquella noche, fuertemente atado de
pies y manos, y a lomos de una poderosa mula, había entrado
en la población el famoso capitán de los bandidos del Segre.

De qué artes se valieron los acometedores de esta empresa
para llevarla a término, ni nadie se lo acertaba a explicar ni
ellos mismos podían decirlo; pero el hecho era que, gracias a
la oración del santo o al valor de sus devotos, la cosa había
sucedido tal como se refería.

Apenas la novedad comenzó a extenderse de boca en boca
y de casa en casa, la multitud se lanzó a las calles con rui-
dosa algazara y corrió a reunirse a las puertas de la prisión.
La campana de la parroquia llamó a consejo, y los vecinos
más respetables se juntaron en capítulo, y todos aguardaban
ansiosos la hora en que el reo había de comparecer ante sus
improvisados jueces.

Estos, que se encontraban autorizados por los condes de
Urgel para administrarse por sí mismos pronta y severa justi-
cia sobre aquellos malhechores, deliberaron un momento,
pasado el cual mandaron comparecer al delincuente a fin de
notificarle su sentencia.

Como dejo dicho, así en la plaza mayor como en las calles

por donde el prisionero debía atravesar para dirigirse al punto en que sus jueces se encontraban, la impaciente multitud hervía como un apiñado enjambre de abejas. Especialmente en la puerta de la cárcel, la conmoción popular tomaba de cada vez mayores proporciones. Y ya los animados diálogos, los sordos murmullos y los amenazadores gritos comenzaban a poner en cuidado a sus guardas, cuando, afortunadamente, llegó la orden de sacar al reo.

Al aparecer este bajo el macizo arco de la portada de su prisión, completamente vestido de todas armas y cubierto el rostro con la visera, un sordo y prolongado murmullo de admiración y de sorpresa se elevó de entre las compactas masas del pueblo, que se abrían con dificultad para dejarle paso.

Todos habían reconocido en aquella armadura la del señor del Segre; aquella armadura objeto de las más sombrías tradiciones mientras se la vio suspendida de los arruinados muros de la fortaleza maldita.

Las armas eran aquellas, no cabía duda alguna. Todos habían visto flotar el negro penacho de su cimera en los combates que en un tiempo trabaran contra su señor; todos lo habían visto agitarse al soplo de la brisa del crepúsculo, a par de la hiedra del calcinado pilar en que quedaron colgadas a la muerte de su dueño. Mas ¿quién podría ser el desconocido personaje que entonces las llevaba? Pronto iba a saberse. Al menos, así se creía. Los sucesos dirán cómo esta esperanza quedó frustrada a la manera de otras muchas y por qué de este solemne acto de justicia, del que debía aguardarse el completo esclarecimiento de la verdad, resultaron nuevas y más inexplicables confusiones [18].

[18] Esta interrupción del relato anunciando los sucesos futuros es una manera de levantar la tensión del argumento, propia del buen relator de cuentos, para así mantener la atención de los oyentes.

El misterioso bandido penetró al fin en la sala del Concejo y un silencio profundo sucedió a los rumores que se elevaran de entre los circunstantes al oír resonar bajo las altas bóvedas de aquel recinto el metálico son de sus acicates [19] de oro. Uno de los que componían el tribunal, con voz lenta e insegura, le preguntó su nombre, y todos prestaron el oído con ansiedad para no perder una sola palabra de su respuesta; pero el guerrero se limitó a encoger sus hombros ligeramente, con un aire de desprecio e insulto que no pudo menos de irritar a sus jueces, los que se miraron entre sí sorprendidos.

Tres veces volvió a repetirle la pregunta, que otras tantas obtuvo semejante o parecida contestación.

—¡Que se levante la visera! ¡Que se descubra! ¡Que se descubra! —comenzaron a gritar los vecinos de la villa presentes al acto—. ¡Que se descubra! ¡Veremos si se atreve entonces a insultarnos con su desdén como ahora lo hace protegido por el incógnito!

—Descubríos —repitió el mismo que anteriormente le dirigiera la palabra.

El guerrero permaneció impasible.

—Os lo mando en el nombre de nuestra autoridad.

La misma contestación.

—En el de los condes soberanos.

Ni por esas [20].

La indignación llegó a su colmo, hasta el punto que uno

[19] *acicates:* espuelas con una punta de hierro para picar al caballo; es voz árabe, en tanto que *espuela* es de procedencia germánica.

[20] *ni por esas* es una expresión que se usa en la conversación y que hay que atribuir a que el narrador aflojó la tensión narrativa con que iba contando el suceso; sirve para culminar esta progresión de la curiosidad popular por saber quién estaba dentro de la armadura. No deja de tener un cierto sentido de clímax y de descenso a la realidad cotidiana, la de los oyentes de la narración del guía e, implícitamente, la de los lectores de la leyenda.

de sus guardas, lanzándose sobre el reo, cuya pertinacia en callar bastaría a apurar la paciencia de un santo, le abrió violentamente la visera. Un grito de general sorpresa se escapó del auditorio, que permaneció por un instante herido de un inconcebible estupor.

La cosa no era para menos. El casco, cuya férrea visera se veía en parte levantada hasta la frente, en parte caída sobre la brillante gola de acero, estaba vacío..., completamente vacío.

Cuando pasado ya el primer momento de terror, quisieron tocarle, la armadura se estremeció ligeramente y, descomponiéndose en piezas, cayó al suelo con un ruido sordo y extraño.

La mayor parte de los espectadores, a la vista del nuevo prodigio, abandonaron tumultuosamente la habitación y salieron despavoridos a la plaza.

La nueva se divulgó con la rapidez del pensamiento entre la multitud que aguardaba impaciente el resultado del juicio, y fue tal la alarma, la revuelta y la vocería, que ya a nadie cupo duda sobre lo que de pública voz se aseguraba; esto es, que el diablo, a la muerte del señor del Segre, había heredado los feudos de Bellver.

Al fin se apaciguó el tumulto y decidióse volver a un calabozo la maravillosa armadura.

Ya en él, despacháronse cuatro emisarios que, en representación de la atribulada villa, hiciesen presente el caso al conde de Urgel y al arzobispo, los que no tardaron muchos días en tornar con la resolución de estos personajes, resolución que, como suele decirse, era breve y compendiosa.

—Cuélguese —les dijeron— la armadura en la plaza mayor de la villa, que si el diablo la ocupa, fuerza le será el abandonarla o ahorcarse con ella.

Encantados los habitantes de Bellver con tan ingeniosa solución, volvieron a reunirse en concejo, mandaron levantar una horca en la plaza y cuando ya la multitud ocupaba sus

avenidas, se dirigieron a la cárcel por las armas, en corpora-
ción y con toda la solemnidad que la importancia del caso re-
quería.

Cuando la respetable [comitiva] llegó al macizo arco que
daba entrada al edificio, un hombre pálido y descompuesto
se arrojó al suelo en presencia de los aturdidos circunstantes,
exclamando con las lágrimas en los ojos:

—¡Perdón, señores, perdón!

—¡Perdón! ¿Para quién? —dijeron algunos—. ¿Para el
diablo que habita dentro de la armadura del señor del Segre?

—Para mí —prosiguió con voz trémula el infeliz, en quien
todos reconocieron al alcaide de las prisiones—, para mí...
Porque las armas... han desaparecido.

Al oír estas palabras, el asombro se pintó en el rostro de
cuantos se encontraban en el pórtico, que, mudos e inmó-
viles, hubieran permanecido en la posición en que se encon-
traban Dios sabe hasta cuándo si la siguiente relación del
aterrado guardián no les hubiera hecho agruparse en su alre-
dedor para escuchar con avidez.

—Perdonadme, señores —decía el pobre alcaide—, per-
donadme y yo no os ocultaré nada, siquiera sea en contra
mía.

Todos guardaban silencio, y él prosiguió así:

—Yo no acertaré nunca a dar la razón, pero es el caso que
la historia de las armas vacías me pareció siempre una fábula
tejida en favor de algún noble personaje a quien tal vez altas
razones de conveniencia pública no permitían descubrir ni
castigar. En esta creencia estuve siempre, creencia en que no
podía menos de confirmarme la inmovilidad en que se en-
contraban desde que por segunda vez tornaron a la cárcel
traídas del Concejo. En vano una noche y otra, deseando sor-
prender su misterio, si misterios en ellas había, me levantaba
poco a poco y aplicaba el oído a los intersticios de la ferrada
puerta de su calabozo: ni un rumor se percibía. En vano pro-

curé observarlas a través de un pequeño agujero producido en el muro. Arrojadas sobre un poco de paja, y en uno de los más oscuros rincones, permanecían un día y otro descompuestas e inmóviles. Una noche, por último, aguijoneado por la curiosidad y deseando convencerme por mí mismo de que aquel objeto de terror nada tenía de misterioso, encendí una linterna, bajé a las prisiones, levanté sus dobles aldabas y, no cuidando siquiera (tanta era mi fe en que todo no pasaba de un cuento) de cerrar las puertas tras mí, penetré en el calabozo. Nunca lo hubiera hecho. Apenas anduve algunos pasos, la luz de mi linterna se apagó por sí sola y mis dientes comenzaron a chocar y mis cabellos a erizarse. Turbando el profundo silencio que me rodeaba, había oído como un ruido de hierros que se removían y chocaban al unirse entre las sombras. Mi primer movimiento fue arrojarme a la puerta para cerrar el paso, pero al asir sus hojas sentí sobre mis hombros una mano formidable cubierta con un guantelete, que, después de sacudirme con violencia, me derribó sobre el dintel[21]. Allí permanecí hasta la mañana siguiente, que me encontraron mis servidores falto de sentido y recordando sólo que después de mi caída había creído percibir confusamente como unas pisadas sonoras, al compás de las cuales resonaba un rumor de espuelas que, poco a poco, se fue alejando hasta perderse.

Cuando concluyó el alcaide reinó un silencio profundo, al que se siguió luego un infernal concierto de lamentaciones, gritos y amenazas.

Trabajo costó a los más pacíficos el contener al pueblo que, furioso con la novedad, pedía a grandes voces la muerte del curioso autor de su nueva desgracia.

Al cabo logróse apaciguar el tumulto y comenzaron a dis-

[21] *dintel:* debió escribir *umbral.* Es confusión propia de Bécquer.

ponerse a una nueva persecución. Esta obtuvo también un re-
sultado satisfactorio.

Al cabo de algunos días, la armadura volvió a encon-
trarse en poder de sus perseguidores. Conocida la fórmula,
y mediante la ayuda de San Bartolomé, la cosa no era ya
muy difícil.

Pero aún quedaba algo por hacer, pues en vano, a fin de
sujetarla, la colgaron de una horca; en vano emplearon la
más exquisita vigilancia con el objeto de quitarle toda oca-
sión de escaparse por esos mundos. En cuanto las desunidas
armas veían dos dedos de luz se encajaban y, pian pianito [22],
volvían a tomar el trote y a emprender de nuevo sus excur-
siones por montes y llanos, que era una bendición del cielo.
Aquello era el cuento de nunca acabar.

En tan angustiosa situación, los vecinos se repartieron en-
tre sí las piezas de la armadura, que acaso por centésima vez
se encontraba en sus manos, y rogaron al piadoso eremita
que un día los iluminó con sus consejos decidiera lo que de-
bía hacerse con ella.

El santo varón ordenó al pueblo una penitencia general.
Se encerró por tres días en el fondo de la caverna que le ser-
vía de asilo, y al cabo de ellos dispuso que se fundiesen las
diabólicas armas, y con ellas y algunos sillares del castillo
del Segre se levantase una cruz.

La operación se llevó a término, aunque no sin que nuevos
y aterradores prodigios llenasen de pavor al ánimo de los
consternados habitantes de Bellver.

En tanto que las piezas arrojadas a las llamas comenzaban
a enrojecerse, largos y profundos gemidos parecían esca-
parse de la ancha hoguera de entre cuyos troncos saltaban

[22] *pian pianito:* otro modismo que sirve para relajar la tensión del relato
y darle carácter de cuento, como el *ni por esas,* comentado en la nota 20.

como si estuvieran vivas y sintiesen la acción del fuego. Una tromba de chispas rojas, verdes y azules danzaban en la cúspide de sus encendidas lenguas, y se retorcían crujiendo como si una legión de diablos, cabalgando sobre ellas, pugnasen por libertar a su señor de aquel tormento.

Extraña, horrible fue la operación en tanto que la candente armadura perdía su forma para tomar la de una cruz. Los martillos caían resonando con un espantoso estruendo sobre el yunque, al que veinte trabajadores vigorosos sujetaban las barras del hirviente metal, que palpitaba y gemía al sentir los golpes.

Ya se extendían los brazos del signo de nuestra redención, ya comenzaba a formarse la cabecera, cuando la diabólica y encendida masa se retorcía de nuevo como en una convulsión espantosa y, rodeándose al cuerpo de los desgraciados que pugnaban por desasirse de sus abrazos de muerte, se enroscaba en anillos como una culebra o se contraía en zigzag como un relámpago [23].

El constante trabajo, la fe, las oraciones y el agua bendita consiguieron, por último, vencer al espíritu infernal, y la armadura se convirtió en una cruz.

Esa cruz es la que hoy habéis visto, y a la cual se encuentra sujeto el diablo, que le presta su nombre. Ante ella, ni las jóvenes colocan en el mes de mayo ramilletes de lirios, ni los pastores se descubren al pasar, ni los ancianos se arrodillan, bastando apenas las severas amonestaciones del clero para que los muchachos no la apedreen.

Dios ha cerrado sus oídos a cuantas plegarias se le diri-

[23] Este párrafo es uno de los más logrados de la narración: relata la rebelión del metal maldito por adoptar la forma de la cruz.

jan en su presencia. En el invierno, los lobos se reúnen en manadas junto al enebro que la protege para lanzarse sobre las reses; los bandidos esperan a su sombra a los caminantes, que entierran a su pie después que los asesinan, y cuando la tempestad se desata, los rayos tuercen su camino para liarse, silbando, al asta de esa cruz y romper los sillares de su pedestal.

MAESE * PÉREZ EL ORGANISTA
LEYENDA SEVILLANA

Esta leyenda apareció en *El Contemporáneo* los días 27 y 29 de diciembre de 1861. En su comienzo Bécquer escribe que él oyó el relato que cuenta a una vieja mandadera antes de comenzar la misa del Gallo; es, pues, un artículo propio para ser leído cerca de las fiestas de la Navidad. No se tiene noticia de que haya una leyenda folklórica que le sirva de apoyo y, por tanto, parece que es de la entera invención del escritor. Es la primera leyenda que publica con un asunto sevillano ** y en ella pudo poner a contribución su conocimiento sentimental de la ciudad, y el resultado fue una joya evocativa de la Sevilla de los Siglos de Oro; el autor la llama *tradición*.

En ella el propio Bécquer, escribiendo en la primera persona gramatical, presenta el relato a los lectores en una introducción. Nos dice que cuando él oyó, durante la misa del Gallo, el órgano del convento, el instrumento sonaba de una manera vulgar e insulsa. Sin embargo, poco a poco se va creando un ambiente de misterio cuyo objeto es la exaltación de la música tocada en el órgano. Bécquer sabe describir los efectos de esta música de una manera exaltada, poniendo de manifiesto su afición artística y, en este caso, sus

* *maese:* maestro en un arte menor, aquí es el organista.

** Véase R. Reyes Cano, *Sevilla en la obra de Bécquer,* obra citada en la bibliografía.

efectos religiosos ***. La narración está muy hábilmente dispuesta
en una sucesión de partes en las que va alternando unas que corren
a cargo de lo que dice una vieja del pueblo, y otras en las que utiliza
el relato impersonal. La lengua de la vieja es un primor en cuanto a
su función evocativa, tanto de los lugares como de los hechos; con
ella Bécquer logra que el lector se acerque a la historia de una ma-
nera «realista», valiéndose también de un léxico suficientemente ar-
caizante, pero sin que esto perturbe la comprensión del público del
periódico. Esta graduada sucesión es un evidente acierto literario,
que queda contrastado con el otro plano de la actualidad, que es
el que cuenta el mismo Bécquer.

En Sevilla, en el mismo atrio de Santa Inés[1]*, y mientras
esperaba a que comenzase la misa del Gallo*[2]*, oí esta tradi-
ción a una demandadera*[3] *del convento.*

*Como era natural, después de oírla aguardé impaciente a
que comenzara la ceremonia, ansioso de asistir a un prodigio.*

*Nada menos prodigioso, sin embargo, que el órgano de
Santa Inés, ni nada más vulgar que los insulsos motetes con
que nos regaló su organista aquella noche.*

 *** Sobre el sentido musical de Bécquer, puesto de manifiesto en esta y
otras *Leyendas,* véase la referencia del estudio de J. García de la Introduc-
ción de «El *Miserere*».

 [1] *convento de Santa Inés:* el convento de religiosas clarisas de Santa Inés
está situado en la calle de doña María Coronel y es un hermoso templo gó-
tico, fundado en 1375 por doña María Fernández Coronel, viuda de don Juan
de la Cerda. Esta narración transcurre, por tanto, en Sevilla y abundan las re-
ferencias a las calles y plazas de la ciudad que tan bien conocía Bécquer.

 [2] *misa del Gallo:* la misa que se celebra a medianoche, en el paso de la
Nochebuena a la Navidad.

 [3] *demandadera:* es la mujer que en los conventos de monjas hace los
encargos que necesita la comunidad fuera de la residencia. Suele ser vieja y
amiga de entretenerse contando historias que tienen poco crédito. Por eso
Bécquer deja al lector que crea o no en el relato por la naturaleza de la infor-
mante. El mismo órgano de la historia tampoco existe.

Al salir de la misa no pude por menos de decirle a la demandadera con aire de burla:

—¿En qué consiste que el órgano de maese Pérez suena ahora tan mal?

—¡Toma —me contestó la vieja—, en que ese no es el suyo!

—¿No es el suyo? ¿Pues qué ha sido de él?

—Se cayó a pedazos de puro viejo hace una porción de años.

—¿Y el alma del organista?

—No ha vuelto a aparecer desde que colocaron el que ahora le sustituye.

Si a alguno de mis lectores se le ocurriese hacerme la misma pregunta después de leer esta historia, ya sabe el porqué no se ha continuado el milagroso portento hasta nuestros días.

I

—¿Veis [4] ese de la capa roja y la pluma blanca en el fieltro [5], que parece que trae sobre su justillo [6] todo el oro de los galeones de Indias? ¿Aquel que baja en este momento de su

[4] Bécquer sitúa el caso que cuenta en el pasado, en los Siglos de Oro, en tiempos de un rey Felipe de Austria, el II, parece. Como narrador de lo que, a su modo, le contaría la demandadera, se dirige al lector en esta parte por medio de un personaje, una vieja habladora de otra época, y escribe el relato como si ella fuera apuntando con el dedo a los personajes y lo que ocurre en la calle. Así sitúa al lector «dentro» del ambiente antiguo de una manera directa, valiéndose, como leeremos, de los nombres de familias ilustres de Sevilla, conocidas de siempre, y del de las calles, que también sonaban a los sevillanos. En comparación con otras leyendas en las que se vale de la imprecisión homonímica y topográfica, aquí, por ser un relato sobre su tierra, abunda en el color local y en el sentido pictórico de estas evocaciones urbanas que la vieja va señalando con estos verbos indicativos que están en los comienzos de los párrafos.

[5] *fieltro:* se entiende sombrero de fieltro.

[6] *justillo:* prenda interior que no llega más abajo de la cintura y sin mangas.

litera para dar la mano a esa otra señora que, después de dejar
la suya, se adelanta hacia aquí, precedida de cuatro pajes con
hachas? Pues ese es el marqués de Moscosso, galán de la
condesa viuda de Villapineda. Se dice que antes de poner sus
ojos sobre esta dama había pedido en matrimonio a la hija de
un opulento señor, mas el padre de la doncella, de quien se
murmura que es un poco avaro... Pero, ¡calle!, en hablando
del ruin de Roma, cátale aquí que asoma. ¿Veis aquel que
viene por debajo del arco de San Felipe[7], a pie, embozado en
una capa oscura y precedido de un solo criado con una lin-
terna? Ahora llega frente al retablo.

¿Reparasteis, al desembozarse para saludar a la imagen,
en la encomienda[8] que brilla en su pecho? A no ser por ese
noble distintivo, cualquiera le creería un lonjista[9] de la calle
de Culebras... Pues ese es el padre en cuestión. Mirad cómo
la gente del pueblo le abre paso y le saluda. Toda Sevilla le
conoce por su colosal fortuna. Él solo tiene más ducados de
oro en sus arcas que soldados mantiene nuestro señor el rey
don Felipe, y con sus galeones podría formar una escuadra
suficiente a resistir a la del Gran Turco...

Mirad, mirad ese grupo de señores graves; esos son los ca-
balleros veinticuatro[10]. ¡Hola, hola! También está aquí el fla-
mencote[11], a quien se dice que no han echado ya el guante
los señores de la cruz verde[12] merced a su influjo con los

[7] *arco de San Felipe:* hoy no existe, pues fue derribado en la reforma
de la ciudad que se verificó después de la revolución de 1868.

[8] *encomienda:* se refiere a la cruz bordada en el vestido como insignia
de alguna orden de caballería.

[9] *lonjista:* persona que vende en una tienda; hoy la calle se llama Villegas.

[10] *caballeros veinticuatro:* regidores del municipio.

[11] *flamencote:* que es de Flandes en los Países Bajos (con el sufijo des-
pectivo *-ote*) y, por tanto, sospechoso de herejía, según la vieja. Por eso va a
la iglesia sólo por oír la música.

[12] *señores de la cruz verde:* los inquisidores que cuidaban de la ortodo-
xia religiosa.

magnates de Madrid... Este no viene a la iglesia más que a oír música... No, pues si maese Pérez no le arranca con su órgano lágrimas como puños, bien se puede asegurar que no tiene un alma en su armario [13], sino friyéndose [14] en las calderas de Pedro Botero [15]... ¡Ay vecina! Malo..., malo... Presumo que vamos a tener jarana. Yo me refugio en la iglesia. Pues, por lo que veo, aquí van a andar más de sobra los cintarazos [16] que los *Paternoster* [17]. Mirad, mirad: las gentes del duque de Alcalá doblan la esquina de la plaza de San Pedro, y por el callejón de las Dueñas se me figura que he columbrado [18] a las del de Medina Sidonia. ¿No os lo dije?

Ya se han visto, ya se detienen unos y otros, sin pasar de sus puestos... Los grupos se disuelven... Los ministriles [19], a quienes en estas ocasiones apalean amigos y enemigos, se retiran... Hasta el señor asistente, con su vara y todo, se refugia en el atrio... Y luego dicen que hay justicia. Para los pobres... [20].

Vamos, vamos, ya brillan los broqueles [21] en la oscuridad... ¡Nuestro Señor del Gran Poder nos asista! Ya comienzan los golpes... ¡Vecina, vecina! Aquí..., antes que cierren las puer-

[13] «Tener el alma en el almario» es la expresión común; *almario* es donde se tiene el alma, o sea el cuerpo. Por confusión (pues está hablando una mujer del pueblo) dice *armario.*

[14] *friyéndose:* forma vulgar; la culta es *friéndose,* tal como corrigieron los editores de la edición 1871.

[15] *calderas de Pedro Botero:* forma popular de nombrar el infierno.

[16] *cintarazos:* golpe dado con la espada de plano, con la hoja.

[17] *Paternoster:* nombre latino de la oración del «Padre nuestro...».

[18] Se refiere a los bandos que acaudillaban las casas de Alcalá y Medina Sidonia.

[19] *ministriles:* ministros de la justicia, alguaciles o policía que acompañaban al asistente para poner orden en las contiendas callejeras entre los nobles y sus bandos.

[20] Aquí hay una ligera nota de crítica de esta sociedad.

[21] *broqueles:* escudos pequeños.

tas. Pero ¡calle! ¿Qué es eso? Aún no han comenzado, cuando lo dejan... ¿Qué resplandor es aquel?... ¡Hachas encendidas! ¡Literas! Es el señor arzobispo.

La Virgen Santísima del Amparo [22], a quien invocaba ahora mismo con el pensamiento, lo trae en mi ayuda... ¡Ay! ¡Si nadie sabe lo que yo le debo a esta Señora!... ¡Con cuánta usura me paga las candelillas que le enciendo los sábados!... Vedlo qué hermosote está con sus hábitos morados y su birrete rojo... Dios le conserve en su silla tantos siglos como yo deseo de vida para mí. Si no fuera por él, media Sevilla hubiera ya ardido con estas disensiones de los duques. Vedlos, vedlos, los hipocritones, cómo se acercan ambos a la litera del prelado para besarle el anillo... Cómo le siguen y le acompañan confundiéndose con sus familiares. Quién diría que esos dos que parecen tan amigos, si dentro de media hora se encuentran en una calle oscura... Es decir, ¡ellos, ellos!... Líbreme Dios de creerlos cobardes. Buena muestra han dado de sí peleando en algunas ocasiones contra los enemigos de Nuestro Señor... Pero es la verdad que si se buscaran... Y [si] se buscaran con ganas de encontrarse, se encontrarían, poniendo fin de una vez a estas continuas reyertas, en las cuales los que verdaderamente se baten el cobre de firme son sus deudos [23], sus allegados y su servidumbre.

Pero vamos, vecina, vamos a la iglesia, antes que se ponga de bote en bote..., que algunas noches como esta suele llenarse de modo que no cabe ni un grano de trigo... Buena

[22] Obsérvese que las exclamaciones de la vieja se refieren a las imágenes a las que el pueblo sevillano tiene gran devoción: antes se refirió a la del Cristo del Gran Poder, obra de Juan de Mesa en 1620, que se encuentra en la iglesia de San Lorenzo. La Virgen del Amparo se encuentra en la iglesia de la Magdalena y es una imagen vestida, buena talla del siglo XVI, que, según dice R. Reyes, tuvo gran devoción en el siglo XIX.

[23] *deudos:* parientes.

ganga tienen las monjas con su organista... ¿Cuándo se ha visto el convento tan favorecido como ahora?... De las otras comunidades puedo decir que le han hecho a maese Pérez proposiciones magníficas. Verdad que nada tiene de extraño, pues hasta el señor arzobispo le ha ofrecido montes de oro por llevarle a la catedral... Pero él, nada... Primero dejaría la vida que abandonar su órgano favorito... ¿No conocéis a maese Pérez? Verdad es que sois nueva en el barrio... Pues es un santo varón, pobre sí, pero limosnero [24] cual no otro... Sin más parientes que su hija ni más amigo que su órgano, pasa su vida entera en velar por la inocencia de la una y componer los registros del otro... ¡Cuidado que el órgano es viejo!... Pues nada; él se da tal maña en arreglarlo y cuidarle, que suena que es una maravilla. Como que le conoce de tal modo, que a tientas... Porque no sé si os lo he dicho, pero el pobre señor es ciego de nacimiento... ¡Y con qué paciencia lleva su desgracia!... Cuando le preguntan que cuánto daría por ver, responde: «Mucho, pero no tanto como creéis, porque tengo esperanzas». «¿Esperanzas de ver?» «Sí, y muy pronto —añade, sonriendo como un ángel—. Ya cuento setenta y seis años. Por muy larga que sea mi vida, pronto veré a Dios.»

¡Pobrecito! Y sí lo verá..., porque es humilde como las piedras de la calle, que se dejan pisar de todo el mundo. Siempre dice que no es más que un pobre organista de convento, y puede dar lecciones de solfa al mismo maestro de capilla de la Primada. Como que echó los dientes en el oficio... Su padre tenía la misma profesión que él. Yo no le conocí, pero mi señora madre, que santa gloria haya, dice que le llevaba siempre al órgano consigo para darle a los fuelles. Luego, el muchacho mostró tales disposiciones, que, como era natural, a la muerte de su padre heredó el cargo... ¡Y qué manos tiene!

[24] *limosnero:* caritativo, que da limosnas.

¡Dios se las bendiga! Merecía que se las llevaran a la calle de Chicarreros y se las engarzasen en oro... Siempre toca bien, siempre; pero en semejante noche como esta es un prodigio... Él tiene una gran devoción por esta ceremonia de la misa del Gallo, y cuando levantan la Sagrada Forma, al punto y hora de las doce, que es cuando vino al mundo Nuestro Señor Jesucristo..., las voces de su órgano son voces de ángeles...

En fin, ¿para qué tengo de ponderarle lo que esta noche oirá? Baste el ver cómo todo lo más florido de Sevilla, hasta el mismo señor arzobispo, vienen a un humilde convento para escucharle. Y no se crea que sólo la gente sabida y a la que se le alcanza esto de la solfa conocen su mérito, sino que hasta el populacho. Todas esas bandadas que veis llegar con teas encendidas, entonando villancicos con gritos desaforados al compás de los panderos, las sonajas y las zambombas, contra su costumbre, que es la de alborotar las iglesias, callan como muertos cuando pone maese Pérez las manos en el órgano...; y cuando alzan..., cuando alzan no se siente una mosca...; de todos los ojos caen lagrimones tamaños, y al concluir se oye como un suspiro inmenso, que no es otra cosa que la respiración de los circunstantes, contenida mientras dura la música... Pero vamos, vamos; ya han dejado de tocar las campanas, y va a comenzar la misa. Vamos adentro... Para todo el mundo es esta noche Nochebuena, pero para nadie mejor que para nosotros. .

Esto diciendo[25], la buena mujer que había servido de *cicerone* a su vecina atravesó el atrio del convento de Santa Inés y, codazo en este, empujón en aquel, se internó en el templo perdiéndose entre la muchedumbre que se agolpaba en la puerta.

[25] Aquí acaba de hablar la vieja, y Bécquer justifica la presentación que había hecho del relato: eran dos vecinas que hablaban y una hacía de *cicerone* (guía que enseña algo, un monumento o una fiesta) a la otra.

II

La iglesia estaba iluminada con una profusión asombrosa. El torrente de luz que se desprendía de los altares para llenar sus ámbitos chispeaba en los ricos joyeles de las damas que, arrodillándose sobre los cojines de terciopelo que tendían los pajes y tomando el libro de oraciones de manos de sus dueñas [26], vinieron a formar un brillante círculo alrededor de la verja del presbiterio.

Junto a aquella verja, de pie, envueltos en sus capas de color galoneadas de oro, dejando entrever con estudiado descuido las encomiendas rojas y verdes, en la una mano el fieltro, cuyas plumas besaban los tapices; la otra sobre los bruñidos gavilanes [27] del estoque o acariciando el pomo del cincelado puñal, los caballeros veinticuatro, con gran parte de lo mejor de la nobleza sevillana, parecían formar un muro destinado a defender a sus hijas y sus esposas del contacto con la plebe. Esta, que se agitaba en el fondo de las naves con un rumor parecido al del mar cuando se alborota, prorrumpió en una aclamación de júbilo, acompañada del discordante sonido de las sonajas y los panderos, al mirar aparecer al arzobispo, el cual, después de sentarse junto al altar mayor, bajo un solio [28] de grana que rodearon sus familiares, echó por tres veces la bendición al pueblo.

Era hora de que comenzase la misa. Transcurrieron, sin embargo, algunos minutos sin que el celebrante apareciese. La multitud comenzaba a rebullirse demostrando su impaciencia; los caballeros cambiaban entre sí algunas pala-

[26] *dueñas:* criadas de alto rango que gobernaban el servicio de la casa.
[27] *gavilán:* los hierros que en la espada forman la cruz de la empuñadura.
[28] *solio:* entiéndase: en un dosel o asiento que por encima tenía una colgadura grana, propia de su grado eclesiástico.

bras a media voz, [y] el arzobispo mandó a la sacristía a uno de sus familiares a inquirir el porqué no comenzaba la ceremonia.

—Maese Pérez se ha puesto malo, muy malo, y será imposible que asista esta noche a la misa de medianoche.

Esa fue la respuesta del familiar.

La noticia cundió instantáneamente entre la muchedumbre. Pintar el efecto desagradable que causó en todo el mundo sería cosa imposible. Baste decir que comenzó a notarse tal bullicio en el templo, que el asistente se puso de pie y los alguaciles entraron a imponer silencio, confundiéndose entre las apiñadas olas de la multitud.

En aquel momento, un hombre mal trazado, seco, huesudo y bisojo[29] por añadidura, se adelantó hasta el sitio que ocupaba el prelado.

—Maese Pérez está enfermo —dijo—. La ceremonia no puede empezar. Si queréis, yo tocaré el órgano en su ausencia, que ni maese Pérez es el primer organista del mundo, ni a su muerte dejará de usarse este instrumento por falta de inteligentes.

El arzobispo hizo una señal de asentimiento con la cabeza, y ya algunos de los fieles, que conocían a aquel personaje extraño por un organista envidioso, enemigo del de Santa Inés, comenzaban a prorrumpir en exclamaciones de disgusto, cuando de improviso se oyó en el atrio un ruido espantoso.

—¡Maese Pérez está aquí!... ¡Maese Pérez está aquí!...

A estas voces de los que estaban apiñados en la puerta, todo el mundo volvió la cara.

Maese Pérez, pálido y desencajado, entraba, en efecto, en

[29] *bisojo:* bizco.

la iglesia, conducido en un sillón, que todos se disputaban el honor de llevar en sus hombros.

Los preceptos de los doctores, las lágrimas de su hija, nada había sido bastante a detenerle en el lecho.

—No —había dicho—. Esta es la última, lo conozco. Lo conozco, y no quiero morir sin visitar mi órgano, y esta noche sobre todo, la Nochebuena. Vamos, lo quiero, lo mando. Vamos a la iglesia.

Sus deseos se habían cumplido. Los concurrentes lo subieron en brazos a la tribuna y comenzó la misa. En aquel punto sonaban las doce en el reloj de la catedral.

Pasó el introito, y el evangelio, y el ofertorio, y llegó el instante solemne en que el sacerdote, después de haberla consagrado, toma con la extremidad de sus dedos la Sagrada Forma y comienza a elevarla.

Una nube de incienso que se desenvolvía en ondas azuladas llenó el ámbito de la iglesia. Las campanillas repicaron con un sonido vibrante y maese Pérez puso sus crispadas manos sobre las teclas del órgano.

Las cien voces de sus tubos de metal resonaron en un acorde majestuoso y prolongado, que se perdió poco a poco, como si una ráfaga de aire hubiese arrebatado sus últimos ecos.

A este primer acorde, que parecía una voz que se elevaba desde la tierra al cielo, respondió otro lejano y suave, que fue creciendo, creciendo, hasta convertirse en un torrente de atronadora armonía. Era la voz de los ángeles que, atravesando los espacios, llegaba al mundo.

Después comenzaron a oírse como unos himnos distantes que entonaban las jerarquías [30] de serafines. Mil himnos a la vez, que al confundirse formaban uno solo que, no obstante, sólo era el acompañamiento de una extraña melodía, que pa-

[30] *jerarquía:* orden en el coro de los ángeles.

recía flotar sobre aquel océano de acordes misteriosos, como un jirón de niebla sobre las olas del mar[31].

Luego fueron perdiéndose unos cuantos; después, otros. La combinación se simplificaba. Ya no eran más que dos voces, cuyos ecos se confundían entre sí; luego quedó una aislada, sosteniendo una nota brillante como un hilo de luz. El sacerdote inclinó la frente, y por encima de su cabeza cana, y como a través de una gasa azul que fingía el humo del incienso, apareció la hostia a los ojos de los fieles. En aquel instante, la nota, que maese Pérez sostenía tremando se abrió, se abrió, y una explosión de armonía gigante estremeció la iglesia, en cuyos ángulos zumbaba el aire comprimido y cuyos vidrios de colores se estremecían en sus angostos ajimeces[32].

De cada una de las notas que formaban aquel magnífico acorde se desarrolló un tema, y unos cerca, otros lejos, estos brillantes, aquellos sordos, diríase que las aguas y los pájaros, las brisas y las frondas, los hombres y los ángeles, la tierra y los cielos, cantaban, cada cual en su idioma, un himno al nacimiento del Salvador.

La multitud escuchaba atónita y suspendida. En todos los ojos había una lágrima; en todos los espíritus, un profundo recogimiento.

El sacerdote que oficiaba sentía temblar sus manos, porque Aquel que levantaba en ellas, Aquel a quien saludaban hombres y arcángeles, era su Dios, era su Dios, y le parecía haber visto abrirse los cielos y transfigurarse la hostia.

El órgano proseguía sonando, pero sus voces se apagaban gradualmente, como una voz que se pierde de eco en eco y se

[31] Bécquer describe el efecto de la música del órgano, el instrumento más adecuado para la interpretación de la música religiosa y su efecto en el creyente. Recuérdese la precedente leyenda de «El *Miserere*».

[32] *ajimez:* propiamente ajimez es la ventana adornada por un arco dentro del cual se sitúan otros, separados por una columna. Es propio del arte árabe, pero también se encuentra en el cristiano.

aleja y se debilita al alejarse, cuando sonó un grito en la tribuna, un grito desgarrador, agudo, un grito de mujer.

El órgano exhaló un sonido discorde y extraño, semejante a un sollozo, y quedó mudo.

La multitud se agolpó a la escalera de la tribuna, hacia la que, arrancados de su éxtasis religioso, volvieron la mirada con ansiedad todos los fieles.

—¿Qué ha sucedido? ¿Qué pasa? —se decían unos a otros, y nadie sabía responder, y todos se empeñaban en adivinarlo, y crecía la confusión, y el alboroto comenzaba a subir de punto, amenazando turbar el orden y el recogimiento propios de la iglesia.

—¿Qué ha sido eso? —preguntaron las damas al asistente que, precedido de los ministriles, fue uno de los primeros a subir a la tribuna y que, pálido y con muestras de profundo pesar, se dirigía al puesto en donde le esperaba el arzobispo, ansioso, como todos, por saber la causa de aquel desorden.

—¿Qué hay?

—Que maese Pérez acaba de morir.

En efecto, cuando los primeros fieles, después de atropellarse por la escalera, llegaron a la tribuna, vieron al pobre organista caído de boca sobre las teclas de su viejo instrumento, que aún vibraba sordamente, mientras su hija, arrodillada a sus pies, lo llamaba en vano entre suspiros y sollozos.

III

—Buenas noches, mi señora doña Baltasara [33]. ¿También usarced [34] viene esta noche a la misa del Gallo? Por mi parte, tenía hecha intención de irla a oír a la parroquia; pero, lo que

[33] Otra vez Bécquer hace que hable la misma vieja de antes y vuelve la expresión coloquial, abundante en admiraciones y exclamaciones.

[34] *usarced:* forma de la evolución entre el pronombre de respeto *vuestra merced,* propia de los Siglos de Oro, y el *usted,* en uso hoy.

sucede... ¿Dónde va Vicente? Donde va la gente. Y eso que,
si he de decir la verdad, desde que murió maese Pérez parece
que me echan una losa sobre el corazón cuando entro en
Santa Inés... ¡Pobrecito! ¡Era un santo!... Yo de mí sé decir
que conservo un pedazo de su jubón como una reliquia y lo
merece... Pues en Dios y en mi ánima que si el señor arzo-
bispo tomara mano en ello, es seguro que nuestros nietos le
verían en altares... Mas ¿cómo ha de ser?... A muertos y a
idos no hay amigos... Ahora lo que priva es la novedad..., ya
me entiende usarced. ¡Qué! ¿No sabe nada de lo que pasa?
Verdad que nosotras nos parecemos en eso: de nuestra casita
a la iglesia y de la iglesia a nuestra casita, sin cuidarnos de lo
que se dice o se deja de decir... Sólo que yo, así..., al vuelo...,
una palabra de acá, otra de acullá..., sin ganas de enterarme
siquiera, suelo estar al corriente de algunas novedades.

Pues sí, señor. Parece cosa hecha que el organista de San
Román, aquel bisojo que siempre está echando pestes de los
otros organistas, aquel perdulariote [35], que más parece jifero [36]
de la Puerta de la Carne que maestro de solfa, va a tocar esta
Nochebuena en lugar de maese Pérez. Ya sabrá usarced, por-
que esto lo ha sabido todo el mundo y es cosa pública en
Sevilla, que nadie quería comprometerse a hacerlo. Ni aun su
hija, que es profesora, y después de la muerte de su padre en-
tró en el convento de novicia.

Y era natural: acostumbrados a oír aquellas maravillas,
cualquiera otra cosa había de parecernos mala, por más que
quisieran evitarse las comparaciones. Pues cuando ya la co-
munidad había decidido que en honor del difunto, y como
muestra de respeto a su memoria, permanecería callado el ór-

[35] *perdulariote:* persona de mal aspecto externo, que viste de manera
descuidada; refuerza el sentido el despectivo *-ote*.

[36] *jifero:* trabajador del matadero de reses, sucio y desaliñado.

gano en esta noche, hete aquí que se presenta nuestro hombre diciendo que él se atreve a tocarle... No hay nada más atrevido que la ignorancia... Cierto que la culpa no es suya, sino de los que le consienten esta profanación. Pero así va el mundo... Y digo... No es cosa la gente que acude... Cualquiera diría que nada ha cambiado de un año a otro. Los mismos personajes, el mismo lujo, los mismos empellones en la puerta, la misma animación en el atrio, la misma multitud en el templo... ¡Ay, si levantara el muerto la cabeza! Se volvía a morir por no oír su órgano tocado por manos semejantes.

Lo que tiene que, si es verdad lo que me han dicho, las gentes del barrio le preparan una buena al intruso. Cuando llegue el momento de poner la mano sobre las teclas, va a comenzar una algarabía de sonajas, panderos y zambombas que no haya más que oír... Pero, ¡calle!, ya entra en la iglesia el héroe de la función. ¡Jesús, qué ropilla de colorines, qué gorguera[37] de cañutos, qué aires de personaje! Vamos, vamos, que ya hace rato que llegó el arzobispo y va a comenzar la misa... Vamos, que me parece que esta noche va a darnos que contar para muchos días.

Esto diciendo, la buena mujer, que ya conocen nuestros lectores por sus exabruptos[38] de locuacidad, penetró en Santa Inés, abriéndose, según costumbre, un camino entre la multitud a fuerza de empellones y codazos.

Ya se había dado principio a la ceremonia. El templo estaba tan brillante como el año anterior.

El nuevo organista, después de atravesar por en medio de los fieles que ocupaban las naves para ir a besar el anillo del prelado, había subido a la tribuna, donde tocaba, unos tras

[37] *gorguera:* el adorno del cuello de los caballeros, de lienzo blanco.

[38] *exabruptos:* Bécquer acaba aquí la intervención de la mujer; *ex abrupto* es una forma de hablar arrebatada e inconexa, a saltos.

otros, los registros del órgano con una gravedad tan afectada como ridícula.

Entre la gente menuda que se apiñaba a los pies de la iglesia se oía un rumor sordo y confuso, cierto presagio de que la tempestad comenzaba a fraguarse y no tardaría mucho en dejarse sentir.

—Es un truhán que, por no hacer nada bien, ni aun mira a derechas —decían los unos.

—Es un ignorantón que, después de haber puesto el órgano de su parroquia peor que una carraca [39], viene a profanar el de maese Pérez —decían los otros.

Y mientras este se desembarazaba del capote para prepararse a darle de firme a su pandero, y aquel apercibía sus sonajas, y todos se disponían a hacer bulla a más y mejor, sólo alguno que otro se aventuraba a defender tibiamente al extraño personaje, cuyo porte orgulloso y pedantesco hacía tan notable contraposición con la modesta apariencia y la afable bondad del difunto maese Pérez.

Al fin llegó el esperado momento, el momento solemne en que el sacerdote, después de inclinarse y murmurar algunas palabras santas, tomó la hostia en sus manos... Las campanillas repicaron, semejando su repique una lluvia de notas de cristal. Se elevaron las diáfanas ondas del incienso y sonó el órgano.

Una estruendosa algarabía llenó los ámbitos de la iglesia en aquel instante y ahogó su primer acorde.

Zampoñas, gaitas, sonajas, panderos, todos los instrumentos del populacho alzaron sus discordantes voces a la vez; pero la confusión y el estrépito sólo duró [40] algunos segun-

[39] *carraca:* instrumento popular que produce un ruido discordante al tropezar una rueda dentada de madera con una lengüeta.
[40] Debe ser *duraron* porque el sujeto está compuesto por dos sustantivos.

dos. Todos a la vez, como habían comenzado, enmudecieron
de pronto.

El segundo acorde, amplio, valiente, magnífico, se soste-
nía aún, brotando de los tubos de metal del órgano como una
cascada de armonía inagotable y sonora.

Cantos [41] celestes como los que acarician los oídos en
los momentos de éxtasis, cantos que percibe el espíritu y no los
puede repetir el labio, notas sueltas de una melodía lejana
que suenan a intervalos, traídas en las ráfagas del viento; ru-
mor de hojas que se besan en los árboles con un murmullo
semejante al de la lluvia, trinos de alondras que se levantan
gorjeando de entre las flores como una saeta despedida a las
nubes; estruendos sin nombre, imponentes como los rugidos
de una tempestad; coros de serafines sin ritmo ni cadencia,
ignota música del cielo que sólo la imaginación comprende,
himnos alados que parecían remontarse al trono del Señor
como una tromba de luz y de sonidos..., todo lo expresaban
las cien voces del órgano con más pujanza, con más miste-
riosa poesía, con más fantástico color que lo habían expre-
sado nunca.

..

Cuando el organista bajó de la tribuna, la muchedumbre
que se agolpó a la escalera fue tanta y tanto su afán por verle
y admirarle, que el asistente, temiendo, no sin razón, que le
ahogaran entre todos, mandó a algunos de sus ministriles

[41] Otra magistral reseña de los efectos de la música del órgano. Obsér-
vese la construcción sintáctica del largo párrafo, producida por una acumu-
lación de sustantivos y sus complementos, de índole retórica, con un acu-
sado carácter oratorio, y que al fin se resumen en dos expresiones-clave:
misteriosa poesía y *fantástico color.*

para que, vara en mano, le fueran abriendo camino hasta lle-
gar al altar mayor, donde el prelado le esperaba.

—Ya veis —le dijo este último cuando le trajeron a su pre-
sencia—. Vengo desde mi palacio aquí sólo por escucharos.
¿Seréis tan cruel como maese Pérez que nunca quiso excu-
sarme el viaje tocando la Nochebuena en la misa de la ca-
tedral?

—El año que viene —respondió el organista— prometo
daros gusto, pues por todo el oro de la tierra no volvería a to-
car este órgano.

—¿Y por qué? —interrumpió el prelado.

—Porque... —añadió el organista, procurando dominar la
emoción que se revelaba en la palidez de su rostro—, porque
es viejo y malo, y no puede expresar todo lo que se quiere.

El arzobispo se retiró, seguido de sus familiares. Unas tras
otras, las literas de los señores fueron desfilando y perdién-
dose en las revueltas de las calles vecinas; los grupos del
atrio se disolvieron, dispersándose los fieles en distintas di-
recciones, y ya la demandadera se disponía a cerrar las puer-
tas de la entrada del atrio, cuando se divisaban aún dos muje-
res que después de persignarse y murmurar una oración ante
el retablo del arco de San Felipe, prosiguieron su camino, in-
ternándose en el callejón de las Dueñas.

—Qué quiere usarced, mi señora doña Baltasara —decía
la una [42]—. Yo soy de este genial. Cada loco con su tema...
Me lo habían de asegurar capuchinos descalzos y no lo cree-
ría del todo... Ese hombre no puede haber tocado lo que aca-
bamos de escuchar... Si yo lo he oído mil veces en San Bar-
tolomé, que era su parroquia, y de donde tuvo que echarle el
señor cura por malo, y era cosa de taparse los oídos con algo-

[42] Continúan hablando las viejas, con lo que vuelve la nota coloquial al
relato.

dones... Y luego, si no hay más que mirarle al rostro, que, según dicen, es el espejo del alma... Yo me acuerdo, pobrecito, como si la estuviera viendo, me acuerdo de la cara de maese Pérez cuando, en semejante noche como esta, bajaba de la tribuna, después de haber suspendido al auditorio con sus primores... ¡Qué sonrisa tan bondadosa, qué color tan animado!... Era viejo y parecía un ángel... No que este ha bajado las escaleras a trompicones, como si le ladrase un perro en la meseta, y con un olor de difunto y unas... Vamos, mi señora doña Baltasara, créame usarced, y créame con todas veras: yo sospecho que aquí hay busilis [43]...

Comentando las últimas palabras, las dos mujeres doblaban la esquina del callejón y desaparecían.

Creemos inútil decir a nuestros lectores quién era una de ellas.

IV

Había transcurrido un año más. La abadesa del convento de Santa Inés y la hija de maese Pérez hablaban en voz baja, medio ocultas entre las sombras del coro de la iglesia. El esquilón [44] llamaba a voz herida a los fieles desde la torre, y alguna que otra rara persona atravesaba el atrio, silencioso y desierto esta vez, y después de tomar el agua bendita en la puerta, escogía un puesto en un rincón de las naves, donde unos cuantos vecinos del barrio esperaban tranquilamente a que comenzara la misa del Gallo.

—Ya lo veis —decía la superiora—: vuestro temor es sobre manera pueril; nadie hay en el templo; toda Sevilla acude

[43] *busilis:* la parte de difícil solución o entendimiento de un asunto. Acaso venga de una división disparatada de la frase latina «in diebus illis», en la que se hubiera separado *in diebusillis.* En la ed. 1871, *color de difunto.*

[44] *esquilón:* campana pequeña, de sonido agudo.

en tropel a la catedral esta noche. Tocad vos el órgano, y to-
cadle sin desconfianza de ninguna clase; estaremos en comu-
nidad... Pero... proseguís callando, sin que cesen vuestros
suspiros. ¿Qué os pasa? ¿Qué tenéis?

—Tengo... miedo —exclamó la joven con un acento pro-
fundamente conmovido.

—¡Miedo! ¿De qué?

—No sé..., de una cosa sobrenatural... Anoche, mirad, yo
os había oído decir que teníais empeño en que tocase el ór-
gano en la misa y, ufana con esta distinción, pensé arreglar
sus registros y templarle, a fin de que hoy os sorprendiese...
Vine al coro... sola..., abrí la puerta que conduce a la tri-
buna... En el reloj de la catedral sonaba en aquel momento
una hora..., no sé cuál..., pero las campanadas eran tristísimas
y muchas..., muchas..., estuvieron sonando todo el tiempo
que yo permanecí como clavada en el dintel [45] y aquel tiem-
po me pareció un siglo.

La iglesia estaba desierta y oscura... Allá lejos, en el
fondo, brillaba, como una estrella perdida en el cielo de la
noche, una luz moribunda... [46], la luz de la lámpara que arde
en el altar mayor... A sus reflejos debilísimos, que sólo con-
tribuían a hacer más visible todo el profundo horror de las
sombras, vi..., lo vi, madre, no lo dudéis; vi un hombre que,
en silencio, y vuelto de espaldas hacia el sitio en que yo es-

[45] *dintel:* es otro error más de Bécquer pues *dintel* es la parte superior de
las puertas y ventanas. Tenía que haber escrito *umbral.*

[46] Rubén Benítez (en su edición, pág. 183) señala que este trozo se rela-
ciona con los versos de la *Rima XIII* (29):

 me parece en el cielo de la tarde
 una perdida estrella.

Por eso se dice que Bécquer es de los que anuncian la aparición de una
prosa poética, sobre todo la del Modernismo.

taba, recorría con una mano las teclas del órgano, mientras tocaba con la otra a sus registros..., y el órgano sonaba, pero sonaba de una manera indescriptible. Cada una de sus notas parecía un sollozo ahogado dentro del tubo de metal, que vibraba con el aire comprimido en su hueco y reproducía el tono sordo, casi imperceptible, pero justo.

Y el reloj de la catedral continuaba dando la hora, y el hombre aquel proseguía recorriendo las teclas. Yo oía hasta su respiración.

El horror había helado la sangre de mis venas; sentía en mi cuerpo como un frío glacial, y en mis sienes fuego... Entonces quise gritar, quise gritar, pero no pude. El hombre aquel había vuelto la cara y me había mirado..., digo mal, no me había mirado, porque era ciego... ¡Era mi padre!

—¡Bah! Hermana, desechad esas fantasías con que el enemigo malo procura turbar las imaginaciones débiles... Rezad un *Paternoster* y un *Avemaría* al arcángel San Miguel, jefe de las milicias celestiales, para que os asista contra los malos espíritus. Llevad al cuello un escapulario tocado en la reliquia de San Pacomio, abogado contra las tentaciones, y marchad, marchad a ocupar la tribuna del órgano; la misa va a comenzar, y ya esperan con impaciencia los fieles... Vuestro padre está en el cielo, y desde allí, antes que a daros sustos, bajará a inspirar a su hija en esta ceremonia solemne, para el objeto de tan especial devoción.

La priora fue a ocupar su sillón en el coro en medio de la comunidad. La hija de maese Pérez abrió con mano temblorosa la puerta de la tribuna para sentarse en el banquillo del órgano y comenzó la misa.

Comenzó la misa y prosiguió sin que ocurriese nada notable hasta que llegó la consagración. En aquel momento sonó el órgano, y al mismo tiempo que el órgano, un grito de la hija de maese Pérez. La superiora, las monjas y algunos de los fieles corrieron a la tribuna.

—¡Miradle! ¡Miradle! —decía la joven, fijando sus desencajados ojos en el banquillo, de donde se había levantado, asombrada, para agarrarse con sus manos convulsas al barandal de la tribuna.

Todo el mundo fijó sus miradas en aquel punto. El órgano estaba solo, y, no obstante, el órgano seguía sonando...; sonando como sólo los arcángeles podrían imitarle en sus raptos de místico alborozo.

*

—¿No os lo dije yo una y mil veces, mi señora doña Baltasara[47]; no os lo dije yo? ¡Aquí hay busilis![48]. Vedlo. ¡Qué!, ¿no estuvisteis anoche en la misa del Gallo? Pero, en fin, ya sabréis lo que pasó. En toda Sevilla no se habla de otra cosa... El señor arzobispo está hecho, y con razón, una furia... Haber dejado de asistir a Santa Inés, no haber podido presenciar el portento..., ¿y para qué?... Para oír una cencerrada[49], porque personas que lo oyeron dicen que lo que hizo el dichoso organista de San Bartolomé en la catedral no fue otra cosa... Si lo decía yo. Eso no puede haberlo tocado el bisojo, mentira...; aquí hay busilis, y el busilis era, en efecto, el alma de maese Pérez.

[47] La terminación de la leyenda corre a cargo de la vieja que iba estableciendo estas partes en las que domina el lenguaje conversacional que habría de ser propio de la demandadera, tanto de la que contaba, a su manera, la tradición al curioso Bécquer, como de la otra de los Siglos de Oro. Esta unión a través del tiempo histórico es lo que sirve para mantener la memoria tradicional.

[48] *busilis:* ya usó antes (nota 43) el término en el mismo sentido de pormenor en el que se encuentra la dificultad, interés y solución de un asunto. Suele usarse en la expresión «¡Ahí está el busilis!».

[49] *cencerrada:* lo que tocó el organista de San Bartolomé sonó como un estruendo de desafinados cencerros que a veces se oyen en los pueblos como burla.

¡ES RARO!

(NARRACIÓN)

Si al principio de esta parte dedicada a las *Leyendas* introdujimos el «Poema indio» de *La Creación* para ofrecer una muestra de la prosa de Bécquer de influjo oriental, aunque esta pieza literaria no hubiese recibido la consideración de *leyenda,* queremos concluir esta parte de la antología con una narración que tampoco lo es (o el autor no lo declara así). En la edición de sus amigos de 1871 está bajo el epígrafe de «Artículos varios». Vale para reconocer lo cerca que Bécquer se encontraba de la «novela». Para ser *tradición,* término que él a veces reúne con *leyenda,* le falta la dimensión temporal del pasado, pues se refiere al tiempo mismo de Bécquer; y a que se cuenta ningún suceso fantástico. No obstante, usa también el orden narrativo de comenzar y acabar con un relator que, como en otros casos, es él mismo o una proyección literaria de su personalidad, destinada a este fin; y luego viene la narración propiamente dicha del caso. Lo que se cuenta no es un suceso lejano en tiempo y espacio, sino una pretendida biografía de alguien que fue contemporáneo del narrador. Es un joven que desde la pobreza llega a un cierto bienestar económico, y en este proceso va reuniendo los seres por los que siente un amor que le desborda: un perro, un caballo y una mujer. Al fin esta le engaña, mata al perro y al caballo, y, al cerciorarse de esta ingrata conducta, el desdichado se deja morir.

Este relato es, según M. García Viñó (1970: 162) «un cuento postromántico, con rasgos costumbristas y de crítica social». El que cuenta el caso, que en cierto modo aparece como solidario con el

joven del relato, declara que los que le escuchan no entienden el motivo por el que había vivido el protagonista; este motivo había sido un amor por las criaturas que, al resultar frustrado en el caso de la mujer, le produce la muerte.

Las partes de introducción y de cierre son una escena costumbrista, referente a una reunión de un grupo de la burguesía de la época. El relato se establece con un gran sentido de la teatralidad, y Bécquer se enfrenta con el grupo social que no comprende el motivo de la conducta del joven; propiamente es una declaración en la que se testimonia que el romanticismo ha dejado de ser un hecho actual para la mayoría de los asistentes, y que si queda algún romántico, es un incomprendido por los demás. ¿Hasta qué punto este relator puede identificarse con el Bécquer real? El artículo aparece seis meses después de que el escritor casase con Casta. ¿A qué pudiera deberse que la mujer fuese el elemento negativo en el relato? ¿Admonición a su mujer, como apunta F. Schneider, otro estudioso de Bécquer? Cualquier propuesta resulta atrevida, y parece que lo menos arriesgado es decir que es un intento de leyenda «madrileña» en la que se cuenta una historia que sirve para entretener a los asistentes a una reunión y de la que se desprende que un «héroe» de esta naturaleza está ya pasado de moda. También hay que prever el posible propósito de Bécquer de renovar las leyendas y probar otros cauces narrativos para las mismas en cuanto a su contenido. En este caso, todo queda en un apunte de novela de tema contemporáneo, en el que el escritor ensaya un tipo de relato directo, sin apenas descripción como las que él acostumbraba, y abundancia de diálogos. Este apunte está organizado en los tres temas del perro, el caballo y la mujer. Es notable la estimación que Bécquer manifiesta por los animales, y en esto se sitúa por delante de la sensibilidad de la literatura de fin de siglo que en este aspecto culminaría en España con *Platero y yo,* de Juan Ramón Jiménez. Y también lo es la compasión que manifiesta por los caballos de las plazas de toros. La mujer, que el protagonista eleva y valora, no corresponde a las esperanzas que pone en ella. Esta es la tragedia del caso, pero al fin y al cabo se trivializa cuando todo se resuelve en la disyuntiva: ¡es raro! o ¡es natural!, dos frases hechas y usuales en la conversación que quitan empaque a la intención del relato, por más que el narrador

—¿hasta qué punto es Bécquer?— se duela de la indiferencia de los más.

R. Pageard ha propuesto como fuente de esta «variedad» el poema 50 de los *Lyrisches Intermezzo,* de Heine. La prosa de Bécquer coincide con la difusión que hizo Ferrán del poeta alemán en sus traducciones e imitaciones. Como la poesía alemana es breve, la situamos aquí para que se pueda observar cómo trataba la materia en que pudiera apoyarse para su creación. Escribe Heine:

«Tomaban té sentados alrededor de la mesa. Hablaban mucho de amor; los caballeros, según la moda estética, y las damas, muy sensibles.

"El amor debe ser platónico", decía el consejero escuálido; la consejera sonríe irónicamente, y a pesar de ello suspira: "¡Ay!"

»El canónigo abre mucho la boca para decir: "Que el amor no sea rudo, pues entonces daña la salud". La señora murmura: "¿Cómo...?".

La condesa habla con nostalgia: "¡El amor es una pasión!"; y presenta afablemente la taza al señor barón.

»"En la mesa aún había un sitio, amor mío; allí has fallado tú. Tú, que hubieses hablado, tesoro mío, sobre tu amor".»

El apunte de Heine aparece extendido en la obra de Bécquer en favor de una novelización del asunto implícito, y esto hace que prefiera usar la prosa, más conveniente para su intención, que el verso. Bécquer, como en tantas ocasiones, españoliza el asunto expuesto: la sociedad madrileña es el medio en el que ocurren los hechos contados, y esto se acentúa aún más con la mención de las corridas de toros, ante las cuales adopta la postura negativa que hemos comentado. La transformación que verifica Bécquer de la materia heiniana aleja el desarrollo de su obra de la probable fuente, y queda sólo el cuadro general de una reunión de sociedad y el común denominador humano: la sutileza agresiva e irónica del alemán, que Bécquer recoge y atempera a través de su condición observadora, aplicada al entorno madrileño que tan bien conoce. Y es obvio que la obra del español denota una evidente modernidad.

Tomábamos el té en casa de una señora amiga mía y se hablaba de esos dramas sociales que se desarrollan ignorados del mundo y cuyos protagonistas hemos conocido, si es que no hemos hecho un papel en algunas de sus escenas.

Entre otras muchas personas que no recuerdo, se encontraba allí una niña rubia, blanca y esbelta que, a tener una corona de flores en lugar del legañoso perrillo que gruñía medio oculto entre los muchos pliegues de su falda, hubiérasela comparado, sin exagerar, con la Ofelia de Shakespeare.

Tan puros eran el blanco de su frente y el azul de sus ojos.

De pie, apoyada una mano en la causeuse [1] de terciopelo azul que ocupaba la niña [2] rubia, y acariciando con la otra los preciosos dijes de su cadena de oro, hablaba con ella un joven, en cuya afectada pronunciación se notaba un leve acento extranjero, a pesar de que su aire y su tipo eran tan españoles como los del Cid o Bernardo del Carpio [3].

Un señor de cierta edad, alto, seco, de maneras distinguidas y afables, y que parecía seriamente preocupado en la operación de dulcificar a punto su taza de té, completaba el grupo de las personas más próximas a la chimenea, al calor de la cual me senté para contar esta historia. Esta historia parece un cuento, pero no lo es; de ella pudiera hacerse un libro, yo lo he hecho algunas veces en mi imaginación. No obstante, la referiré en pocas palabras,

[1] *causeuse:* un sofá pequeño; es galicismo usado para denotar la imitación desmedida de lo francés. Esta incongruente demostración se complementa con lo que decimos un poco más adelante sobre la cursilería.

[2] *niña:* en el sentido andaluz de muchacha joven que ya alterna en el trato social con los jóvenes.

[3] El leve acento extranjero que menciona Bécquer denota en el joven una afectación que conviene con lo que sería la *cursilería,* un término que aparece a fines del siglo XIX para denotar esta actitud de los que pretenden parecer lo que no son.

pues para el que haya de comprenderla todavía sobrarán algunas [4].

I

Andrés, porque así se llamaba el héroe de mi narración, era uno de esos hombres en cuya alma rebosan el sentimiento que no han gastado nunca y el cariño que no pueden depositar en nadie.

Huérfano casi al nacer, quedó al cuidado de unos parientes. Ignoro los detalles de su niñez. Sólo puedo decir que cuando le hablaban de ella se oscurecía su frente y exclamaba con un suspiro: «¡Ya pasó aquello!».

Todos decimos lo mismo, recordando con tristeza las alegrías pasadas. ¿Era esta la explicación de la suya? Repito que no lo sé, pero sospecho que no.

Ya joven, se lanzó al mundo. Sin que por esto se crea que yo trato de calumniarle, la verdad es que el mundo, para los pobres y para cierta clase de pobres sobre todo, no es un paraíso ni mucho menos. Andrés era, como suele decirse, de los que se levantan la mayor parte de los días con veinticuatro horas más. Juzguen, pues, mis lectores cuál sería el estado de un alma toda idealismo, toda amor, ocupada en la difícil cuanto prosaica tarea de buscarse el pan cotidiano.

No obstante, algunas veces, sentándose a la orilla de su

[4] Bécquer declara que la *historia* que parece *cuento* podría ser origen de un *libro;* se trata, pues, de uno de estos esbozos que nuestro autor concibe, pero que no realiza y del que en este caso queda lo que hemos llamado «apunte de novela». El *referir en pocas palabras* es propio de la poética de las leyendas, y aquí la mención se refuerza con lo que dice que los que la comprendan (esto es, que den con el sentido que él sitúa en el relato), aunque serán pocos, bastan para lograr lo que se propuso al escribirla. En este sentido apunta una posible denuncia social del caso literario.

solitario lecho, con los codos sobre las rodillas y la cabeza
entre las manos, exclamaba:

—¡Si yo tuviese a alguien a quien querer con toda mi
alma! ¡Una mujer, un caballo, un perro siquiera!

Como no tenía un cuarto, no le era posible tener nada, nin-
gún objeto en que satisfacer su hambre de amor. Esta se exas-
peró hasta el punto que en sus crisis llegó a cobrarle cariño al
cuchitril donde habitaba, a los mezquinos muebles que le ser-
vían, hasta a la patrona, que era su genio del mal.

No hay que extrañarlo. Josefo refiere que durante el sitio
de Jerusalén fue tal el hambre, que las madres se comieron a
sus hijos.

Un día pudo proporcionarse un escasísimo sueldo para vi-
vir. La noche de aquel día, cuando se retiraba a su casa, al
atravesar una calle estrecha oyó una especie de lamentos,
como lloros de una criatura recién nacida. No bien hubo dado
algunos pasos más después de haber oído aquellos gemidos,
cuando exclamó, deteniéndose:

—Diantre, ¿qué es esto?

Y tocó con la punta del pie una cosa blanda que se movía
y tornó a chillar y a quejarse. Era uno de esos perrillos que
arrojan a la basura de pequeñuelos.

—La Providencia lo ha puesto en mi camino, dijo para sí
Andrés, recogiéndole y abrigándole con el faldón de su levita.

Y se lo llevó a su cuchitril.

—¡Cómo es eso! —refunfuñó la patrona al verlo entrar
con el perrillo—. No nos faltaba más que ese nuevo embe-
leco en casa. ¡Ahora mismo lo deja usted donde lo encontró
o mañana busca dónde acomodarse con él!

Al otro día salió Andrés de la casa, y en el discurso de dos
o tres meses salió de otras doscientas por la misma cuestión.
Pero todos estos disgustos, y otros mil que es imposible deta-
llar, los compensaba con usura la inteligencia y el cariño del
perro, con el cual se distraía como con una persona en sus

eternas horas de soledad y fastidio. Juntos comían, juntos descansaban y juntos daban la vuelta a la ronda o se marchaban a lo largo del camino de los Carabancheles.

Tertulias, paseos, teatros, cafés, sitios donde no se permitían o estorbaban los perros, estaban vedados para nuestro héroe, que exclamaba algunas veces con toda [la] efusión de su alma y como correspondiendo a las caricias del suyo:

—¡Animalito! No le falta más que hablar.

II

Sería enfadoso explicar cómo, pero es el caso que Andrés mejoró algo de posición, y, viéndose con algún dinero, dijo:

—¡Si yo tuviese una mujer! Pero para tener una mujer es preciso mucho. Los hombres como yo, antes de elegirla, necesitan un paraíso que ofrecerla, y hacer un paraíso de Madrid cuesta un ojo de la cara... Si pudiera comprar un caballo... ¡Un caballo! ¡Un caballo! No hay animal más noble ni más hermoso. ¡Cómo lo había de querer mi perro! ¡Cómo se divertirían el uno con el otro y yo con los dos!

Una tarde fue a los toros y antes de comenzar la función, dirigióse maquinalmente al corral, donde esperaban ensillados los que habían de salir a la lidia.

No sé si mis lectores habrán tenido alguna vez la curiosidad de ir a verlos. Yo de mí puedo asegurarles que, sin creerme tan sensible como el protagonista de esta historia, me han dado algunas veces ganas de comprarlos todos. Tal ha sido la lástima que me ha dado de ellos.

Andrés no pudo menos de experimentar una sensación penosísima al encontrarse en aquel sitio. Unos, cabizbajos, con la piel pegada a los huesos y la crin sucia y descompuesta, aguardaban inmóviles su turno, como si presintiesen la desastrosa muerte que había de poner término, dentro de breves horas, a la miserable vida que arrastraban; otros me-

dio ciegos, buscaban olfateando el pesebre y comían o, hiriendo el suelo con el casco y dando fuertes soplidos, pugnaban por desasirse y huir del peligro que olfateaban con horror. Y todos aquellos animales habían sido jóvenes y hermosos. ¡Cuántas manos aristócratas habrían acariciado sus cuellos! ¡Cuántas voces cariñosas los habrían alentado en su carrera! Y ahora todo era juramentos por acá, palos acullá, y, por último, la muerte, una muerte con una agonía terrible acompañada de chanzonetas y silbidos [5].

—Si piensan algo —decía Andrés—, ¿qué pensarán estos animales, en el fondo de su confusa inteligencia, cuando en medio de la plaza se muerden la lengua y expiran con una contracción espantosa? En verdad que la ingratitud del hombre es algunas veces inconcebible.

De estas reflexiones vino a sacarlo la aguardentosa voz de uno de los picadores, que juraba y maldecía, mientras probaba las piernas de uno de los caballos, dando con el cuento de la garrocha en la pared. El caballo no parecía del todo despreciable. Por lo visto, debía ser loco o tener alguna enfermedad de muerte.

Andrés pensó en adquirirlo. Costar, no debería costar mucho; pero ¿y mantenerlo? El picador le hundió la espuela en el ijar y se dispuso a salir. Nuestro joven vaciló un instante y le detuvo. Cómo lo hizo, no lo sé; pero en menos de un cuarto de hora convenció al jinete para que lo dejase, buscó al asentista, ajustó el caballo y se quedó con él.

Creo excusado decir que aquella tarde no vio los toros.

[5] La descripción constituye un apunte digno de Solana, y concierta con la literatura de fin de siglo que denuncia la crueldad de las corridas de toros, como es el caso de Eugenio Noel (1885-1936). Esta es otra muestra de la modernidad de Bécquer.

Llevóse el caballo; pero el caballo, en efecto, estaba o parecía estar loco.

—Mucha leña en él —le dijo un inteligente.

—Poco de comer —le aconsejó un mariscal. El caballo seguía en sus trece—. ¡Bah! —exclamó al fin su dueño—: démosle de comer lo que quiera y dejémosle hacer lo que le dé la gana.

El caballo no era viejo, y comenzó a engordar y a ser más dócil. Verdad que tenía sus caprichos y que nadie podía montarlo más que Andrés, pero decía este:

—Así no me lo pedirán prestado, y, en cuanto a rarezas, ya nos iremos acostumbrando mutuamente a las que tenemos.

Y llegaron a acostumbrarse de tal modo que Andrés sabía cuándo el caballo tenía ganas de hacer una cosa y cuándo no, y a este le bastaba una voz de su dueño para saltar, detenerse o partir al escape, rápido como un huracán.

Del perro no digamos nada; llegó a familiarizarse de tal modo con su nuevo camarada que ni a beber salían el uno sin el otro. Desde aquel punto, cuando se perdía al escape entre una nube de polvo por el camino de los Carabancheles y su perro le acompañaba saltando y se adelantaba para tornar a buscarle o lo dejaba pasar para volver a seguirle, Andrés se creía el más feliz de los hombres.

III

Pasó algún tiempo. Nuestro joven estaba rico o casi rico.

Un día, después de haber corrido mucho, se apeó fatigado junto a un árbol y se recostó a su sombra.

Era un día de primavera luminoso y azul [6], de esos en que

[6] Bécquer no puede contener aquí su admiración por la naturaleza primaveral, y rompe el criterio de mesura descriptiva que se había impuesto con este párrafo que enlaza con su poesía.

se respira con voluptuosidad una atmósfera tibia e impreg-
nada de deseos, en que se oyen en las ráfagas del aire como
armonías lejanas, en que los limpios horizontes se dibujan
con líneas de oro y flotan ante nuestros ojos átomos brillan-
tes de no sé qué, átomos que semejan formas transparentes
que nos siguen, nos rodean y nos embriagan a un tiempo de
tristeza y de felicidad.

—Yo quiero mucho a estos dos seres —exclamó Andrés
después de sentarse, mientras acariciaba a su perro con una
mano y con la otra le daba a su caballo un puñado de hier-
bas—, mucho; pero todavía hay un hueco en mi corazón que
no se ha llenado nunca. Todavía me queda por emplear un
cariño más grande, más santo, más puro. Decididamente, ne-
cesito una mujer.

En aquel momento pasaba por el camino una muchacha
con un cántaro en la cabeza.

Andrés no tenía sed y, sin embargo, le pidió agua. La
muchacha se detuvo para ofrecérsela, y lo hizo con tanta
amabilidad que nuestro joven comprendió perfectamente uno
de los más patriarcales episodios de la Biblia [7].

—¿Cómo te llamas? —le preguntó después que hubo
bebido.

—Plácida.

—¿Y en qué te ocupas?

—Soy hija de un comerciante que murió arruinado y per-
seguido por sus opiniones políticas. Después de su muerte,
mi madre y yo nos retiramos a una aldea, donde lo pasamos
bien mal, con una pensión de tres reales por todo recurso. Mi
madre está enferma, y yo tengo que hacerlo todo.

—¿Y cómo no te has casado?

[7] Se refiere al episodio de Rebeca (Génesis, 24, 15-20).

—No sé. En el pueblo dicen que no sirvo para trabajar, que soy muy delicada, muy señorita.

La muchacha se alejó después de despedirse.

Mientras la miraba alejarse, Andrés permaneció en silencio. Cuando la perdió de vista, dijo con la satisfacción del que resuelve un problema:

—Esa mujer me conviene.

Montó en su caballo y, seguido de su perro, se dirigió a la aldea. Pronto hizo conocimiento con la madre, y casi tan pronto se enamoró perdidamente de la hija. Cuando, al cabo de algunos meses, esta se quedó huérfana, se casó enamorado de su mujer que es una de las mayores felicidades de este mundo.

Casarse y establecerse en una quinta situada en uno de los sitios más pintorescos de su país fue obra de algunos días.

Cuando se vio en ella rico, con su mujer, su perro y su caballo, tuvo que restregarse los ojos, porque creía que soñaba. Tan feliz, tan completamente feliz era el pobre Andrés.

IV

Así vivió por espacio de algunos años, dichoso si Dios tenía qué, cuando una noche creyó observar que alguien rondaba su quinta, y más tarde sorprendió a un hombre moldeando el ojo de la cerradura de una puerta del jardín.

—Ladrones tenemos —dijo.

Y determinó avisar al pueblo más cercano, donde había una pareja de guardias civiles.

—¿Adónde vas? —le preguntó su mujer.

—Al pueblo.

—¿A qué?

—A dar aviso a los civiles, porque sospecho que alguien nos ronda la quinta.

Cuando la mujer oyó esto, palideció ligeramente. Él, dándole un beso, prosiguió:

—Me marcho a pie, porque el camino es corto. Adiós, hasta la tarde.

Al pasar por el patio para dirigirse a la puerta entró un momento en la cuadra, vio a su caballo y, acariciándole, le dijo:

—Adiós, pobrecito, adiós. Hoy descansarás, que ayer te di un mate [8] como para ti solo.

El caballo, que acostumbraba salir todos los días con su dueño, relinchó tristemente al sentirlo alejarse.

Cuando Andrés se disponía a abandonar la finca, su perro comenzó a hacerle fiestas.

—No, no vienes conmigo —exclamó hablándole, como si lo entendiese—. Cuando vas al pueblo ladras a los muchachos y corres a las gallinas, y el mejor día del año te van a dar tal golpe que no te queden ánimos de volver por otra... No abrirle hasta que yo me marche —prosiguió, dirigiéndose a un criado, y cerró la puerta para que no le siguiese.

Ya había dado la vuelta al camino, cuando todavía escuchaba largos aullidos del perro.

Fue al pueblo, despachó su diligencia, se entretuvo un poco con el alcalde charlando de diversas cosas, y se volvió hacia su quinta. Al llegar a las inmediaciones le extrañó bastante de que no saliese el perro a recibirle; el perro, que otras veces, como si lo supiera, salía a recibirle [9] hasta la mitad del camino... Silba. ¡Nada! Entra en la posesión. ¡Ni un criado!

—¿Qué diantre será esto? —exclama con inquietud, y se dirige al caserío.

[8] *dar un mate:* la expresión más común es *dar un tute* (o sea, realizar un gran esfuerzo en un trabajo); el uso de Bécquer es un paralelo, sólo que en vez de usarse en términos de la baraja de los naipes, se utilizó uno del ajedrez.

[9] R. Correa (en la ed. 1871, 216) suprime *a recibirle,* porque lo había usado antes.

Llega a él, entra en el patio. Lo primero que se ofrece a su vista es el perro tendido en un charco de sangre a la puerta de la cuadra. Algunos pedazos de ropa diseminados por el suelo, algunas hilachas pendientes aún de sus fauces, cubiertas de una rojiza espuma, atestiguan que se ha defendido y que al defenderse debió recibir las heridas que lo cubren.

Andrés lo llama por su nombre. El perro, moribundo, entreabre los ojos, hace un inútil esfuerzo para levantarse, menea débilmente la cola, lame la mano que lo acaricia, y muere.

—Mi caballo... ¿Dónde está mi caballo? —exclama entonces con voz sorda y ahogada por la emoción al ver desierto al pesebre y rota la cuerda que lo sujetaba a él.

Sale de allí como un loco. Llama a su mujer. Nadie responde. A sus criados; tampoco. Recorre toda la casa fuera de sí; sola, abandonada. Sale de nuevo al camino. Ve las señales del casco de su caballo, del suyo, no le cabe duda, porque él conoce o cree conocer las huellas de su favorito.

—Todo lo comprendo —dice como iluminado por una idea repentina—: los ladrones se han aprovechado de mi ausencia para hacer su negocio y se llevan a mi mujer para exigirme por su rescate una gran suma de dinero. ¡Dineros! ¡Mi sangre, la salvación daría por ella! ¡Pobre perro mío! —exclama volviéndolo a mirar, y parte a correr como un desesperado, siguiendo la dirección de las pisadas.

Y corrió, corrió sin descansar un instante en pos de aquellas señales, una hora, dos, tres.

—¿Habéis visto —preguntaba a todo el mundo— un hombre a caballo con una mujer a la grupa?

—Sí —le respondían.

—¿Por dónde van?

—Por allí.

Y Andrés tomaba nuevas fuerzas y seguía corriendo.

La noche comenzaba a caer. A la misma pregunta encon-

traba siempre la misma respuesta. Y corría, corría, hasta que al fin divisó una aldea, y junto a la entrada, al pie de una cruz que señalaba el punto en que se dividía en dos el camino, vio un grupo de gente, gañanes y viejos, muchachos que contemplaban con curiosidad una cosa, que él no podía distinguir:

Llega, hace la misma pregunta de siempre, y le dice uno de los del grupo:

—Sí, hemos visto esa pareja. Mirad, por más señas, el caballo que la conducía, que cayó aquí reventado de correr.

Andrés vuelve los ojos en la dirección que le señalaban y ve, en efecto, su caballo, su querido caballo, que algunos hombres del pueblo se disponen a desollar para aprovecharse de la piel. No pudo apenas resistir la emoción, pero, reponiéndose en seguida, volvió a asaltarle la idea de su esposa.

—Y decidme —exclamó precipitadamente—: ¿cómo no prestasteis ayuda a aquella mujer desgraciada?

—Vaya si se la prestamos —dijo otro de los del corro—. Como que yo les he vendido otra caballería para que prosiguiesen su camino con toda la prisa que, al parecer, les importa.

—Pero —interrumpió Andrés— esa mujer va robada. Ese hombre es un bandido que, sin hacer caso de sus lágrimas y sus lamentos, la arrastra no sé a dónde.

Los maliciosos patanes cambiaron entre sí una mirada, sonriéndose de compasión.

—¡Quia, señorito! ¿Qué historia está usted contando? —prosiguió con sorna su interlocutor—. ¡Robada! Pues si ella era la que decía con más ahínco: «¡Pronto, pronto. Huyamos de estos lugares. No me veré tranquila hasta que los pierda de vista para siempre!»

Andrés lo comprendió todo. Una nube de sangre pasó por delante de sus ojos, de los que no brotó ni una lágrima, y cayó al suelo desplomado como un cadáver.

Estaba loco. A los pocos días, muerto.

Le hicieron la autopsia. No le encontraron lesión orgánica alguna. ¡Ah! Si pudiera hacerse la disección del alma, ¡cuántas muertes semejantes a esta se explicarían!

*

—*Y, efectivamente, ¿murió de eso?* —exclamó el joven, *que proseguía jugando con los dijes de su reloj, al concluir mi historia.*

Yo le miré como diciendo: «¿Le parece a usted poco?» Él prosiguió con cierto aire de profundidad:

—*¡Es raro! Yo sé lo que es sufrir. Cuando, en las últimas carreras, tropezó mi* Herminia, *mató al* jockey *y se quebró una pierna, la desgracia de aquel animal me causó un disgusto horrible; pero, francamente, no tanto..., no tanto.*

Aún proseguía mirándole con asombro, cuando hirió mi oído una voz armoniosa y ligeramente velada, la voz de la niña de los ojos azules:

—*Efectivamente, es raro. Yo quiero mucho a mi* Medoro —*dijo, dándole un beso en el hocico al enteco y legañoso faldero, que gruñó sordamente—, pero si se muriese o me lo mataran, no creo que me volviera loca ni cosa que lo valga.*

Mi asombro rayaba en estupor. Aquellas gentes no me habían comprendido o no querían comprenderme.

Al cabo me dirigí al señor que tomaba té, que, en razón a sus años, debía de ser algo más razonable.

—*Y a usted, ¿qué le parece?* —le pregunté.

—*Le diré a usted* —me respondió—. *Yo soy casado, quise a mi mujer, la aprecio todavía, me parece. Tuvo lugar entre nosotros un disgustillo doméstico que, por su publicidad, exigía una reparación por mi parte; sobrevino un duelo, tuve la fortuna de herir a mi adversario, un chico excelente, decidor y chistoso si los hay, con quien suelo aún tomar café algunas noches en el* Iberia. *Desde entonces dejé de hacer vida*

*común con mi esposa y me dediqué a viajar. Cuando estoy en
Madrid vivo con ella, pero como dos amigos, y todo esto sin
violentarme, sin grandes emociones, sin sufrimientos extra-
ordinarios. Después de este ligero bosquejo de mi carácter y
de mi vida, ¡qué le he de decir a usted de esas explosiones
fenomenales del sentimiento, sino que todo eso me parece
raro, muy raro!*

Cuando mi interlocutor acabó de hablar, la niña rubia y
el joven que le hacía el amor repasaban juntos un álbum de
caricaturas de Gavarni [10]. A los pocos momentos, él mismo
servía con una fruición deliciosa la tercera taza de té.

Al pensar que oyendo el desenlace de mi historia habían
dicho: «¡Es raro!», exclamé yo para mí mismo: «¡Es natu-
ral!».

[10] En la versión del periódico dice *Garvani,* que rectificamos. Se trata
de Pablo Gavarni (1804-1886), dibujante francés que había obtenido en
Francia un éxito con sus caricaturas, sobre todo referentes a la vida de socie-
dad y en particular en relación con las mujeres. Es un testimonio de la irrup-
ción de la ilustración en el periódico y en las revistas de moda y sobre las
modas, propia de un público femenino.

APÉNDICE

por Francisco López Estrada
y M.ª Teresa López García-Berdoy

CRONOLOGÍA

de Gustavo Adolfo Bécquer

1824: Muerte de George Gordon, lord Byron (1788-1824).

1827: (25/II) Matrimonio en Sevilla de José Domínguez Insausti (Bécquer), pintor de profesión, y Joaquina Bastida Vargas, padres de Gustavo Adolfo Bécquer.

1828: Muerte de Franz Peter Schubert (1797-1828); músico de corta vida, como Gustavo, autor de lieder que aseguraron el género musical.

1832: Muerte de Johann Wolfgang Goethe (1749-1832), considerado como impulsor europeo del Romanticismo.

— Nace en París Edward Manet († 1883), pintor francés, precursor del impresionismo.

1833: Muerte de Fernando VII. Isabel II es proclamada reina de España (hasta 1868). Comienzan las Guerras Carlistas.

— (15/XII). Nacimiento en Sevilla de Valeriano Bécquer, hermano de Gustavo.

1834: Nace Edgar Degas († 1917) que se anticipa al impresionismo en su pintura.

1836: (17/II). Nacimiento en Sevilla de Gustavo Adolfo Bécquer.

1837: Nace Rosalía de Castro y muere Mariano José de Larra.

1839: El Acuerdo de Vergara pone fin a las Guerras Carlistas.

— Nace en Aix en Provence Paul Gau Cézanne († 1906), pintor impresionista.

1840: Aparición de las Poesías de José Espronceda, poeta leído por Gustavo.

1841: (26/II). Muerte de José Domínguez Bécquer, padre de Gustavo.

— Nace en Limoges Auguste Renoir († 1919), pintor impresionista.

1842: Muere José de Espronceda (n. 1808), escritor romántico.

1845: Se aprueba una nueva Constitución que sustituye a la de 1835; es aparentemente moderada.

1846: Aparición de las *Doloras,* de Ramón de Campoamor (1817-1901), autor leído por Gustavo.

— (III). Gustavo entra en el Colegio de Náutica de San Telmo, que se cerrará el 7 de julio de 1847.

— Nacimiento de Antonio Machado y Álvarez (1846-1893), padre de Manuel y Antonio, iniciador de los estudios folklóricos en España.

1847: (27/II). Muerte de Joaquina Bastida Vargas, madre de Gustavo.

— Aparición del «Manifiesto comunista» de C. Marx y F. Engels.

1848: Muerte de François René de Chateaubriand (1768-1848), autor muy considerado por Gustavo.

— (X). Gustavo escribe la «Oda a la muerte de don Alberto Lista» (1775-1848), escritor cuya obra se recopiló en 1822.

— Nace Paul Gauguin, pintor francés.

1849: Muerte de Edgar Allan Poe (1809-1849), escritor americano de cuentos de gran fantasía y novedad para la superación del Romanticismo.

1850: Muerte de Honoré de Balzac (1799-1850), gran novelista francés, que Bécquer leyó con provecho.

— (19/XI). Inauguración del Teatro Real de Madrid para la representación de óperas, sobre todo italianas.

1852: Gustavo practica con su hermano Valeriano en el taller de pintura de su pariente José Domínguez Bécquer.

1853: Giuseppe Verdi (1813-1901) estrena *La Traviata* e *Il Trovatore.*

— Nace Vincent van Gogh († 1890).

1854: (X). Gustavo se traslada a Madrid, en donde ha de desarrollar la mayor parte de su actividad literaria.

1855: Gustavo comienza como redactor de *El Porvenir:* el periodismo será la actividad literaria en la que se apoya su obra.

1856: Muerte de Heinrich Heine (1797-1856), el gran romántico alemán, coincidente con la espiritualidad de Bécquer y en el aprovechamiento de las canciones populares.

— Muerte de Robert Alexander Schumann (1810-1856), músico alemán que hizo culminar el lied musical.

1857: Gustavo proyecta y comienza la publicación de la *Historia de los Templos de España,* bajo la sombra de Chateaubriand.

— Muerte de Alfred de Musset (1810-1857), poeta francés de una intensa intimidad y melancolía.

1858: Grave enfermedad de Gustavo; Valeriano lo atiende.

— Gobierno de la Unión Liberal (hasta 1863), en el que se inicia un período de relativa prosperidad y progreso.

1859: Muerte de Wilhelm Grimm (1786-1859), colector de cuentos; su hermano Jacob asegura el estudio de la filología alemana.

— Gustavo (con el seudónimo de Adolfo García) comienza su actividad teatral con un sainete, en colaboración con Luis García Luna.

— El 17 de diciembre publica la primera de sus *Rimas* (XIII) en la revista *El Nene.*

1860: Gustavo y Valeriano acuden a la tertulia de Joaquín Espín, en donde tratan a Josefina y Julia, hijas del músico.

— Gustavo conoce a Augusto Ferrán (1835-1880), que había vivido en Munich y París.

— El 20 de diciembre aparece, anónima, la primera de sus *Cartas literarias* en el primer número de *El Contemporáneo.*

1861: Aparición de *La Soledad* de Augusto Ferrán, con el prólogo de Gustavo.

— (19/V). Matrimonio de Gustavo y Casta Esteban Navarro (1841-1885) «por despacho secreto».

1862: (9/V). Nacimiento de Gregorio, primer hijo de Gustavo y Casta.

1863: Publicación del *Quijote* ilustrado de Gustave Doré (1833-1883). En 1861 había publicado el *Infierno,* de Dante.

— Aparición de los *Cantares gallegos,* de Rosalía de Castro.

1864: Amistad de Gustavo con Luis González Bravo, político que le favorecería con cargos remunerados.

— Aparición de los *Pequeños poemas,* de Ramón de Campoamor (1817-1901).

1864-1865: Intensa actividad periodística de Gustavo en *El Contemporáneo.*

1866: (I) Nombramiento de Gustavo como director literario de *El Museo Universal,* en el que ha de colaborar intensamente.

1867: Muere en París el gran poeta Charles Baudelaire (n. 1821).

— Gustavo prepara y entrega a González Bravo un manuscrito de sus *Rimas.*

1868: Gustavo comienza el *Libro de los gorriones,* una colección de sus obras, fundamental para el conocimiento de las *Rimas.*

— (verano). Gustavo rompe con su mujer Casta en Noviercas.

— (29/IX). Revolución de septiembre y caída de Isabel II. Se pierde el manuscrito de las *Rimas* de González Bravo.

1869: Inauguración del canal de Suez.

— Valeriano y Gustavo, y sus familias, viven en Toledo; a fin de año Gustavo regresa a Madrid.

1870: Sale el primer número de *La Ilustración de Madrid,* periódico del que Gustavo es director literario y en donde publica abundantes artículos y alguna *Rima.*

— Muerte de Prosper Mérimée (n. 1803), que, como Gustavo, buscaba la salida del Romanticismo.

— (23/IX). Muerte de Valeriano; profunda depresión de Gustavo. Vuelve Casta al hogar.

— (16/XI). Proclamación de Amadeo de Saboya (1845-1890) como Rey de España por las Cortes Constituyentes.

— (22/XII). Muerte de Gustavo por pulmonía.

— (27/XII). Asesinato del general Juan Prim y Prats, jefe de Gobierno y entronizador de Amadeo.

1871: Aparición de las *Obras* de Gustavo en la Imprenta de T. Fortanet en dos tomos, por suscripción pública y promovida por sus amigos.

1873: (11/II). Abdicación de Amadeo de Saboya y proclamación de la I República.

1874: (15/(IV). Inauguración en París de la primera exposición de pintores impresionistas.

1874: (29/XII). El general Martínez Campos proclama a Alfonso XII rey de España.

TALLER DE LECTURA
Y DOCUMENTACIÓN COMPLEMENTARIA

IDEAS BÁSICAS DE LA CREACIÓN LITERARIA DE BÉCQUER

1. EL ÁMBITO DE LA LITERATURA EN BÉCQUER

1.1 A Bécquer se le sitúa dentro del Romanticismo literario, en su fase final. Pero él nunca se sintió ni se exhibió como «romántico», ni sus contemporáneos lo tuvieron como tal. Sin embargo, pronto quedó como el representante más acusado de esa corriente. E. Allison Peers *(Historia del movimiento romántico español,* 1954) lo sitúa, junto con Rosalía de Castro, dentro de un «neorromanticismo»: «Bécquer pulsa la nota lírica más auténtica del siglo: sólo él, entre los románticos, está completamente libre de grandilocuencia, verbosidad y convencionalismo» (II, pág. 546). Su poesía resulta ser, al mismo tiempo, una vía para la depuración de la creación romántica precedente y también una apertura hacia los nuevos ideales literarios de la segunda mitad del siglo XIX.

1.2 Se le considera, también, un escritor sincero, frente al formulismo de la cercana obra romántica. Pero él mismo li-

mita los asuntos de su poesía, que se reducen a dos: 1) el amor y la mujer (se trata, por tanto, de una poesía señaladamente lírica, intimista); 2) la tradición nacional, que conjuga dos conceptos: el de *tradición* (relacionado de manera directa con el folklore), y el de *nacional* (una España diferente pero compatible con la recepción de otras culturas: nórdicas, índias...).

1.3 El presente circundante al que le lleva la actividad periodística, el servicio a la noticia y a la satisfación de la curiosidad de los lectores inclina a veces a Bécquer hacia un costumbrismo que hace compatible con la aceptación de las innovaciones económicas y técnicas de la época.

2. EJES CENTRALES DE LA POESÍA DE BÉCQUER: AMOR Y POESÍA

2.1 Es fundamental conocer las *Cartas literarias a una mujer (El Contemporáneo,* 1860) para profundizar en la poética de Bécquer. Aunque incompletas, las *Cartas* son clave porque en ellas Bécquer une el tema del amor con el de la poesía, y lo hace en un tono confidencial, a pesar de estar destinadas a su publicación en la prensa periódica. De las cuatro que escribió hemos elegido la primera *(El Contemporáneo,* I, 1, 20-XII-1860) que comienza con dos preguntas fundamentales: «¿qué es poesía?» y «¿qué es el amor?», en un juego de diálogo con la mujer.

VARIEDADES

CARTAS LITERARIAS A UNA MUJER [1]

I

En una ocasión me preguntaste: «¿Qué es la poesía?» ¿Te acuerdas? No sé a qué propósito había yo hablado algunos momentos antes de mi pasión por ella.

¿Qué es la poesía?, me dijiste; y yo, que no soy muy fuerte en esto de las definiciones, te respondí titubeando: «La poesía es... es...»; y sin concluir la frase buscaba inútilmente en mi memoria un término de comparación, que no acertaba a encontrar.

Tú habías adelantado un poco la cabeza para escuchar mejor mis palabras; los negros rizos de tus cabellos, esos cabellos que tan bien sabes dejar a su antojo sombrear tu frente con un abandono tan artístico, pendían de tu sien y bajaban rozando tu mejilla hasta descansar en tu seno; en tus pupilas, húmedas y azules como el cielo de la noche, brillaba un punto de luz, y tus labios se entreabrían ligeramente al impulso de una respiración perfumada y suave.

Mis ojos que, a efecto sin duda de la turbación que experimentaba, habían errado un instante sin fijarse en ningún sitio, se volvieron entonces instintivamente hacia los tuyos y exclamé al fin: «¡La poesía, la poesía eres tú!».

¿Te acuerdas?

Yo aún tengo presente el gracioso ceño de curiosidad

[1] ¿Quién pudo ser la destinataria de estas Cartas? Por las fechas de aparición de las mismas, Heliodoro Carpintero (*Bécquer de par en par,* Madrid, Ínsula, 1957, págs. 38-40) propuso que fuese Casta Esteban, pero esta opinión no es concluyente. Nosotros creemos que Bécquer no pensaba en una mujer concreta, sino que se dirigía a las lectoras de *El Contemporáneo,* en cuyo primer número se publica la primera Carta. La publicación indica que ya existía un público femenino ávido de estos artículos.

burlada, el acento mezclado de pasión y amargura con que me dijiste: «¿Crees que mi pregunta sólo es hija de una vana curiosidad de mujer? Te equivocas. Yo deseo saber lo que es la poesía, porque deseo pensar lo que tú piensas, hablar de lo que tú hablas, sentir con lo que tú sientes, penetrar por último en ese misterioso santuario en donde, a veces, se refugia tu alma, y cuyo [umbral] no puede traspasar la mía».

Cuando llegaba a este punto, se interrumpió nuestro diálogo. Ya sabes por qué. Algunos días han transcurrido. Ni tú ni yo lo hemos vuelto a renovar y, sin embargo, por mi parte no he dejado de pensar en él. Tú creíste, sin duda, que la frase con que contesté a tu extraña interrogación, equivalía a una evasiva galante.

¿Por qué no hablar con franqueza? En aquel momento di aquella definición porque la sentí, sin saber siquiera si decía un disparate. Después, lo he pensado mejor, y no dudo al repetírtelo. La poesía eres tú. ¿Te sonríes? Tanto peor para los dos. Tu incredulidad nos va a costar a ti el trabajo de leer un libro y a mí el de componerlo.

«¡Un libro!», exclamas palideciendo y dejando escapar de tus manos esta carta. No te asustes. Tú lo sabes bien: un libro mío no puede ser muy largo. Erudito, sospecho que tampoco. Insulso, tal vez, mas para ti, escribiéndolo yo, presumo que no lo será; y para ti lo escribo.

Sobre la poesía no ha dicho nada casi ningún poeta, pero en cambio hay bastante papel emborronado por muchos que no lo son.

El que la siente se apodera de una idea, la envuelve en una forma, la arroja en el estadio del saber y pasa. Los críticos se lanzan entonces sobre esa forma, la examinan, la disecan y creen haberla comprendido cuando han hecho su análisis.

La disección podrá revelar el mecanismo del cuerpo humano, pero los fenómenos del alma, el secreto de la vida ¿cómo se estudian en un cadáver?

No obstante, sobre la poesía se han dado reglas, se han

atestado infinidad de volúmenes, se enseña en las universidades, se discute en los círculos literarios y se explica en los ateneos.

No te extrañes. Un sabio alemán ha tenido la humorada de reducir a notas y encerrar en las cinco líneas de una pauta el misterioso lenguaje de los ruiseñores. Yo, si he de decir la verdad, todavía ignoro qué es lo que voy a hacer; así es que no puedo anunciártelo anticipadamente. Sólo te diré, para tranquilizarte, que no te inundaré en ese diluvio de términos que pudiéramos llamar facultativos, ni te citaré autores que no conozco, ni sentencias en idiomas que ninguno de los dos entendemos.

Antes de ahora te lo he dicho. Yo nada sé, nada he estudiado, he leído un poco, he sentido bastante y he pensado mucho, aunque no acertaré a decir si bien o mal. Como sólo de lo que he sentido y he pensado he de hablarte, te bastará sentir y pensar para comprenderme.

Herejías históricas, filosóficas y literarias, presiento que voy a decir muchas. No importa. Yo no pretendo enseñar a nadie, ni erigirme en autoridad, ni hacer que mi libro se declare de texto.

Quiero hablarte un poco de literatura, siquiera no sea más que por satisfacer un capricho tuyo; quiero decirte lo que sé de una manera intuitiva, comunicarte mi opinión y tener al menos el gusto de saber que, si nos equivocamos, nos equivocamos los dos, lo cual, dicho sea de paso, para nosotros equivale a acertar.

La poesía eres tú, te he dicho, porque la poesía es el sentimiento, y el sentimiento es la mujer.

La poesía eres tú porque esa vaga aspiración a lo bello que la caracteriza y que es una facultad de la inteligencia en el hombre, en ti pudiera decirse que es un instinto.

La poesía eres tú porque el sentimiento que en nosotros es un fenómeno accidental y pasa como una ráfaga de aire, se halla tan íntimamente unido a tu organización especial, que constituye una parte de ti misma.

Últimamente, la poesía eres tú porque tú eres el foco de donde parten sus rayos.

El genio verdadero tiene algunos atributos extraordinarios que Balzac [2] llama femeninos y que efectivamente lo son. En la escala de la inteligencia del poeta hay notas que pertenecen a la de la mujer, y estas son las que expresan la ternura, la pasión y el sentimiento. Yo no sé por qué los poetas y las mujeres no se entienden mejor entre sí. Su manera de sentir tiene tantos puntos de contacto. Quizá por eso..., pero dejemos digresiones y volvamos al asunto.

Decíamos... ¡ah! sí, hablábamos de la poesía.

La poesía es en el hombre una cualidad puramente del espíritu; reside en su alma, vive con la vida incorpórea de la idea y para revelarla necesita darle una forma. Por eso la escribe.

En la mujer, por el contrario, la poesía está como encarnada en su ser; su aspiración, sus presentimientos, sus pasiones y su destino son poesía; vive, respira, se mueve en una indefinible atmósfera de idealismo que se desprende de ella como un fluido luminoso y magnético; es, en una palabra, el verbo poético hecho carne.

Sin embargo, a la mujer se la acusa vulgarmente de prosaísmo. No es extraño. En la mujer es poesía casi todo lo que piensa, pero muy poco de lo que habla. La razón yo la adivino, y tú la sabes.

Quizá cuanto te he dicho lo habrás encontrado confuso y vago. Tampoco debe maravillarte.

La poesía es al saber de la humanidad lo que el amor a las otras pasiones.

El amor es un misterio. Todo en él son fenómenos a cual

[2] Sobre la relación entre Bécquer y Balzac, en particular en cuanto a esta cita, véase Francisco López Estrada, *Poética para un poeta. Las «Cartas literarias a una mujer»*, ob. cit., págs. 114-134. Allí se señala que Honoré de Balzac (1799-1850) escribió una obra *La peau de chagrin* (traduc. con el título de *La piel de zapa* en varias ocasiones de 1844 a 1854), en la que hay coincidencias con lo que aquí Bécquer resume en estas palabras.

más inexplicable; todo en él es ilógico; todo en él es vaguedad y absurdo.

La ambición, la envidia, la avaricia, todas las demás pasiones tienen su explicación y aun su objeto, menos la que fecundiza el sentimiento y lo alimenta.

Yo, sin embargo, la comprendo; la comprendo por medio de una revelación interna, confusa e inexplicable.

Deja esta carta, cierra tus ojos al mundo exterior que te rodea, vuélvelos a tu alma, presta atención a los confusos rumores que se elevan de ella, y acaso la comprenderás como yo.

(F. López Estrada, *Poética para un poeta. Las «Cartas literarias a una mujer» de Bécquer,* ob. cit., págs. 218-222)

— Una lectura atenta descubrirá en esta carta los temas y motivos que inspiran la creación en Bécquer. ¿Cuáles son? ¿Qué reflejan del pensamiento del autor, de su quehacer literario?

— Hay paralelismos claros entre esta declaración y determinadas *Rimas:* por ejemplo, la *XXI.* Señala los fundamentales.

— ¿Observas algún cambio entre la optimista posición inicial y el derrumbamiento trágico que parece indicar la *Rima LXXIX?*

— Este documento se relaciona también con la «Introducción sinfónica» que encabeza el *Libro de los gorriones.* Compara los dos y advierte la similitud de motivos y formas que animan la poesía y la prosa de Bécquer.

3. EJES CENTRALES DE LA POESÍA DE BÉCQUER:
LA TRADICIÓN POPULAR

3.1 Para explorar el segundo de los ejes literarios de Béc-
quer nos serviremos de un artículo ocasional en el que el es-
critor hace de crítico y mezcla sus propias opiniones sobre la
tradición y el pueblo español (en concreto, el andaluz) con la
referencia apasionada al libro de un íntimo amigo: *La sole-
dad,* de Augusto Ferrán. No es una crítica común, ya que
Bécquer se excede por dos razones: la amistad de su autor y
el contenido del libro, que le tocaba en lo vivo de su criterio
poético.

<div align="center">

LA SOLEDAD

[Reseña del libro]

(Colección de cantares por Augusto Ferrán y Forniés)

I

</div>

Leí la última página, cerré el libro y apoyé mi cabeza en-
tre las manos.

Un soplo de la brisa de mi país, una onda de perfumes y
armonías lejanas, besó mi frente y acarició mi oído al pasar.

Toda mi Andalucía, con sus días de oro y sus noches lu-
minosas y transparentes, se levantó como una visión de
fuego del fondo de mi alma.

Sevilla, con su Giralda de encajes, que copia temblando
el Guadalquivir y sus calles morunas, tortuosas y estrechas,
en las que aún se cree escuchar el extraño crujido de los pa-
sos del Rey Justiciero; Sevilla, con sus rejas y sus cantares,
sus cancelas y sus rondadores, sus retablos y sus cuentos, sus
pendencias y sus músicas, sus noches tranquilas y sus siestas
de fuego, sus alboradas color de rosa y sus crepúsculos azu-
les; Sevilla, con todas las tradiciones que veinte centurias
han amontonado sobre su frente, con toda la pompa y la gala
de su naturaleza meridional, con toda la poesía que la imagi-
nación presta a un recuerdo querido, apareció como por en-

canto a mis ojos, y penetré en su recinto, y crucé sus calles, y respiré su atmósfera, y oí los cantos que entonan a media voz las muchachas que cosen detrás de las celosías, medio ocultas entre las hojas de las campanillas azules; y aspiré con voluptuosidad la fragancia de las madreselvas que corren por un hilo de balcón a balcón, formando toldos de flores; y torné, en fin, con mi espíritu a vivir en la ciudad donde he nacido y de la que tan viva guardaré siempre la memoria.

No sé el tiempo que transcurrió mientras soñaba despierto. Cuando me incorporé, la luz que ardía sobre mi bufete oscilaba próxima a expirar, arrojando sus últimos destellos, que en círculos, ya luminosos, ya sombríos, se proyectaban temblando sobre las paredes de mi habitación.

La claridad de la mañana, esa claridad incierta y triste de las nebulosas mañanas de invierno, teñía de un vago azul los vidrios de mis balcones.

A través de ellos se divisaba casi todo Madrid.

Madrid, envuelto en una ligera neblina, por entre cuyos rotos jirones levantaban sus crestas oscuras las chimeneas, las buhardillas, los campanarios y las desnudas ramas de los árboles.

Madrid sucio, negro, feo como un esqueleto descarnado, tiritando bajo su inmenso sudario de nieve.

Mis miembros estaban ya ateridos, pero entonces tuve frío hasta el alma.

Y, sin embargo, yo había vuelto a respirar la tibia atmósfera de mi ciudad querida; yo había sentido el beso vivificador de sus brisas cargadas de perfumes; su sol de fuego había deslumbrado mis ojos al trasponer las verdes lomas sobre que se asienta el convento de Aznalfarache.

*

Aquel mundo de recuerdos lo había evocado como un conjuro mágico un libro. Un libro impregnado en el perfume de las flores de mi país; un libro del que cada una de las páginas es un suspiro, una sonrisa, una lágrima o un rayo de

sol; un libro, por último, cuyo solo título aún despierta en mi alma un sentimiento indefinible de vaga tristeza: *¡La soledad!* La soledad es el cantar favorito del pueblo de mi Andalucía.

II

Aquel libro lo tenía allí para juzgarlo. Como cuestión de sentimiento, para mí ya lo estaba. Sin embargo, el criterio de la sensación está sujeto a influencias puramente individuales, de las que se debe despojar el crítico, si ha de llenar su misión dignamente. Esto es lo que voy a hacer, si me es posible.

Hay una poesía magnífica y sonora; una poesía hija de la meditación y el arte, que se engalana con todas las pompas de la lengua, que se mueve con una cadenciosa majestad, habla a la imaginación, completa sus cuadros y la conduce a su antojo por un sendero desconocido, seduciéndola con su armonía y su hermosura.

Hay otra natural, breve, seca, que brota del alma como una chispa eléctrica, que hiere el sentimiento con una palabra y huye, y desnuda de artificio, desembarazada dentro de una forma libre, despierta, con una que las toca las mil ideas que duermen en el océano sin fondo de la fantasía.

La primera tiene un valor dado: es la poesía de todo el mundo.

La segunda carece de medida absoluta: adquiere las proporciones de la imaginación que impresiona; puede llamarse la poesía de los poetas.

La primera es una melodía que nace, se desarrolla, acaba y se desvanece.

La segunda es un acorde que se arranca de un arpa, y se quedan las cuerdas vibrando con un zumbido armonioso.

Cuando se concluye aquella, se dobla la hoja con una suave sonrisa de satisfacción.

Cuando se acaba esta, se inclina la frente cargada de pensamientos sin nombre.

La una es el fruto divino de la unión del arte y de la fantasía.

La otra es la centella inflamada que brota al choque del sentimiento y la pasión.

Las poesías de este libro pertenecen al último de los dos géneros, porque son populares, y la poesía popular es la síntesis de la poesía.

III

El pueblo ha sido, y será siempre, el gran poeta de todas las edades y de todas las naciones. Nadie mejor que él sabe sintetizar en sus obras las creencias, las aspiraciones y el sentimiento de una época.

Él forjó esa maravillosa epopeya celeste de los dioses del paganismo, que después formuló Homero.

Él ha dado el ser a ese mundo invisible de las tradiciones religiosas, que pueden llamarse el mundo de la mitología cristiana.

Él inspiró al sombrío Dante el asunto de su terrible poema [la *Divina Comedia*].

Él dibujo a Don Juan, [personaje de Tirso de Molina, lord Byron y Zorrilla].

Él soñó a Fausto [de Goethe].

Él, por último, ha infundido su aliento de vida a todas esas figuras gigantescas que el arte ha perfeccionado luego, prestándoles formas y galas.

Los grandes poetas, semejantes a un osado arquitecto, han recogido las piedras talladas por él, y han levantado con ellas una pirámide en cada siglo. Pirámides colosales que, dominando la inmensa ola del olvido y del tiempo, se contemplan unas a otras y señalan el paso de la humanidad por el mundo de la inteligencia.

Como a sus maravillosas concepciones, el pueblo da a la expresión de sus sentimientos una forma especialísima. Una frase sentida, un toque valiente o un rasgo natural le bastan para emitir una idea, caracterizar un tipo o hacer una descripción. Esto, y no más, son las canciones populares.

Todas las naciones las tienen. Las nuestras, las de toda la Andalucía, en particular, son acaso las mejores. En algunos

países, en Alemania sobre todo, esta clase de canciones constituye un género de poesía. Goethe, Schiller, Uhland, Heine no se han desdeñado de cultivarlo; es más, se han gloriado de hacerlo.

Entre nosotros, no; estas canciones se admiran, es verdad, se aplauden, se repiten de boca en boca. [Antonio de] Trueba [1819-1889] las ha glosado con una espontaneidad y una gracia admirables [en su *libro de los Cantares,* 1851]; [Cecilia Böhl de Faber] Fernán Caballero [1796-1877] ha reunido un gran número en sus obras, pero nadie ha tocado ese género para elevarlo a la categoría de tal en el terreno del arte.

A esto es a lo que aspira el autor de *La soledad.* Estas son las pretensiones que trae su libro al aparecer en la arena literaria. El propósito es digno de aplauso, y la empresa, más arriesgada de lo que a primera vista parece.

¿Cómo lo ha cumplido? [...]

(A. Ferrán, *Obras completas,* Madrid, Espasa Calpe, 1969, págs. 7-11)

 — Bécquer distingue dos tipos de poesía: la «espiritual» y la «grandilocuente». ¿Cuáles son las características de cada una? ¿Quiénes sus representantes?

— Hace Bécquer también aquí un elogio de la poesía popular. ¿Cumplió nuestro autor con lo que tan apasionadamente defendía en esta reseña? A pesar de no haber escrito cantares populares, ¿qué elementos de ellos retomó en sus *Rimas?* Recuerda las características básicas de la poesía popular: la sencillez, la brevedad, la rima asonante.

— ¿Crees que existe alguna relación entre las características de la poesía de Bécquer, su destinatario en la prensa y el espacio en el que aparecían impresas? Recuerda las limitaciones o condicionantes que destinatario y medio conllevan.

— En las *Leyendas,* Bécquer aplica a la narración

tradicional la misma tensión de subjetividad de que habla en este escrito sobre Ferrán. ¿Cuáles serían los elementos básicos de la teoría de Bécquer sobre el folklore?

4. COMUNIDAD DE VERSO Y PROSA

4.1 Llamamos aquí la atención sobre un aspecto importantísimo de la obra de Bécquer: su poesía y su prosa, a pesar de ser géneros diferentes, ofrecen elementos expresivos comunes y complementarios (véanse las «Cartas literarias a una mujer»). En la «Introducción sinfónica» encontramos las alegrías y dolores que le había ocasionado el amor, sus inquietudes humanas, la atracción por el misterio, la desazón de vivir, la obsesión por la muerte, la imagen del viaje: es decir, las mismas inquietudes que inspiran su poesía. El escritor se desdobla en poeta o prosista según le convenga. Y esta comunidad se repite en otras ocasiones, estableciendo un entretejido de temas entre el verso y la prosa.

 — La oposición entre el mundo de la idea y el de la forma que describe en la «Introducción sinfónica», ¿guarda alguna relación con la rima III?
— En las rimas XLVIII, LXVIII y LXXI Bécquer habla del sueño y de la muerte. ¿Hay paralelismos entre sus imágenes y lo expuesto en la «Introducción sinfónica»?

4.2 Esto nos conduce a plantear la existencia de una prosa poética en la obra de Bécquer. Los críticos han señalado que en ello Bécquer fue un predecesor, un innovador, ya que el reconocimiento de este género no llegó hasta el Modernismo. Hace Bécquer poesía en prosa, sobre todo, cuando trata te-

mas exóticos, en los que se mueve con más libertad y sin precedentes en la tradición literaria española. Ese mundo oriental, relacionado con las doctrinas esotéricas y el valor del misterio, resultaba muy atractivo a la percepción del poeta y lo inclinaba a ese orden formal.

 — Relee el relato «La Creación», que el propio Bécquer calificó de «Poema indio». Allí podrás rastrear imágenes y frases que pudieran perfectamente leerse como si de una poesía se tratara. Señala algunas de ellas.

LAS «RIMAS»

1. ASPECTOS FORMALES

1.1 Bécquer no elabora su obra en el hervor mismo del motivo que la inspira, como hacían los románticos. Él mismo nos dice que los asuntos han de permanecer en el alma, madurando lentamente su significación, hasta que después salen fuera en un esfuerzo complejo (*artificial,* como a él le gustó llamar) en el que la impresión se hace idea, y ésta, palabra poética, resultado último y pobre. Cada *Rima* sería en sí total y absoluta, y sólo en un grado relativo podría relacionarse con las otras.

 — El esfuerzo de los amigos de Bécquer por articular el conjunto de su poesía es laudable, pero, ¿crees que Bécquer tenía esa idea de unidad a la hora de escribir cada *Rima?*
— Como conocedores excepcionales del autor y su obra, sus amigos dieron una pauta de ordenación que hemos explicado en la introducción. Recuérdala y se-

lecciona una *Rima* representativa de cada una de las cuatro partes en que dividen la obra poética de Bécquer.

1.2 Comencemos por analizar cómo Bécquer establece su comunicación con el lector, una cuestión estrechamente relacionada con la trascendencia de su obra. Bécquer fue extremadamente hábil en la elección de sus ejes verbales de comunicación. Eligió básicamente dos sistemas: 1) deslizar la inicial exposición objetiva en tercera persona hacia la primera para dar a su poesía un matiz de experiencia; 2) dialogar consigo mismo y con nosotros, imprimiendo a las *Rimas* un matiz dramático que, sin embargo, no se resuelve en teatralidad, sino en la consecución de un tono confidencial, íntimo.

 — Selecciona una muestra de *Rimas* que desarrollen uno u otro sistema de comunicación y analiza si hay alguna relación entre el eje de expresión seleccionado y el tema tratado.

— ¿Con qué *Rimas* te sientes más identificado? ¿Influye en tu percepción de su poesía el hecho de que dialogue con un interlocutor? ¿Crees que la expresión dirigida a una segunda persona potencia el tono personal e íntimo? ¿Es más propicio para una declaración de amor?

1.3 Se ha repetido que la poesía de Bécquer es «natural, breve, seca». Una opinión de esta naturaleza lleva implícita la comparación con la poesía de otros autores de la plenitud del Romanticismo. Pero Bécquer fue también, a su modo, un artista culto, sobre todo en su obra lírica. El lector habrá observado la abundancia de recursos de las *Rimas* (señaladas en los comentarios) y la complejidad de unas poesías que parecen tan sencillas y elementales. Sobre la métrica de Bécquer, dice Tomás Navarro Tomás:

[...] El examen de su versificación no confirma la impresión de sencillez que la forma de las *Rimas* a primera vista produce. Se sirvió el poeta de un extenso repertorio de metros en que, aparte del bisílabo y el tetrasílabo, usados ocasionalmente, figuran de manera regular los de cinco, seis, siete, ocho, diez, once y doce sílabas. Se abstuvo de la moda del eneasílabo y del alejandrino. Evitó las rimas resonantes y las estrofas rotundas. La disposición de los versos bajo simples asonancias le bastó para dar extraordinaria variedad a sus combinaciones. Entre sus noventa y seis poesías, sólo figuran veinticinco que no incluyan dos o más clases de metros.

> (T. Navarro Tomás, *Métrica española,* Madrid, Guadarrama, 1974, 5.ª ed., pág. 395)

 — Apoyándote en los comentarios, señala la variedad de metros de las *Rimas*.

1.4 El poeta Gabriel Celaya (1911-1991), a pesar de estar considerado como un *poeta social,* tuvo una gran sensibilidad hacia Bécquer, y sobre él escribió el prólogo a una edición de las *Rimas*. De este hemos seleccionado un fragmento en el que analiza el estilo de Bécquer.

[...] Todo en Bécquer es suspensión, insinuación, vaguedad, sugerencia. Y así es también el ritmo de sus versos: «zumbido armonioso», música remota, «cadencias que el aire dilata en las sombras». Su irregularidad —aparente irregularidad, pues está calculada, y es resultado de un magistral oficio— se manifiesta por de pronto en su preferencia por la rima imperfecta. La «consonante» que vuelve a intervalos regulares, marcando estos con exagerada apoyatura, golpea claro, y hace visible, casi plástico, el verso. Conviene al poema-objeto, que en la rima perfecta encuentra la figura de la predestinación y el acabamiento, la necesidad y la perfec-

ción, y hasta aquel darse su ley de sí mismo del poema cerrado y absoluto. Pero Bécquer, como buen lírico, hace de menos esas captaciones y prefiere la asonancia que deja abierto el poema, se busca imprecisa, no encaja, late sorda, adormece y prolonga sus resonancias en una atmósfera de ensueño. Las asonantes —repercusión fónica del proceso ideatorio de nuestro poeta— no vuelven como lo concluso y realizado, sino como lo entrevisto y el presagio: son el lenguaje de la magia, «las notas perdidas de una sinfonía misteriosa». Porque sólo notas perdidas oye siempre Bécquer en su experiencia de lo inefable, y él nunca falsifica lo vivido con un trabajo de artífice falsamente complementador. Sabía demasiado para caer en esa trampa.

En correspondencia con la preferencia por la asonante está el frecuente recurso a esa repercusión de la anáfora y del paralelismo, cuya vuelta con variaciones es una invitación a los ecos y resonancias en abismos más y más profundos, y a un abrir lejanías imprecisas, diciendo cada vez algo distinto, de un modo enigmático, precisamente porque en apariencia se repite siempre lo mismo (págs. 130-132).

(G. A. Bécquer, *Rimas,* pról. de G. Celaya, Col. «Los poetas», Ed. Jucar, Madrid, 1972, págs. 130-132)

 — Analiza el recurso de la asonancia métrica y sus efectos en los casos concretos de las *Rimas* XLVIII (ejemplo de rimas agudas), III (observa tú mismo dónde se sitúan), y V (rima asonante continua, apoyada en *poesía)*, por ejemplo.

1.5 Uno de los recursos más usados por Bécquer es el paralelismo. De él dice Bousoño:

¿Qué significado tiene, pues, tal procedimiento [el paralelismo] en todos estos poetas, en los precursores de Bécquer y, sobre todo, en Bécquer mismo?

Cada época, en general, y cada poeta o grupo de poetas en particular, han de intentar expresarse, o lo que es lo mismo, han de intentar expresar su propia cosmovisión, como antes vine a decir. Pero para ello precisan de un lenguaje, un conjunto de procedimientos que les sean peculiares, como lo es esa visión del mundo de que hablo. El Romanticismo abrió aireados ventanales al cerrado ámbito neoclásico, y los poetas de ese período pensaron encontrar en el desenfreno sin canon la legítima expresión de sus almas aborrascadas. Un desequilibrio expresivo era la idónea reflexión hacia afuera de la dolorosa desarmonía interior. Pero pasan los años. La poesía comienza a estar ahíta, por repetición incesante, de aquella libertad que, de este modo, pudo ser vista como libertinaje y exceso. Bécquer, con intensidad, y los poetas prebecquerianos, más débilmente, debían huir de todo lo que mostraba ya con suficiente claridad su devaluación e inexpresividad, y hasta su carácter «pecaminoso». Si hasta entonces el orden había sido la actitud artística usual, la nueva lírica necesitaba buscar una fórmula ordenadora. Y la encontró en los paralelismos. Y así, la técnica paralelística se nos aparece, en cierto modo, como el procedimiento con el que esta poesía (la de Bécquer, sobre todo, pero también la de ciertos predecesores inmediatos suyos) acusadamente se sustrajo a un carácter muy destacado del Romanticismo inmediatamente anterior.

(Carlos Bousoño, «Los conjuntos paralelísticos de Bécquer», en C. Bousoño y D. Alonso, *Seis calas en la expresión literaria española (Prosa-Poesía-teatro),* Madrid, Gredos, 1970, pág. 201)

 — ¿Qué función cumple el paralelismo en las *Rimas?*
— A pesar de ser un recurso ordenador, ¿da en las *Rimas* la sensación de rigidez o por el contrario ofrece transparencia y dinamismo, como si la reiteración equivaliese a un descuido elegante del habla?

1.6 Otro de los recursos más usados por Bécquer es el de la comparación.

 — Localiza aquellas *Rimas* en las que se utiliza este recurso, como en el verso 6 de la *Rima* VII (observa la sencillez de la misma y su fácil percepción, apoyada en las formas del verbo *dormir).*
— Escoge otros casos y explica el efecto de su uso, tanto en las comparaciones descaradas como en las insinuadas *(Rima* XIII). Analiza con qué fin lo usaba Bécquer. ¿Consideras que es un recurso más accesible al lector común que la metáfora? ¿Por qué?

1.7 La armonía musical es una de las características fundamentales de la poesía de Bécquer. También fue innovador en este aspecto. El Romanticismo había heredado una tradición métrica ya muy elaborada en este sentido, y la había desarrollado aún más, poniendo especial énfasis en el ritmo del verso y en la composición armoniosa de la estrofa. Así resume T. Navarro Tomás esta aplicación:

> Sobre las tentativas de nuevos tipos de metros y sobre la variedad polimétrica de la estrofa y del poema, dominó (en el Romanticismo) la preferencia general por el verso fluido, el acento firme y la rima sonora. Si Bécquer y Rosalía de Castro atenuaron la rima, reduciéndola generalmente a la asonancia, y si rehuyeron las estrofas de contextura rígida, no parece que lo hicieran sino para desarrollar en el verso cualidades expresivas más flexibles, suaves y matizadas.
>
> (T. Navarro Tomás, *Métrica española,* Madrid, Guadarrama, 1974, 5.ª ed., pág. 398)

Por lo tanto, la actitud de Bécquer fue de reserva frente a las novedades formales que había añadido el Romanticismo

a la métrica española, pero lo hizo sin romper bruscamente con la tradición. Con este fin aumentó sobre todo la musicalidad interior, disminuyendo los procedimientos recibidos en herencia.

— Escoge alguna *Rima* (por ejemplo, la IV) y señala en ella los recursos retóricos que favorecen la musicalidad, como la anáfora y la epífora, las oposiciones...

LAS LEYENDAS

1. TEMAS DE GUSTO ROMÁNTICO

1.1 En la selección de leyendas tradicionales que Bécquer escogió para componer sus relatos, quedan bien reflejados sus gustos personales y los de su época.

— ¿Qué *Leyendas,* de las que aquí se ofrecen, son más propias del gusto romántico?

— ¿Cuáles se centran en la Edad Media? ¿Cuál es su tema principal? ¿Está relacionado con el misterio histórico, tan del gusto romántico?

— ¿Qué *Leyenda* entronca directamente con la tradición del Siglo de Oro español? ¿Existe alguna relación entre esta y las *Novelas ejemplares* de Cervantes? ¿Con cuál en concreto?

— El acercamiento a los cuadros costumbristas, tan cultivados en la época de Bécquer, aparecen en la curiosa leyenda «El gnomo». ¿Qué otra leyenda tiene tintes costumbristas? ¿Podría relacionarse la crítica irónica que hace Bécquer de la sociedad burguesa en «Es raro» con alguna *Rima?*

2. ASPECTOS FORMALES

2.1 Lo que hemos dicho de las *Rimas* puede aplicarse también a las *Leyendas*. Estas, como las *Rimas,* aparecieron publicadas en periódicos y revistas de forma esporádica y ocasional. Este medio limita la extensión y estructura de su prosa, pero no su calidad.

Recuerda que en aquella época era común la novela «por entregas», que iba apareciendo por partes en el periódico (esta especie de publicaciones se llamaba *folletín,* y el conjunto *folletón).* Esa entrega por partes obligaba a dejar al lector en tensión para animarle a la lectura de la siguiente entrega.

 — ¿Influye en la estructura compositiva de las *Leyendas* el medio en el que iban a aparecer publicadas? Para responder analiza detalladamente la estructura de «Maese Pérez, el organista».

2.2 Las leyendas tradicionales suelen tener un germen folklórico o literario precedente. Bécquer no se las inventaba de raíz, pero su tratamiento las convertía en originales. Además, usaba técnicas estilísticas adecuadas para que tales relatos parecieran nuevos.

 — ¿Por qué crees que Bécquer hace intervenir un relator del hecho que se narra? ¿En qué tiempo verbal se expresa? ¿Existen diferencias entre el tiempo del relator y el del relato? ¿Crees que intenta y consigue así dar objetividad y una nueva presentación a las *Leyendas?*

2.3 En el curso de la narración de las *Leyendas,* logra Bécquer un equilibrio entre el argumento (la situación histórica en que se apoya) y los elementos lingüísticos que lo confor-

man, según se desarrollen en la Edad Media, Siglos de Oro o los tiempos modernos.

 — Elige una *Leyenda* y anota los vocablos que guarden más estrecha relación con la época en la que se desarrolla.

2.4 R. P. Sebold, uno de los mejores conocedores de Bécquer, analiza así las narraciones fantásticas:

> En conexión con el medio de los relatos fantásticos de Bécquer, debe tenerse presente que en ciertos casos se utiliza un tipo especial de descripción para producir en el lector la impresión de que una fuerza sobrenatural va poco a poco envolviéndolo todo. Sin embargo, es difícil, por no decir imposible, separar muestras de tales descripciones del conjunto del texto para su análisis crítico, porque los elementos descriptivos a los que me refiero de momento se hallan entremezclados, en unos mismos períodos gramaticales, con la narración, el diálogo y las acotaciones dialogales. Estas descripciones juegan un papel indispensable en la fusión de realidad y fantasía que *realiza* este último componente; porque, en términos generales, [...], la descripción representa lo real, la narración representa lo fantástico, y al asimilarse estos dos factores en pasajes descriptivo-narrativo-dialogales, se capta la nueva percepción del cosmos que conduce al inesperado desenvolvimiento de la historia. [...]
>
> Los medios más frecuentemente descritos [...] son los edificios, en especial los religiosos —iglesias y conventos—, mas se describen también con importantes efectos fantástico-realistas castillos y casas. Estas fábricas tienen en común el curioso detalle de que casi todas ellas son ruinosas, lo cual obedece no tanto a ese gusto romántico que busca en las ruinas una metáfora de la melancolía (aunque no deja de haber melancolía en la prosa posromántica de Bécquer), como a esos orígenes que el género fantástico trae de la no-

vela gótica de fines del setecientos y principios del ochocientos, en la que ocurren a menudo casos sobrenaturales en abadías, catedrales y fortalezas en ruinas (págs. 152-153).

(R. P. Sebold, *Bécquer en sus narraciones fantásticas,*
Madrid, Taurus, 1989, págs. 152 y 153)

 — Haz un resumen de las características más importantes que tienen los relatos fantásticos y aplícalas al estudio de las *Leyendas* que ofrecemos.
— Observa de qué manera junta en el mismo curso narrativo los elementos reales (que pueden ser costumbristas) con los fantásticos.

CONTEXTO CULTURAL
DE LA OBRA DE BÉCQUER

Bécquer refleja en su obra su experiencia y su relación con su entorno cultural y geográfico, no sólo en sus textos periodísticos, sino también en su literatura más personal e íntima. Ciudades y formas de vida quedan convertidas en literatura.

1. LA GEOGRAFÍA EN LA OBRA DE BÉCQUER

El lector podrá rastrear en las *Rimas* y *Leyendas* la geografía implícita en las obras de Bécquer, es decir, los paisajes, la naturaleza, los pueblos y las ciudades que fueron marco de la vida del poeta y más influyeron en su creación literaria. Entre las ciudades dos destacan por su mayor presencia: Sevilla y Madrid.

1.1 El lector conoce ya el origen sevillano de Bécquer. Para ilustrar la relación que mantuvo en vida con su ciudad natal

ofrecemos fragmentos de un libro del profesor Rogelio Reyes Cano:

> [...] Pero Sevilla no está sólo en el trasfondo de la literatura becqueriana. Hay también en la obra en prosa de Gustavo Adolfo una Sevilla expresa, aludida, continuamente evocada, a la que dedica muchas de sus mejores páginas. Una Sevilla vista y «escrita» desde Madrid o desde Veruela o desde Toledo, sugerida por la nostalgia, por la reflexión autobiográfica, por un recuerdo feliz, por el contraste con otros lugares, por la breve visión de un espectáculo folclórico o por la lectura de un libro de poemas... Es la Sevilla del ingenuo *Diario* adolescente; o la que sirve de marco «romántico» a las leyendas; o la evocada como paraíso perdido; o la ciudad de intensa vida costumbrista y folclórica que tanta materia suministra al escritor de periódicos que también hay en Bécquer. En la diversidad de facetas de su personalidad (el poeta, el periodista, el «crítico» de arte, el amante del folclore...) Sevilla tiene siempre oportuno encaje: suministra ejemplos y recurrencias, provoca estados de ánimo, da pie a la reflexión..., convirtiéndose así en fuente que nutre la cosmovisión poética becqueriana, al lado de otros lugares, como Soria y sobre todo Toledo, que cumplen parecida función.

> (R. Reyes Cano, *Sevilla en la obra de Bécquer,* Sevilla, Publicaciones del Ayuntamiento, 1980, pág. 29).

 — R. Reyes Cano habla de Sevilla como fuente de la cosmovisión poética becqueriana. ¿En qué *Rimas* sirve de inspiración, motiva la reflexión o incide en el estado de ánimo del poeta?

1.2 Madrid también es vital en la obra del poeta, pero más como ciudad de oficio que como patria. Su evocación estará relacionada por lo tanto con su actividad literaria, y nada más

cercano a ella que el mundo de la tertulia de café y la bohe-
mia. Ofrecemos un texto de V. Aleixandre sobre la bohemia
ambiental del Café Suizo. Aleixandre pone la narración en
boca de su abuelo, quien afirmaba haber conocido a Bécquer
a través del amigo común Nombela:

> En la puerta del Suizo nos detuvimos. Entraban algunos
> con prisa. Al abrirse la puerta una bocanada de humo nos dio
> en el rostro. Al fondo las mesas, con las sillas ocupadas. A
> esta hora la concurrencia era casi toda joven. Cabelleras y
> barbas con profusión; levitas, corbatas grandes de tonos gra-
> ves, y encima, sobre las cabezas, la luz chisporroteante de
> los mecheros de gas, abiertos en diminuto abanico. Todos
> pálidos, casi azulados, a este resplandor que tenía algo de
> acuático, como si respirasen todos en unas primeras y traslú-
> cidas profundidades marinas. En aquellas mesas de la dere-
> cha, cerca de la cortina granate, estaba la peña de los ami-
> gos. Nos acercamos. Una columna de hierro pintada de
> blanco daba soporte a un viejo diván carmesí, y se remataba
> en una falsa palmera que alzaba sus ramas de imitación hasta
> perderse en el techo. El ruido de las cucharillas parecía a ve-
> ces apagar las voces, pero sobre el tintineo triste se levanta-
> ban las cabezas fosforecidas. Hubo unas presentaciones. Nos
> sentamos. [...] Augusto Ferrán sonreía, en su fisonomía toda-
> vía juvenil, y su voz, cuando sonaba, con rareza esta noche,
> era la de diapasón más alto. A veces reía. A su vera Ramón
> Rodríguez Correa, de una edad semejante, con un ojo gui-
> ñado, adelantaba una mano grande, ofreciendo sin duda un
> argumento irresistible. Entre los dos, Gustavo Adolfo Béc-
> quer hablaba poco. Le miré con atención. El tiempo no había
> pasado en balde. Delgado de otro modo que antaño, su ros-
> tro parecía macerado, apurado diríase, y sus pómulos se
> transparentaban con cierta rudeza bajo la piel oscura. Pues
> esta tenía ahora un color cetrino que rimaba bien con su
> barba y que se aclaraba en la frente, surcada, cruzada por al-
> gunas arruguillas finas y diminutas. Lo que allí se grababa

no era el rastro del sueño, sino la experiencia misma de la vida. Los ojos, verdes, cuando se alzaban miraban con serenidad, pero sobre todo con profundo cansancio.

Aquellos jóvenes que abandonaban la juventud hablaban esa noche con mucha pausa. Recuerdo que alguien se refirió a la indolencia, a la pereza. Uno la desdeñaba. «¡El vicio nacional!» Otro, por su mucho daño, la denostaba, personificándola: «Es una harpía». Gustavo la defendió. «Vosotros diréis lo que queráis —exclamó—. Yo la veo como una deidad celeste. Muchas veces la he sentido flotar sobre mí y arrancarme al mundo de la actividad en que tan mal me encuentro.» Levantó su rostro y añadió con exaltación: «¡Qué casta, qué pura, qué llena de dulce pudor es siempre la pereza del hombre!» Hubo un silencio. Se abrió la puerta y entró alguien con apresuramiento. Por lo visto algún conocido estaba enfermo, y de gravedad: una muchacha, hermana de un amigo. Un íntimo se puso de pie para acudir a casa de la enferma. «¿¿Quién me acompaña?» Ninguno parecía tener gana. El perezoso se levantó: «Yo voy contigo.» Envuelto en su capa, ligero, presto, salió con su compañero. Quedamos los demás charlando, olvidando, comentando las minucias del día, inventándolas cuando no bastaban. Al cabo de una hora vimos regresar a Gustavo. Llegaba callado, diríase sombrío. La muchacha casi estaba moribunda. «Si se muere —dijo uno al recién llegado— podrás componer una elegía.» Vi irritarse aquel rostro. Luego, casi con hastío, con lejanía, dijo sólo: «Yo no escribo en medio del sentimiento.» Iba a seguir, pero miró al interlocutor y calló. Los otros siguieron conversando. Era el tema de la muerte. La noche estaba ya alta. La concurrencia había ido abandonando poco a poco el café. Eulogio Florentino Sanz contaba de algunas muertes llamativas, como quien narra una leyenda, una balada. Se habló de las sepulturas, de epitafios. De cómo cada uno quisiera reposar a la hora mortal. Las opiniones eran diferentes y casi todas minuciosas. Cada uno tenía pensado su destino póstumo, al menos como un deseo. Gustavo dijo: «Cuando yo era niño, cuando yo me juzgaba poeta...» Y describió su

inocente sueño de entonces: una tumba a la orilla del Guadalquivir, en la linde de su ciudad, cuidadosa de su cantor querido, dormido en su gloria. Luego habló de que unos pocos años después, habiendo salido ya de Sevilla y visitado templos y monumentos históricos, deseó otra gloria distinta y soñó con el reposo del héroe, a la sombra de una catedral, en el silencio de una misteriosa capilla. Era la hora de la madrugada y en el café no quedaban más que Gustavo y sus amigos. Los mecheros de gas habían sido casi todos apagados y sólo lucían los que alumbraban al grupo. Brillaban con luz oscura los ojos de Gustavo (su cabello, abatido sobre la frente) y su tez parecía más marchita, quizá sólo más pálida, mientras su voz resonaba muy bajo. «Hoy todo eso está lejos», exclamó. Y algo más dijo de su progresiva indiferencia, pero de su preocupación y repugnancia todavía a que un día almacenaran sus huesos en la estantería de una Sacramental, para que aguardasen allí, como empapelados, la trompeta del Juicio. «Pero al paso que voy —siguió, serio— mañana esta preocupación también habrá desaparecido —la voz sonaba grave— y entonces me será igual que me coloquen debajo de una pirámide egipcia como que me aten una cuerda a los pies y me echen a un barranco como a un perro.»

«Ello es que cada día me voy convenciendo más —dijo, y se levantó— que de lo que vale, de lo que es algo, no ha de quedar un átomo aquí.»

Todos se habían puesto de pie. Se apagó el último reverbero. Envueltos en sus capas, en la oscuridad, los bultos fueron saliendo a la madrugada fría de Madrid.

<div align="center">(«Gustavo Adolfo Bécquer en dos tiempos», prólogo a

Bécquer, de R. Brown, ob. cit., págs. XIV-XVII.)</div>

 — Subraya en el texto de Vicente Aleixandre las frases que mejor definen las preocupaciones del quehacer literario de Bécquer.

1.3 La obra de Bécquer es testimonio de gran diversidad de regiones de España, en las que la curiosidad del escritor destaca las diferentes formas del folklore, tan diversas entre sí. Recuerda que las *Leyendas* fueron artículos publicados en periódicos de ámbito nacional y que servían para que lectores de diferentes regiones conociesen las peculiaridades de las demás.

 — ¿En qué otras regiones de España se desarrollan las *Leyendas?*

2. BÉCQUER Y SUS FUENTES LITERARIAS

Todos los escritores reflejan de una manera u otra el influjo de su época, sobre todo a través de la «moda», a la que siguen o se oponen. Las preferencias por unas lecturas u otras generan un marco de influencias dentro del cual cada autor establece su autenticidad creadora.

2.1 Bécquer se inspiró en el Romanticismo europeo, corriente difícil de ordenar. Los libros, revistas y periódicos, muchos de ellos cargados de literatura, comenzaban a correr por unas vías de comunicación cada vez más fluidas. En concreto, Bécquer se dejó llevar por la corriente germánica del Romanticismo, sobre todo por Heine, y también por otros europeos, como Lord Byron, Lamartine, Musset, etc. Su influjo le llegaría por diferentes vías: pudo leerlos directamente, ya que tenía algunos, aunque escasos, conocimientos del alemán, o a través de traducciones; pudo conocerlos también en las charlas de las tertulias o por la prensa extranjera que llegase a los cafés.

2.2 En la mayoría de las ocasiones, Bécquer aprovecha una idea o contenido ajeno para rehacerlo a su manera y ajustarlo a sus circunstancias creadoras. Heine fue un autor coinci-

dente en formas y contenidos con Bécquer. Su comunidad de ideales abarcaba la concepción del lirismo y la percepción de la poesía popular como vía de renovación de la tradición culta. Ofrecemos a continuación un poema de Heine claramente comparable con alguna *Rima* de Bécquer:

> Al separarse dos que se han querido
> ¡ay! las manos se dan;
> y suspiran y lloran,
> y lloran y suspiran más y más.
>
> Entre nosotros dos, no hubo suspiros
> ni hubo lágrimas... ¡Ay!
> lágrimas y suspiros
> reventaron después... muy tarde ya.

> (H. Heine, *Lyrisches Intermezzo*, n.º 49, trad. Eulogio Florentino Sanz, *El Museo Universal,* 1857, pág. 66)

 — Puedes comparar el poema de Heine con la *Rima XXX* de Bécquer. ¿Qué elementos comunes tienen? ¿El tema? ¿La forma? (Téngase en cuenta que la comparación se establece con el poema traducido). Observa que los dos se aproximan a unos mismos motivos humanos, expresados en diferentes lenguas. A veces, como en este caso, existe una relación inmediata y concreta entre obras y autores; otras, la coincidencia responde sólo a un espíritu de época que les es común.

3. BÉQCUER Y LA PINTURA

Otro aspecto propio de la obra literaria de Bécquer es su relación con las otras Bellas Artes. La bohemia a que nos referimos antes era común en las diversas manifestaciones ar-

tísticas, pero más frecuente entre los pintores. Bécquer participaba de ella por su misma formación artística.

 — ¿Qué circunstancias de su vida lo mantuvieron relacionado con la pintura?

3.1 Su estrecha relación con la pintura se refleja en su obra en varios aspectos. En una época en que predominaban los cuadros grandes, que cubrían las paredes de museos y casas señoriales, espectaculares, y definidos en el dibujo, propios del gusto romántico, Bécquer se muestra ajeno a esta sensibilidad. Más que la línea y el dibujo, que la precisión descriptiva, a nuestro autor le interesa expresar la finísima percepción de los matices de la luz y el color. En esto se anticipa en su literatura a lo que en pintura se llamó *impresionismo,* una nueva corriente que tomó nombre del cuadro de Monet «Impression» (1867). Desde el Madrid becqueriano al París de Monet hay una gran distancia, pero algo se remueve y conmueve en el panorama artístico europeo. Bécquer muestra una confusa intuición de las nuevas maneras de considerar la realidad en el arte, y se manifiesta abierto a la modernidad artística. Ofrecemos a continuación dos textos, uno es una cita de R. Pageard:

> Muchas de las representaciones del futuro movimiento pictórico impresionista están en este texto: humos ligeros y vapores, banderas y banderolas, colores de muchedumbre y de uniformes, mástiles, puerto, mar y cielo. Los nombres de Roudin y de Monet acuden a la mente *(Bécquer,* ob. cit., pág. 361).

Otro es el juicio crítico de Arturo Berenguer Carisomo sobre su relación con el impresionismo:

> [...] La solución estética que la mutua interferencia de esta hermandad [entre Valeriano y Gustavo Adolfo] deja a la

literatura española de mediados del siglo XIX, por intermedio de Bécquer, es una aplicación del «impresionismo».

[...] Tres son, resumidamente, los rasgos de esta concepción plástica de tan fecundas y enormes consecuencias para la evolución del arte contemporáneo: es muy difícil que la percepción visual de las cosas nos allegue siempre el contorno exacto de su línea, vale decir, pictóricamente, de su *dibujo;* lo frecuente es que tengamos una sensación «en masa» de luminosidad y color. La pesquisa de la *línea, límite* del plano o del volumen, es ya una segunda captación más reposada y distinta, que solamente se logra y «define» después del análisis. El impresionismo, como un último y victorioso paso del «realismo» en pintura, buscó dar esa sensación sintética inicial de todo observador, al dejar de lado la precisión del dibujo y poner todo el empeño en conseguir un efecto «primero» de masa, de luz y color.

En segundo lugar, y como consecuencia de lo anterior, el impresionismo saltó por sobre toda la técnica del colorido con sus planos diferenciados, para superponerlos mediante la búsqueda impaciente de esas luminosidades difusas en que, casi siempre, están sumergidos los objetos. El color ya no jugaba, como en el romanticismo deslumbrante de Delacroix, un papel de fiesta para los sentidos, sino más bien el de un confidencial inductor que hacía presagiar las cosas sin definirlas.

Y, por último, el gran problema de la sombra. Para los impresionistas la sombra *también tiene color.* Si, en efecto, observamos los objetos puestos en el cono de obscuridad, una segunda acomodación visual nos descubre que en ese sector perdura el color de la parte expuesta a la luz, solamente diferenciado por un matiz de mayor o menor opacidad. La sombra no es negra —que era la solución clásica—, es opaca, cosa fundamentalmente distinta: conseguir esa gradación, conquistar los contrastes básicos de sombra y luz por una mayor o menor irrigación del color mismo fue otro de los grandes hallazgos de la escuela, tan batallada y burlada, que, al mediar el siglo XIX, ponía a Francia, otra vez, a la cabeza del arte.

La conmoción de la novedad arrastró tras de sí a lo literario: Daudet y los Goncourt crearon una suerte de «impresionismo» que hizo concebir esperanzas para una nueva escuela, independiente y señera. El terreno, por lo demás, estaba abonado. Ya desde Théophile Gautier (1847 a 1852) la aplicación de la técnica pictórica —frialdad, descripción, intención plástica sobre la emoción— a la creación literaria, que tanto alarmó a Menéndez y Pelayo, era un problema concreto de la estética francesa, que el «impresionismo» conduciría luego a un punto de mayor saturación. El camino, abierto por Gautier con rumbo al Parnaso, llegaba a su mojón terminal con esta escuela menor, suerte de atajo entre los simbolistas.

Quiere decir, resumiendo, que, en Europa, en Francia especialmente, se agitaba, con todas sus sugerencias, una cuestión nueva: la de que el escritor podía usar libremente recursos descriptivos —masa, color difuso, luz, detalles dominantes— aprendidos en los talleres de los pintores. Que el poema —aquí está el nudo— podía olvidar la anécdota, soporte fundamental hasta los románticos, y desenvolverse sin necesidad de partir de un punto para llegar a otro, sin necesidad de proponerse conmover o entretener o adoctrinar. [...]

Sería ridículo que yo afirmase en Bécquer, dentro de este complejo movimiento, un precursor. Lo que sí me atrevo a asegurar es que, en la España de su tiempo, era el único que lo intuía confusamente, y fue el único que, sin saberlo quizás, esbozó algunas páginas donde lo plástico supera a lo conceptual, y el único que se propuso realizar la prosa mediante recursos tomados de un contacto fecundo con la pintura. [...]

(A. Berenguer, *La prosa en Bécquer,* ob. cit., págs. 96-99)

 — ¿Qué características básicas definen el impresionismo en la pintura? ¿Con qué elementos estilísticos se corresponderían en un posible impresionismo literario?
— Rastrea en las *Rimas* algunas expresiones que respondan a lo señalado anteriormente. Si relees las *Rimas IV* (vv. 5-10), *VIII* (vv. 1-4 y 10-14), *X* (vv. 1-3),

XV (vv. 1-5), *XXIV* (vv. 9-18), *XXVII* (vv. 16-17 y 20-21), *LXII* (vv. 1-4), *LXVII* (vv. 1-12) y *LXXII* (vv.1-4), encontrarás ejemplos de algunos rasgos que relacionan la poesía de Bécquer con el impresionismo.

— Sería interesante contrastar el paralelismo expresivo entre la pintura y la poesía de Bécquer asistiendo a un museo con fondos impresionistas, o viendo pinturas de este estilo en alguna Historia del Arte ilustrada.

— Hay, además, un rasgo general que envuelve toda la obra de Bécquer, y que podría tener relación con esa manera de mostrar la realidad. ¿Cuál es? Recuerda la tendencia innata en Bécquer a rodear su obra literaria de una atmósfera de misterio.

4. BÉCQUER Y LA MÚSICA

4.1 Ya hemos indicado en el apartado dedicado a la métrica de la *Rimas,* la importancia de la musicalidad en la poesía de Bécquer, establecida sobre unos recursos retóricos distintos a los del Romanticismo. Estos logros fueron posibles por el ejercicio de una vocación y también por la aplicación de una cultura musical. Bécquer, como periodista, tuvo que estar al tanto de las noticias musicales de la capital. En último término, las mismas *Rimas* son textos vocales sobre los que resultaría fácil acomodar una melodía y convertirlos en canciones. Piezas semejantes se cantaban en los conciertos y reuniones sociales de la época, como comenta J. P. Díaz en el siguiente texto:

> Creo que a propósito de este punto hemos venido olvidando hasta ahora una de las rutas más interesantes que la poesía alemana recorrió durante el siglo XIX: la música vocal de Schubert y de Schumann.
> Nos consta que Bécquer tocaba el piano. Nombela se refiere a su interés por la música, ya por los años de 1856 o 1857.

(Recuérdese que es precisamente la fecha de las primeras tra-
ducciones de Heine.) Y bien, todos los poemas que cité líneas
más arriba de Matthisson, Schiller, Rückert y Goethe habían
sido puestos en música por Schubert, autor a quien Bécquer
debió de conocer bien. Aquí es donde se hace muy probable
que él, que tocaba el piano, haya procurado de sus amigos más
conocedores de lo alemán las traducciones de los textos que le
importaban. Y acaso ni esto haya sido necesario. [...]

Por otra parte, los poemas de Heine fueron puestos en
música, como es notorio, por Schumann *(Los amores del
poeta).* Y los diferentes ciclos de *lieder* de este autor están
basados también en poemas: *Los mirtos* (sobre poemas de
Burns, Goethe y Rückert); *La vida y el amor de una mujer,*
sobre poemas de Chamisso; *el Liederkreis,* sobre poemas de
Eichendorff y *La primavera y el amor,* sobre los poemas
de Rückert *(Liebesfrühling).*

> (J. P. Díaz, *Gustavo Adolfo Bécquer. Vida y poesía,* ob. cit.,
> 3.ª ed., pág. 227)

 — Puedes buscar reproducciones de la música citada
y oír las melodías (si no las mismas, otras semejantes,
pues fueron muchas las versiones) para ambientar la
recitación o lectura de las *Rimas.*
— Si sabes algo de música, puedes atreverte a poner
música a alguna *Rima.* Ten en cuenta que, según la
Rima escogida, el acompañamiento musical puede ser
a veces más sugerente al piano, y otras, a la guitarra.

TRASCENDENCIA DE LA OBRA DE BÉCQUER

1. COMPLEJIDAD Y MODERNIDAD DE LA OBRA BECQUERIANA

1.1 Si bien Bécquer escribió un número relativamente cre-
cido de páginas, sólo unas pocas de ellas forman un cierto
cuerpo de obra *(Rimas, Leyendas* y *Cartas),* que se levantan

sobre las demás, bastantes de ellas ocasionales. De ahí que sea un autor complejo, difícil de reducir y definir en pocas palabras. Tanto su poesía como su prosa desarrollan diversidad de motivos y formas, pero no debemos dar más legitimidad a unas y considerar las otras textos de obligación profesional. Su escritura «de oficio» tiene la misma fe expresiva, el mismo testimonio de autenticidad de un escritor nato, que domina la lengua y su disciplina. Además, tanto las *Rimas* como las *Leyendas* aparecieron también en la prensa.

1.2 Cualquier periodista actual refleja en sus textos la misma preocupación que entonces tenía Bécquer por lo que es España. Él mostraba su temor a que la modernidad en la que se iba sumiendo el país (el violento empujón demográfico, los resultados de la aplicación de los descubrimientos técnicos,...) acabara con lo que él consideraba la esencia tradicional del pueblo español. Sólo una educación adecuada puede hacer que la tradición se perpetúe y armonice con las nuevas formas de vida. Bécquer adjetivó el siglo que le tocó vivir como podría hacerlo un joven de hoy, desilusionado por lo que parece el zafio egoísmo de una sociedad que se despreocupa de los valores humanos («Este siglo positivista y burgués sólo rinde culto al dios dinero...», escribirá en las *Cartas desde mi celda,* X, ed. cit. de Aguilar, pág. 614). Pero el escritor también escribió esto otro: «Yo tengo fe en el porvenir. Me complazco en asistir mentalmente a esa inmensa e irresistible invasión de las nuevas ideas que van transformando poco a poco la faz de la Humanidad...» *(Idem,* IV, ob. cit., pág. 541). La conciencia de vivir en un mundo contradictorio es un signo de la agudeza de Bécquer. Estar al tanto del pasado y del presente es uno de sus méritos y un indicativo de su modernidad.

2. OTROS ESCRITORES HABLAN DE BÉCQUER

Para poder apreciar mejor los factores de la complejidad de la obra de Bécquer y el curso de su valoración posterior, reunimos aquí diversos juicios sobre su poesía, expuestos por escritores que lo han considerado desde el punto de vista de la creación.

2.1 Uno de los primeros que apreciaron la calidad de su poesía y reivindicaron su lectura fue José Martínez Ruiz, *Azorín*. En diversos artículos periodísticos, *Azorín* fue revalorizando una serie de autores que él consideraba «clásicos». Estos artículos fueron luego recopilados en el libro *Al margen de los clásicos,* en el que figura como último del conjunto el dedicado a Bécquer, del que a continuación reproducimos unas líneas:

> [...] No le consideraron como un gran poeta sus coetáneos. Los grandes poetas eran amplificadores, oratorios, elocuentes, pomposos. Bécquer escribía poco; lo que escribía —en una época de desbordada grandilocuencia— parecía cosa deleznable, linda, menuda, artificiosa. El poeta debió de sentir esta inferioridad en que se le consideraba en la sociedad literaria de su país. ¿Por qué no escribía él grandes, extensos, robustos, vibrantes, poemas? ¿Por qué de su estro no brotaban odas inflamadas de patriotismo, odas en que se cantaran los grandes ideales humanos? Y, sin embargo, este poeta triste, desconocido, ignorado; este poeta recogido sobre sí mismo, nervioso, sensitivo, modesto; este poeta que escribe breves poesías, poesías que parecen hechas de nada, ha ahondado más en el sentimiento que los robustos fabricadores de odas y ha contribuido más que ellos a afinar la sensibilidad. Al hacer eso, Bécquer ha trabajado, como el más grande poeta, en favor de los ideales humanos. El ideal humano —la justicia, el progreso— no es sino una cuestión de

sensibilidad. Este arte, que no tiene por objetivo más que la belleza —la belleza y nada más que la belleza—, al darnos una visión honda, aguda y nueva de la vida y de las cosas, afina nuestra sensibilidad, hace que veamos, que comprendamos, que sintamos lo que antes no veíamos, ni comprendíamos, ni sentíamos. [...]

(Azorín, *Obras selectas,* Madrid, Biblioteca Nueva, V, pág. 955)

2.2 Si Azorín alzó a Bécquer a la consideración de «clásico», en ese mismo año de 1915, Juan Ramón Jiménez publicó una estampa de nuestro autor, en la que establece una apreciación de las *Rimas* afirmando su modernidad poética. Además, J. R. Jiménez había publicado ya en 1902 un librito también titulado *Rimas.* Él mismo afirmaría luego que este libro fue su «reacción contra el Modernismo agudo». El artículo sobre Bécquer rezaba así:

Bécquer ha vuelto estos días. La otra tarde lo vi. ¡Qué bien se defiende! Verdad que él sabe lo que es y tiene bien clavada su elástica raíz de cuchillo en España.

Fue uno de esos instantes en que una serie de velos descorridos dejan ver lo que anda entre nosotros invisiblemente, como cuando el viento levanta de pronto las enredaderas, y se les ve el fondo y los pájaros salen un instante de ellas volando mal, para volverse a meter en el acto, como prendidos sin remedio.

Bécquer, sujetándose el sombrero de copa, recortado en su levita por el viento, se para en la Colina. La enredadera vuelve a su sitio y se enciende en el sol.

Como André Chenier, a quien se parece tanto en todo, había venido trazándose planes para poemas didácticos. Pero gracias a Apolo, el ciclón se llevó su arte más seca y con ella el proyecto.

Su modernidad no está, Bécquer, le dije, en aquellos apun-

tes para poemas didácticos que usted lamenta haber perdido; como no estaba la de André Chenier, que los llegó a realizar, en sus odas a... Está en sus rimas impresionistas de amor, flores eternas sin anterior apunte. Como era profundo su corazón estando usted de pie, al tenderse usted en la tierra para su sueño metamorfósico, se hizo largo, llegó hasta nosotros. Y ahora, al volver usted, se lo encuentra en nuestras almas.

(J. R. Jiménez, *Españoles de tres mundos,* Madrid, Aguado, 1960, págs. 273-274)

2.3 No podía faltar, en una exhibición de testimonios sobre Bécquer, el de Antonio Machado. En este caso, el poeta, desdoblado en el apócrifo Juan de Mairena, da clase a sus discípulos y el tema que expone es precisamente el estudio de nuestro autor:

La poesía de Bécquer —sigue hablando Mairena a sus alumnos—, tan clara y transparente, donde todo parece escrito para ser entendido, tiene su encanto, sin embargo, al margen de la lógica. Es palabra en el tiempo, el tiempo psíquico irreversible, en el cual nada se infiere ni se deduce. En su discurso rige un principio de contradicción propiamente dicho: sí, pero no; volverán, no volverán. ¡Qué lejos estamos, en el alma de Bécquer, de esa terrible máquina de silogismos que funciona bajo la espesa y enmarañada imaginería de aquellos ilustres barrocos de su tierra! ¿Un sevillano Bécquer? Sí; pero a la manera de Velázquez, enjaulador, encantador del tiempo. Ya hablaremos de eso otro día. Recordemos hoy a Gustavo Adolfo, el de las rimas pobres, la asonancia indefinida y los cuatro verbos por cada adjetivo definidor. Alguien [Eugenio d'Ors] ha dicho, con indudable acierto: «Bécquer, un acordeón tocado por un ángel.» Conforme: el ángel de la verdadera poesía.

(A. Machado, *Juan de Mairena. Sentencias, donaires, apuntes y recuerdos de un profesor apócrifo. 1936,* Madrid, Clásicos Castalia, 1971, págs. 239-240)

2.4 Dámaso Alonso, profesor universitario, crítico y, sobre todo, poeta, tuvo ocasión de referirse al desarrollo de la literatura española desde diversas perspectivas, y en la cuestión de Bécquer y su presencia en este siglo lo hizo de manera apasionada. Suyo es el diálogo fingido con el que abre el libro que tituló *Poetas españoles contemporáneos:*

> —¿Bécquer, poeta contemporáneo?
> —Bécquer es el punto de arranque de toda la poesía contemporánea española. Cualquier poeta de hoy se siente mucho más cerca de Bécquer (y, en parte, de Rosalía de Castro) que de Zorrilla, de Núñez de Arce o de Rubén Darío.
> —¿Más que de Rubén Darío?
> —Los poetas de hacia 1900 tienen una gran deuda con Rubén Darío y con el «modernismo» en general. Las *Soledades* de Antonio Machado, publicadas en 1903, lo prueban, sin género de duda, y elijo el ejemplo de Machado porque es el que parecería más desfavorable. Pero lo que salvó a la generación de nuestros mayores (Antonio y Manuel Machado, Juan Ramón Jiménez) fue el haber comprendido que ellos, si querían «ser», tenían que alejarse de Rubén Darío. Se fueron desnudando, unos más rápidamente que otros, de las sonoridades exteriores, de los halagos del color, etc., para buscar músicas y matices casi sólo alma. Bien evidente es esto en Antonio Machado y Juan Ramón Jiménez. Y tanto como se alejaban de Rubén Darío se aproximaban a la esfera del arte de Bécquer. Por eso es Bécquer —espiritualmente— un contemporáneo nuestro, y por eso su nombre abre este libro y, en cierto modo, también lo cierra.

(D. Alonso, *Poetas españoles contemporáneos,* Madrid, Gredos, 1952, pág. 7)

3. Valoración de la obra de Bécquer

Esta serie de juicios sobre Bécquer ha aportado un manojo de sugerencias que ayudarán al conocimiento y la valoración de la obra de nuestro autor. Nuestra labor ha sido modesta: nos hemos limitado a presentar el texto de la obra escogida y a comentarlo, pero lo importante es la aventura de lectura. Esperamos que, tras ella, Bécquer no resulte distante ni ajeno, y que se desechen algunos prejuicios que existen sobre su obra.

3.1 Algunos califican la escritura de Bécquer de *cursi*. El concepto de cursi es importante en la historia de la cultura desde finales del siglo XIX. Hoy se suele llamar cursi a Bécquer por el tratamiento que dio al asunto amoroso, que algunos tachan de *sensible* o *sensiblero*. Puede ser que los jóvenes encuentren en él a un escritor blandengue y ñoño, del que pueden *pasar* sin más miramiento. Pero, a este respecto, es importante detenerse en las palabras de J. R. Jiménez, quien, refiriéndose al proceso de la poesía que llamó «interior», escribió:

> Pero es Bécquer el que la [se refiere a la poesía «interior»] vive y la muere rápidamente y de un modo ya distinto [a los autores anteriores], un poco burgués a pesar de todo, y, dicen algunos, un poco cursi (es necesario darle su valor a esta palabra, mal aplicada generalmente. Las *Rimas* de Bécquer, como las de otros poetas muy personales y subjetivos, no son cursis en sí mismas. Las hacen cursis sus imitadores, sus falsos comprendedores). Bécquer tiene ya acento moderno, quiero decir «nuestro», contemporáneo. Esto es muy importante en él.

> (J. R. Jiménez, «Poesía y literatura», según *Prosas críticas,* Madrid, Taurus, 1981, págs. 144-145)

3.2 Un gran número de lectores están de acuerdo en que Bécquer es un escritor sincero, y sinceridad es lo más opuesto que existe a la cursilería. Sus textos manifiestan una autenticidad humana que fue clara para los lectores de su época y para el público de hoy.

3.3 La cuestión radica en que no hemos de pedir a Bécquer lo que no le pertenece; hay que saber situarlo en su tiempo. Según el juicio de historiadores y críticos, su labor literaria, además de cumplir con las exigencias de la época, estaba en vías de progresión abierta, y llega hasta nuestros días. Precisamente, una de las propiedades de una obra literaria «clásica» es su persistencia a través del tiempo, su capacidad para sugerir en cada momento lecturas acordes al contexto y la sensibilidad del lector. Convirtamos la filología en un ejercicio de penetración y enriquecimiento del texto original, conservando en lo posible la condición humana que rodeó su creación, una manifestación más del Humanismo que enriquece nuestra personalidad.

SUGERENCIAS PARA ACTIVIDADES INTERDISCIPLINARES Y DE CREACIÓN

La lectura y el comentario de las obras de Bécquer que hemos reunido sugieren actividades muy diversas. De lo aquí dicho, se desprende que Bécquer fue el enlace entre el Romanticismo y la complejidad literaria de nuestro siglo. Y esto puede servir como punto de partida para otras actividades de índole cultural. Algunas han quedado expuestas en párrafos anteriores. Sugerimos ahora otras posibilidades.

—Después de la lectura de las *Rimas* de Bécquer, escoge un número determinado de palabras (diez, quince o veinte) que te parezcan núcleos de expresión fundamentales en su

obra. Si este ejercicio se hace en grupo, puede contrastarse el resultado y notar las coincidencias y diferencias entre las distintas selecciones y razonarlas. Discute también la vigencia actual de este léxico seleccionado y, si es necesario, propón las palabras equivalentes.

—A través de estas listas de palabras, puedes formular los temas fundamentales de la poesía de Bécquer. Pregúntate si los asuntos que se implican en ella son propios de la sociedad de nuestro tiempo.

—Puedes hacer lo mismo con las *Leyendas.* ¿Qué dificultades encuentras al pasar de lo que en el caso anterior era una exposición personal, al examen de una obra en cuya estructura intervienen «los otros» (mujer, amigos, mundo), frente al «yo» del escritor?

—Puedes intentar componer algo que se parezca a una *Rima* de Bécquer, de breves dimensiones y acomodada a la métrica que él usaba. Puede que el resultado sea de pobre calidad, pero habrás tenido ocasión de luchar con el uso poético del idioma y servirte de sus recursos para intentar la composición de una estructura literaria. Ten en cuenta que los que imitaron a Bécquer fueron muchos, y algunos, como Fernando Iglesias Figueroa, llegaron a falsificar las *Rimas.* ¿Por qué crees que ocurrió esto con Bécquer, y no con otros escritores?

—También podrías, si conoces algún relato fantástico propio de los lugares que frecuentas, tratar de componer algo que remede una leyenda a la manera de Bécquer..

—Forma con los nombres geográficos que han ido saliendo en la biografía y en las obras de Bécquer, una ruta becqueriana, indicando qué obras se relacionan con cada uno de los lugares propuestos.

—Si tienes la ocasión de visitar el monumento a Bécquer en el Parque de María Luisa de Sevilla, escribe sobre la impresión que te cause. El monumento fue inaugurado el 9 de

diciembre de 1911 y el busto fue obra de Lorenzo Collaut Rivera. Fíjate en las figuras del mismo y en el entorno natural en que se ha situado, y de qué manera intenta interpretar la obra de Bécquer.

—Hay otro monumento a Bécquer en Madrid, en el Parque de la Fuente del Berro, inaugurado el 7 de octubre de 1974, obra del escultor Santiago de Santiago. Para estos fines, si no los puedes visitar, puedes valerte del libro de Rafael Montesinos, *Bécquer, Biografía e imagen,* Barcelona, Editorial RM, 1977; en esta obra hay abundantes documentos gráficos sugeridores de comentario.

—Visita un museo o galería de pinturas que contenga cuadros del siglo XIX, de la época de Bécquer, y considera si hay alguno que convenga en más o en menos con la sensibilidad artística de Bécquer, o se oponga a ella.

—Asiste a un concierto de la época de Bécquer, sobre todo, de las piezas y autores que han ido saliendo en el curso de los comentarios, o, si no te es posible, dispón un concierto con discos u otros medios, que armonice con el sentido literario de la obra de Bécquer.

ÍNDICE ALFABÉTICO DE LAS *RIMAS*

A continuación de cada primer verso, figura el número de la *Rima* según el orden de las *Obras* (en cifras romanas), y el número según el orden del *Libro de los gorriones* (en cifras árabes).

¿A qué me lo decís? Lo sé: es mudable (XXXIX; 75) . 114

Al brillar un relámpago nacemos (LXIX; 49) 148

Al ver mis horas de fiebre (LXI; 45) 139

Alguna vez la encuentro por el mundo (XLIX; 14) 126

Antes que tú me moriré; escondido (XXXVII; 28) 112

Asomaba a sus ojos una lágrima (XXX; 40) 106

Besa el aura que gime blandamente (IX; 27) 75

Cendal flotante de leve bruma (XV; 60) 85

Cerraron sus ojos (LXXIII; 71) 155

Como en un libro abierto (XLIV; 10) 121

Como enjambre de abejas irritadas (LXIII; 68) 142

Como guarda el avaro su tesoro (LXIV; 64) 143

Como la brisa que la sangre orea (VI; 57) 71

Como se arranca el hierro de una herida (XLVIII; 1) .. 125

¿Cómo vive esa rosa que has prendido (XXII; 19) 93

Cruza callada, y son sus movimientos (XXXIV; 65) ... 110

Cuando en la noche te envuelven (XXV; 31) 96

Cuando entre la sombra oscura (XXVIII; 58) 102

Cuando me lo contaron, sentí el frío (XLII; 16) 119

Cuando miro el azul horizonte (VIII; 25) 74
Cuando sobre el pecho inclinas (XIX; 52) 91
Cuando volvemos las fugaces horas (LIV; 36) 131
¡Cuántas veces, al pie de las musgosas (LXX; 59) 149
¿De dónde vengo?... El más horrible y áspero
 (LXVI; 67) ... 145
De lo poco de vida que me resta (LI; 70) 127
Dejé la luz a un lado y en el borde (XLIII; 34) 120
Del salón en el ángulo oscuro (VII; 13) 73
Despierta, tiemblo al mirarte (XXVII; 63) 99
Dices que tienes corazón, y sólo (44) 166
Dos rojas lenguas de fuego (XXIV; 33) 94
En la clave del arco ruinoso (XLV; 3) 122
En la imponente nave (LXXVI; 74) 162
Entre el discorde estruendo de la orgía (LV; 9) 132
Es cuestión de palabras y, no obstante (XXXIII; 69) ... 109
Espíritu sin nombre (V; 62) ... 67
Este armazón de huesos y pellejo (LVII; 32) 135
Fatigada del baile (XVIII; 6) .. 89
Fingiendo realidades (48) .. 166
Hoy como ayer, mañana como hoy (LVI; 20) 133
Hoy la tierra y los cielos me sonríen (XVII; 50) 89
Las ondas tienen vaga armonía (LXXII; 5) 153
Las ropas desceñidas (LXXIV; 24) 160
Lo que el salvaje que con torpe mano (L; 12) 126
Los invisibles átomos del aire (X; 46) 76
Los suspiros son aire, y van al aire (XXXVIII; 4) 114
Llegó la noche y no encontré un asilo (LXV; 47) 144
Me ha herido recatándose en las sombras (XLVI; 77) . 123
Mi vida es un erial (LX; 41) .. 139
No digáis que, agotado su tesoro (IV; 39) 65
No dormía: vagaba en ese limbo (LXXI; 76) 151
¡No me admiró tu olvido! Aunque, de un día
 (XXXV; 78) .. 111

No sé lo que he soñado (LXVIII; 61) 147

Nuestra pasión fue un trágico sainete (XXXI; 30) 107

Olas gigantes que os rompéis bramando (LII; 35) 129

Pasaba arrolladora en su hermosura (XXXII; 73) 108

Por una mirada, un mundo (XXIII; 22) 93

Porque son, niña, tus ojos (XII; 79) 80

Primero es un albor trémulo y vago (LXII; 56) 141

–¿Qué es poesía?, dices, mientras clavas (XXI; 21) 92

¡Qué hermoso es ver el día (LXVII; 18) 146

¿Quieres que, de ese néctar delicioso (LVIII; 8) 136

Sabe, si alguna vez tus labios rojos (XX; 37) 92

Sacudimiento extraño (III; 42) 62

Saeta que voladora (II; 15) 61

¿Será verdad que, cuando toca el sueño (LXXV; 23) .. 161

Si al mecer las azules campanillas (XVI; 43) 87

Si de nuestros agravios en un libro (XXXVI; 54) 112

Sobre la falda tenía (XXIX; 53) 103

Su mano entre mis manos (XL; 66) 115

Te vi un punto y, flotando ante mis ojos (XIV; 72) 84

Tú eras el huracán, y yo la alta (XLI; 26) 117

Tu pupila es azul y, cuando ríes (XIII; 29) 83

Una mujer me ha envenenado el alma (55) 167

Volverán las oscuras golondrinas (LIII; 38) 130

Voy contra mi interés al confesarlo (XXVI; 7) 98

Yo me he asomado a las profundas simas (XLVII; 2) .. 124

Yo sé cuál el objeto (LIX; 17) 137

Yo sé un himno gigante y extraño (I; 11) 59

–Yo soy ardiente, yo soy morena (XI; 51) 77

COLECCIÓN AUSTRAL

Serie azul: Narrativa
Serie roja: Teatro
Serie amarilla: Poesía
Serie verde: Ciencias/Humanidades

ÚLTIMOS TÍTULOS PUBLICADOS

Miguel Díez y Paz Díez-Taboada
151 **La memoria de los cuentos**
Prólogo de Luis Mateo Díez

Ramón del Valle-Inclán
372 **Femeninas / Epitalamio**
Introducción de Antonio de Zubiaurre

Vicente Aleixandre
450 **Prosa**
(LOS ENCUENTROS / EVOCACIONES Y PARECERES /
APUNTES PARA UNA POÉTICA)
Edición de Alejandro Duque Amusco

Miguel de Cervantes
451 **Entremeses**
Edición de Jacobo Sanz Hermida

Antonio Machado y Álvarez
452 **Cantes flamencos y cantares**
Edición de Enrique Baltanás

Julio Ramón Ribeyro
453 **Cuentos. Antología**
Edición de Ángel Esteban

T. A. Hoffmann
454 **Cuentos**
Introducción de Berta Vias Mahou

Franz Kafka
455 **La metamorfosis y otros relatos de animales**
Edición y traducción de Miguel Salmerón

Stendhal
456 **Rojo y negro**
Edición y traducción de Juan Bravo Castillo

Eugenio d'Ors
457 **El valle de Josafat**
Prólogo de Rafael Alvira
Edición de Miguel d'Ors y Alicia García-Navarro

William Shakespeare
458 **El cuento de invierno**
Edición y traducción de Ángel-Luis Pujante

Manuel Fernández Álvarez
459 **Carlos V. Un hombre para Europa**

Benjamín Jarnés
460 **El profesor inútil**
Edición de Domingo Ródenas

Charles Dickens
461 **David Copperfield**
Prólogo de Juan Tébar

Rosalía de Castro
462 **Cantares gallegos**
Edición bilingüe
Edición y traducción de Mauro Armiño

AA. VV.
463 **Comedias burlescas del Siglo de Oro**
(EL HAMETE DE TOLEDO / EL CABALLERO DE OLMEDO /
DARLO TODO Y NO DAR NADA / CÉFALO Y POCRIS)
Edición de I. Arellano, C. García Valdés, C. Mata y M.ª C. Pinillos

Voltaire
464 **El ingenuo y otros cuentos**
Edición y traducción de Mauro Armiño
Apéndice de Francisco Alonso

Tomás Moro
465 **Utopía**
Introducción de Fernando Savater
Edición y traducción de Pedro Voltes

Santiago Ramón y Cajal
466 **Cuentos de vacaciones**
Prólogo de José M. R. Delgado

José Ortega y Gasset
467 **Velázquez**
Prólogo de Francisco Calvo Serraller

Rainer Maria Rilke
468 **Nueva antología poética**
Prólogo de Jaime Siles
Edición y traducción de Jaime Ferreiro Alemparte

Benito Pérez Galdós
470 **Miau**
Edición de Germán Gullón
Apéndice de Heilette van Ree

Leandro Carré Alvarellos
471 **Leyendas tradicionales gallegas**

AA. VV.
472 **Antología de la poesía del Siglo de Oro**
Edición de Pablo Jauralde Pou
Apéndice de Mercedes Sánchez Sánchez

Antonio Buero Vallejo
473 **Las meninas**
Edición de Virtudes Serrano

Walt Whitman
474 **Hojas de hierba**
Edición de José Antonio Gurpegui
Traducción de José Luis Chamosa y Rosa Rabadán

Carmen Martín Gaite
475 **Cuéntame**
Edición de Emma Martinell

Molière
476 **El misántropo / Los enredos de Scapin**
Edición y traducción de Mauro Armiño

José Ortega y Gasset
477 **La España invertebrada**
Prólogo de Federico Trillo-Figueroa

Enrique Jardiel Poncela
478 **Angelina o el honor de un brigadier / Un marido de ida y vuelta**
Edición de Francisco J. Díaz de Castro
Apéndice de Almudena del Olmo Iturriarte

José María Pereda
479 **Peñas arriba**
Edición de Anthony H. Clarke

Xavier de Maistre
480 **Viaje alrededor de mi cuarto y otros relatos**
Prólogo de Rafael Conte

Antonio Colinas
481 **Antología esencial de la poesía italiana**

Gustavo Adolfo Bécquer
482 **Desde mi celda. Cartas literarias**
Edición de M.ª Paz Díez-Taboada

Oscar Wilde
483 **El abanico de Lady Windermere / La importancia de llamarse Ernesto**
Edición de Fernando Galván

Juan Antonio Gaya Nuño
484 **El santero de San Saturio**

Jon Juaristi
485 **El bucle melancólico**

Antonio Gala
486 **Las manzanas del viernes**
Prólogo de José Romera Castillo

Miguel Hernández
487 **Antología poética**
Edición de José Luis Ferris

Antonio Buero Vallejo
488 **Misión al pueblo desierto**
Edición de Virtudes Serrano y Mariano de Paco

Ángel Rupérez
489 **Antología esencial de la poesía inglesa**

Henrik Ibsen
490 **Casa de muñecas / La dama del mar**
Edición de Mario Parajón

Rafael Conte
491 **Robinson o la imitación del libro**